American Individualist

艾玛·戈德曼
美国式个人主义者

[美]约翰·C.查尔伯格 / 著
翟青青 张懿 / 译

Emma Goldman

目 录

编者前言 …………………………………… 1

作者前言 …………………………………… 1

第一章 幕起 ………………………………… 1

第二章 到达美国 …………………………… 22

第三章 站在美国的大街上 ………………… 51

第四章 牢狱之灾及之后的故事 …………… 88

第五章 乔尔戈什及之后的故事 …………… 117

第六章 母亲艾玛和《地球母亲》 ………… 152

第七章 争执 ………………………………… 184

第八章 反对战争的战争 …………………… 227

第九章 在海上 ……………………………… 273

第十章 回到家乡,却永远不能平静 ……… 314

尾　声 ……………………………………… 334

后　记 ……………………………………… 337

资料来源 …………………………………… 351

编者前言

艾玛·戈德曼(Emma Goldman)在22岁的时候曾经和自己的爱人亚历山大·伯克曼(Alexander Berkman)企图暗杀钢铁行业巨头亨利·克莱·佛来克(Henry Clay Frick),此人曾经动用公司武力镇压罢工工人。(这次暗杀行动以失败告终。)23岁时,由于她发表了"煽动式"的演讲,激励失业工人如果感到饥饿,就得去"获取面包",从而被逮捕。

快30岁时,她在奥地利首都维也纳接受了护士培训,后来在纽约城的贫困地区作助产士。那时,她倡导计划生育,管理着一个巡演演员团,并且在公众场合发表无数演讲。

31岁时,由于鼓动利昂·乔尔戈(Leon Czolgosz)去刺杀麦金莱总统而被逮捕。36的时候,她创办了《地球母亲》日报,抨击所有政府、宗教组织以及私有制度。

还不到40岁,艾玛·戈德曼已经变成了一个国际名人。一名文学期刊编辑玛格利特·安德森(Margaret Anderson)回忆说:"这些年,她的名字足以让人感到不寒而栗。她是一个怪物,她倡导自由爱情,但也是炸弹的化身。"

在她五十几岁的时候,她强烈抨击美国加入第一次世界大战的行为。在接近60岁时,由于煽动他人不要在法案上登记签名,艾玛·戈德曼和伯克曼被判刑,进了监狱。在监狱度过了两年时光之后,艾玛·戈德曼和伯克曼这对未婚夫妻被放逐到俄罗斯。他们抵触布尔什维克主义,并从苏联逃离。

就像火柴与火柴盒产生摩擦一样,戈德曼屡次强烈反对工业资本主义,其棱角却并未被技术统治论者们磨平。戈德曼的一生在暴跳如雷的状态中度过。尽管她的言辞非常鼓动人心,但她点燃的火焰在经过噼里啪啦的燃烧之后终究还是熄灭了。一些火焰因过于炽烈而无法长久燃烧,一些则在她力图摧毁的制度中熄灭;而且集体资本主义没有她想象的那么易燃。这种体系仍然稳固存在。

因为戈德曼失败了,所以人们很容易对她的观点不屑一顾,认为她在蛊惑人心,而且她的手段只不过是恐怖主义的行为。但是,透过岁月的迷雾,戈德曼烈焰白热的一生依旧透射出光芒。这本优秀而又入木三分的传记的作者恰克·查尔伯格(Chuck Chalberg)这样评价戈德曼:"戈德曼的黄金时代或许已来了又去,但她认为要紧的那些问题历久弥新。战争与和平、个人与国家、女人在世界上的地位、美国移民的权利问题等,所有这些都仍然是这个时代人们关心和争论的问题。"

马克·C.卡恩斯

作者前言

为什么选择艾玛·戈德曼？我曾在最终决定作此传记前多次问过自己这个问题。而提笔写作后,这个问题仍会时不时的袭来。即使成书之后的多年里,脑海中依然还会浮现这个问题。接着,我就收到了出版第二版关于她的动荡喧嚣的一生的传记的邀请。而这一次的邀请,促使我思考另一个不同的问题:我是否愿意重访她的人生——同时也是我的部分人生?

承蒙编者的一番厚爱,我不能拒绝出版的邀请。当然,回顾一个臭名昭著的反资本主义者的人生,并利用它获取利益具有一种带有讽刺的诱惑力。这一点无须回避。但是我依然犹豫了。这份犹豫也一定程度耽搁了出版的时间。为什么会犹豫?我想一切又回到了最初的那个问题:为什么选择艾玛·戈德曼?

哲学上,我不是一个空想主义者;政治上,我远非一个无政府主义者(虽然我也赞成 H. L. 蒙克涅的自由意志论的部分观点);经济上,我也许是个批判家,但并不是现代资本主义的敌人。至于在美国的外交政策上,与其赞同艾玛·戈德曼的外交风格,我宁可变成西奥多·罗斯福推崇的美国国家主义者。

那么为什么要选择艾玛·戈德曼?如果要用两个名词来给出答案,那么我选择:勇气和诚实。在我看来,几乎没有人能够同时拥有这两样珍贵的品质。但戈德曼在许多场合的所作所为都闪现出了这两样品质。而这些场合不分公共或私下,贯穿了她的人生。不可否认,有些时候她的确可以残酷无情、顽固不化、缺乏幽默感。但是,另一个美国人——西奥多·罗斯福不也是如此吗。

难道还能找到比罗斯福和戈德曼更相似的一对吗?我很怀疑。戈德曼十分间接地导致了罗斯福的上任,因为副总统罗斯福正是在威廉·麦金莱被刺之后接任总统一职的。杀手里昂·乔尔戈什是戈德曼的狂热追随者。戈德曼并没有命令或者策划暗杀行动,她甚至都没有给出过任何的暗示。根据艾玛·戈德曼的总结,里昂·乔尔戈什是希望通过暗杀总统来提升他自己在无政府主义者心中的地位。

就像事情发展的那样,戈德曼作为一个美国无政府主义者的全胜时期与罗斯的总统生涯相吻合。虽然那段时期是本书的核心内容,但远远不是她的整个人生。那只是她在美国生活的一半时间。戈德曼在1885年16岁时移民美国,在1919年被驱逐出境。

在美国居住30多年也许并不算很长。但是这是一段充实而充满了争议的人生。更重要的是,通过阅读她的人生,读者们能够对美国劳工史、移民史、妇女史、文化史有更深刻的理解。另外,艾玛·戈德曼的故事也是一扇窗口。通过她,读者们能够对美国激进主义、公民自由和外交政策的历史有一个更加充分深刻的印象。

所有这些并不是说艾玛·戈德曼本身的故事是不重要或无趣的。恰恰相反。尽管她对无政府主义的乌托邦的追求徒劳无功,她的故事依然充满吸引力。而其中,最引人入胜的是她在列宁俄国的经历,以及她与那些美国与欧洲左派的故事,他们反对她做出的与苏联社会主义决裂并公开这种决裂的双重决定。她的诚实和勇气在她人生的这个阶段戏剧化地展现了出来。

无论是在美国还是其他地方,艾玛·戈德曼永远是他敌人的眼中钉、肉中刺。也许她所扮演的就是这样一个的角色。她对许多事件的批判,从公司资本主义到温和改革派,从各类女权主义到婚姻家庭,从法西斯主义、共产主义等各类极端主义到美国模式或欧洲模式的民主,让人感觉到她的人生所包含的东西似乎远远不是短短的70年所可以容纳的。

希望读者明白,艾玛·戈德曼其实依然在向美国的听众们诉说着话语。也希望读者们明白,她很少会给你安慰、保证或者一些舒适的语言。作为一个白人,作为一个土生土长的明尼苏达人(待人友善是明尼苏达人的生活方式),一个寡言少语的斯堪的纳维亚人,一个丈夫和五个孩子的父亲,一个有着两车位车库以及相应贷款的郊区人,我可以证明,描述艾玛·戈德曼的人生也许并不让人感到舒适,但是非常有趣而有意义。

现在,我必须抛弃一贯的缄默,来表达我的感谢。好的编辑在明尼苏达布卢明顿就像坚定的无政府主义者一样难找。我很幸运遇到了帕特·拉森德,她一遍又一遍阅读本书的各个章节,甚至比她原先要求的还要多。感谢上帝她这么做了!作为一个经验丰富的编辑和训练有素的历史学者,她帮助我将我的文章和想法整理得更加清晰,超出了我的预料。乔·安·莱斯,一个报纸媒体人兼我在社区大学同事,用她洞若观火的眼光审查了我的文章,指出了书本中不够生动的地方,并且不断地提醒我好的历史故事是不应该相互矛盾的。曾经为许多老师担任助教的苏·西博(如今已是苏·蒂申多夫),总是停下她手头的工作,欣然的为我进行文字校对工作。如今她又同样耐心地帮助我这个老家伙使用新技术在线教授美国历史。

还要感谢我的历史学家朋友大都会州立大学汤姆·琼斯和古斯塔夫斯·阿道弗斯学院的凯文·布莱恩,犀利地评论了这部作品。在他们在我低落的时候及时地给予鼓励,在我骄傲的时候提醒我不要自信过头。他们始终中肯地评价我的作品,就像艾玛·戈德曼一样诚实。

最后,我想要感谢这套丛书最初的编辑奥斯卡·海德林教授,可以对一个他并不十分了解的中西部社区学院的作者以及戈德曼的故事如此有信心。他的编辑水平确实让我获益匪浅。本书得以出版,我欠了他一个人情。而新任的编辑马克·C·卡恩斯、培生·朗文的历史编辑麦克·波茨则给予了本书第二次生命。

在某些意义上,这本传记的写成,也需要归功于我已故的父亲,约翰·E·查尔伯格。他曾担任过布雷纳德初级学院(现已更名为中央湖学院)教学主任和校长。他以自己为榜样教育了我,让我明白了教育的价值、公正的重要性以及与人为善的好处。而丹佛里格斯学院的戈登·罗斯教授则教给了我许多美国历史知识(许多东西至今都会在讲座中常常提到),激发我的求知欲,并且在我学习法律的道路上指点迷津,避免了许多弯路。

我的家庭成员并没有直接参与到本书的写作编辑中。在我看来,他们已经从我这里听了足够多的关于戈德曼的故事,因此并不十分需要阅读此书。但是他们都不怎么支持戈德曼的道路。除了耐心的倾听,我的妻子珍妮特会时常提醒我戈德曼没有家庭负担,但我是一个有着家庭责任的人。我已故的母亲,缪德莉·奥布莱恩·查尔伯格,长久以来都是我最好的读者和听众。她也尽着自己努力成为一个艾玛·戈德曼向世界倡导的母亲形象。我的女儿们克里斯汀和萨拉,也许他们对这个故事依然有些迷迷糊糊,但他们容忍了他们的父亲对她们眼中如此过时老旧的历史充满浓厚的兴趣。后来，克里斯汀获得了历史学学士学位，而萨拉则连续好几年选修了艺术史的课程。

当艾玛·戈德曼的故事第一次进入查尔伯格的家庭的时候，两个儿子迈克和史蒂芬还处在懵懂缺乏耐心的童年阶段，但是他们对让查尔伯格变成一个"无政府主义"的家庭乐此不疲。今天，这个家庭的小儿子——马特已经是一个八年级的学生。他最大的兄长如今是大学历史系的二年级学生，而她的第二个兄长则刚刚进入大学，正开始探索全新的生活。

由于社区大学的教学工作和本书的写作并不是那么容易协调起来，因此，我希望能够有机会把本书献我命中的女人，也就是我的妻子和女儿。之前我曾经写过杰基·鲁滨逊和布兰奇·里奇的传记，都献给了我的儿子。我与妻子和女儿一起共度的时光要比与艾玛·戈德曼多得多。他们都用各自的方式让我的生活更加的丰富多彩，更加具有意义。

思前想后，我觉得应该再加几句话。我大二的儿子迈克，利用学校放假的时间阅读了全部手稿。他分析了我的文章，并提出了许多宝贵的意见，使得最终成书更加精良。我的妻子珍妮特不顾生活忙碌阅读并重复阅读了艾玛·戈德曼的生活。怎样感谢她都不过分。也许我们在观点上并不总是一致的,但是我们都十分享受讨论的时光。而且我经常会听从她的好建议。好了,就说到这里吧。

约翰·C·查尔伯格

诺曼戴尔社区学院

第一章
幕 起

美国和加拿大之间的边界线已不再像以往一样是人们口中必谈的日常事务。然而,1934年2月,一位单身女人离开加拿大前往美国,在尼亚加拉瀑布附近召集了少量记者。其中一名在场的新闻记者用"慈祥"这个词语描述了这位令他们充满好奇的女人。或许她以前是个"慈祥"的人,但当时并不是这样。尽管如此,一名美国海关官员忠实地记录了一些她慈母般的细节:"年龄,64岁;身高5英尺半英寸;蓝色的眼睛;金灰色头发;圆脸。"要是这位官员能意识到她在前几个月的时间里持续低落的心情就好了,那么他或许会在描述中增加"性格急躁,出奇地活跃"这些词语。

慈祥与否,沮丧与否,艾玛·戈德曼最终还是返回了家乡。自1919年被美国驱逐出境后,曾经声名狼藉的"红色艾玛"第一次站在了美国的土地上。在长逾14年的时间里,这位美国最受称赞但又最被诋毁的激进主义名人第一次可以再次期待称赞和诋毁——当她在全美游历、演讲时。这是戈德曼自1919年红色恐慌①发生以来第一次返回美国,而且相当如鱼得水。

1934年的艾玛·戈德曼已不再是1919年的艾玛·戈德曼了。但是没关系,她仍然渴望自己能被倾听,而且仍然相信自己能够激发人们的情感,使自己的观点被人视为合情合理。当她快70岁的时候,艾玛·戈德曼肯定意识到自己的魅力、自信心以及大多数追随者都有所减少。但是,她必须相信自己仍然能掷出充满讽刺意味和智慧的言语去回应无数评论家对自己的评论,以此来维护她所推崇的无政府主义。

无政府主义实际上已经成为戈德曼最重要的哲学,始终贯穿她在美国所度过的34年中。在这些年,或者更长时间中,不管是对这一信仰的守护者,还是对这一信仰的敌对者来说,"无政府主义"(Anarchism)都蕴含了多重含义。"Anarchism"源自两个希腊单词,即

---

① 指于美国兴起的反共产主义风潮。——译者注

"an"和"arche"："arche"的意思是力量或暴力，"an"的意思是没有，两个文字合起来就意味着反对一切权威。在戈德曼身上，这样解释这个词真是恰如其分。她认为，无政府主义者既不是纯粹的唱反调的人，也没有必要刻意去躲避暴力，又或者依靠暴力。在任何情况中，无政府主义者都不是炸弹的胡乱投掷者。当然，他们确实唾弃一切制度，包括婚姻制度。"自由爱情"是各地无政府主义者的口号，包括戈德曼。但是，"自由爱情"并不意味着随意的性关系，对于戈德曼来说尤其如此。

对这些无政府主义者来说，不管是站在国际和国家层面，还是站在个人层面，无政府状态并不意味着无秩序。相反，无政府状态的意思是不受任何外界束缚地过生活。一个无政府主义者的生活基于个人自由基础之上，而且有完全的独立自主权。无政府主义者的目标就是生活在一个公正和平等的世界里。如果不牺牲个人自由，怎能达成如此伟大的目标呢？这一点一直是一个问题，也是一个障碍。

戈德曼这一派的无政府主义者并不蔑视秩序；他们只是反对强制性的秩序　　不管这种命令的发号者

是国家、元首、总统、立法者、法庭、丈夫、家长,甚至是妻子或无政府主义同党。在无政府主义者的完美世界里,一切外部权威都应该被摒除,这样,所有人就可以自由地去追求自己的利益,安排自己选择的东西。这些利益和安排可以是个人的,也可以是公共的,但是对这些东西的追求必须不受任何形式的强迫。

正如戈德曼所定义的那样,无政府主义就是"一门不受人为律法限制自由的全新的社会秩序的哲学"。它也是一种理论,即"所有形式的依靠暴力的政府都是错误和有害的,而且也是没有必要的"。对于她来说,无政府主义是"一门唯一能让人感知自我的哲学,而且这门哲学的主张是上帝、国家和社会都是不存在的"。

在美国的头 34 年里,戈德曼没能成为一个知名的"魔法师"。尽管她不能让自己所反对的东西消失,但她确实在尽力挑战宗教的合理性、政府以及私有制。在这些年里,联邦政府竭尽全力追捕她。这种追捕最后以她在 1919 年被驱逐出境而告结束。

从官方角度来看,1901 年 9 月,在一名自称无政府主义者的人(碰巧是戈德曼的追随者)暗杀威廉·麦金莱总统后,《排斥无政府主义者法案》于 1903 年问世,所以自此以来，无政府主义者成了"不受欢迎的角色"。政府企图控告戈德曼在这次暗杀中发挥了作用，却以失败告终，但政府保留了大量证据，以便继续同"红色"艾玛作斗争。在美国生活的三十多年时间里，她引起了不计其数的政府官员的注意，这些官员既包括被选举出的也包括被任命的，因为她支持工人事业，倡导计划生育，偶尔支持政治暴力，反对美国加入第一次世界大战，反对让士兵加入战争。

戈德曼与一位拥有美国公民身份的移民之间的短暂的婚姻挽救了这位官方监管的目标。戈德曼称，如果一个人是美国公民，那么其配偶也是美国公民，这样就不能被驱逐出境。关于这一纠结问题有大量的书面记录，而且最终是具有决定性的——至少在威尔逊任内的司法部门的集体的想法是这样的。由于年轻而又胸怀大志的J.艾德加·胡佛的顽固侦查，司法部长A.米切尔·帕尔默最终宣布戈德曼的公民身份具有欺诈性，并发出了驱逐通知。

从理论上讲，对于一个坚定的无政府主义者来说，有没有公民身份对其应该没有任何区别，但是理论和现实往往是不一致的。无论承不承认是无政府主义者，戈德曼都喜欢生活在美国。她享受自己在美国的名人效应以及随之而来的坏名声。如果一切条件相同，相对于其他地方的生活，她更喜欢生活在美国。

但是，从1914到1918年，无论是在世界大战之中还是之后，并不是一切条件都是相同的。戈德曼当然不愿意自己被威尔逊当局追捕。虽然她曾经招致冲突、拘留甚至监禁，但是快到50岁时，她并不想再次饱尝牢狱之灾，也不想由于担心被驱逐出美国而惶惶不可终日。如果她还年轻，作为一个烈士也许会有点作用，但是作为一名中年人，这种特殊的牺牲未免不值得。

重新开始新生活对她来说仍然是个极具吸引力的想法，特别是当她的新家将要变成旧巢（祖国俄罗斯）时，这种想法就更有诱惑力了。戈德曼于1885年离开沙皇专制的俄国，来到美国，她期待无政府主义能在1919年的苏维埃俄国成长起来，甚至能繁荣发展。毕竟，列宁和布尔什维克早在两年前已夺取了政权。虽然他们不是无政府主义者，但是他们确实承诺给广大人民带来"和平、土地和面包"。平等将是俄国新时期的状态。如果人人平等的目标开始流行，那么无政府主义的理想之国还会远吗？

不幸的是，戈德曼很快发现列宁主义的俄国绝不是无政府主义者的天堂。事实上，她越来越感觉到，列宁对无政府主义的容忍力还不如威尔逊总统和司法部长帕尔默。戈德曼的梦想和期望落空了，于是在1921年，她永远地离开了苏联，来到欧洲，过起了颠沛流离的生活。

戈德曼以自己崭新而独具优势的眼光观察西欧，却发现从20世纪20年代至30年代早期，世界上根本没有任何无政府主义复苏的迹象。但是她天生是个乐观主义者，并没有逃避现实，甚至当这种现实使她常年陷入沮丧和失落的情绪中，使这种情绪占据了流放生活的大部分时间，她仍然没有被现实打倒。

尽管还在与沮丧的心情进行较量，但她还是继续本着逐渐减少的精力和希望在各地巡回演讲。1933年的春天，她写信给自己同胞兼以前的爱人亚历山大·伯克曼。她在信中说"她厌倦了对风车的追逐"，但是就在这同一封信中，她又可以将自己的角色转换成她领导的运动的拉拉队长。信中说："我们继续坚持自己的事业。我们是荒野中的呼声，而且现在这种呼声比40年前更响亮。我的意思是对自由的呼吁。没有人不需要这种自由。但是似乎对于我来说,正是因为目前独裁统治疯狂的喧嚣,我们所有人就更不能放弃。某一天,在我们去世之后的某一天,自由或许会再次昂起它骄傲的头颅。该由我们来照亮这条自由之路,尽管如今我们手上的火把似乎昏黄幽暗,但是它仍然是照亮自由之路的火炬。"

在这封信中,戈德曼说大众拒绝听从她的观点,这使她感到很受伤,而且对他们"独裁统治疯狂的喧嚣"深感愤怒。她仍然明白自己除了这种生活和观点之外别无所求。要放弃无政府主义的理念是根本不可能的。"荒野"或许已经长成茂密的森林,或许更加令人却步,但是正是这种原因促使她继续巡回访问和演讲。

戈德曼深深沉浸在自己的世界里,没有人比她自己更清楚这一点。令人激动与乐观的日子离她远去;对某个群体驾驭自如的日子离她远去;她坚信这个世界上的工人能转化成活生生的而且干劲十足的无政府主义者的日子也离她远去了。

戈德曼反而越来越相信各地的工人会越来越"喜欢捆在自己身上的链子",这些铁链勒进肉体越深,这些工人似乎就更"崇拜他们的主人"。因此,对于戈德曼来说,敌人并不仅仅是一个希特勒或斯大林,一个威尔逊或胡佛,真正的敌人实际上到处都是,人人都是。被列入敌人行列的有无数的工人,他们曾经都是她潜在的朋友和同盟,特别是从纽约到圣地亚哥,她一路掷出自己的观点,那些工人就围绕在她身边。

1934年,对于戈德曼来说,虽然远远不到取得胜利的时候,但要停止这份事业已经太迟了。如果还不可能失败,那么胜利也是不可能的,或许她至少能重新获取过去属于自己的一些东西,重新获得一点点"魔力"。即使她已经64岁,即使她已离开美国很多年,戈德曼仍然相信(尽管这种信念很微弱),她的真实听众如果都还健在,一定是站在大西洋的这一边。或许,只有在永远乐观的国土上,这位年迈的乐观主义者才能恢复自己逐渐减弱的对未来的信念,重新拾起对自己和对这份事业的信心。

多么精妙的讽刺!1919年,愤怒而又曾经目空一切的戈德曼竟然对美国嗤之以鼻,就像美国曾经对她的态度一样。1934年,曾经满怀期望的戈德曼在给予她第二次机会的国土上开始新的一天。但是,对于一个深陷罗斯福新政的国家来说,无政府主义是不是一个更现实的选择呢?事实上,大萧条的灾难并没有使政府的控制收缩,反而在各种层面促进了政府的扩张,因此无政府主义实际上是不可行的。

戈德曼从来不认为自己所做的事情不可行,她将自己的回归精心策划为最大的成功的决定也是如此。与伯克曼不同,她绝不会轻易说服自己去宣布自己对美国的无限厌恶之情。事实上,这个不喜欢流放生活的女人恰恰喜欢幻想自己是一个美国人,即便任何一个美国官员的想法与之相悖。

戈德曼有很多敌人,但是她也有朋友,还是些非常有影响力的美国朋友,而且在向他们索取她想要的东西时,她一点也不会感觉尴尬。美国公民自由联盟的罗杰·鲍德温、小说作家辛克莱·路易斯和舍伍德·安德森、编辑兼评论家 H. L. 门肯,以及哲学家约翰·杜威都是戈德曼组织的一个委员会的成员,他们帮戈德曼回到了美国,带回了这个她一直认为自己真正属于的地方。

甚至在罗斯福的行政机构里也有一些戈德曼的崇拜者。在新政机构里聚集着一些老改革论者,其中一些人确实认识她,而且很多人至少都还记得她。此外,正值人民阵线号召自由党人、共产党人、社会主义学家以及无政府主义者团结一致,共同抵抗强大的敌人"法西斯主义"。这支同盟的口号是"不留下一个敌人"。1933年罗斯福政府决定扩大与苏联的正式外交关系预示着另外一个崭新的日子的到来。(这个决定生效后,1934年2月,华盛顿和莫斯科就想到了交换大使。)

劳工部与仍然臭名昭著的戈德曼之间的谈判变得几乎复杂起来。劳工部长佛朗西斯·珀金斯坚持让戈德曼事先同意在她到访时不能发表关于政治事务的演讲。珀金斯要求她把话题局限在文学方面,戈德曼争辩说"每一个有创造性的观点都应该在这个时代的社会和政治组织中体现它的价值"。双方之间的调解人是罗杰·鲍德温,他力劝戈德曼认可珀金斯的条款是一个"公正的提议"。对于鲍德温来说,让步和妥协是没有意义的。一旦踏上了美国国土,戈德曼就可以发表自己的"文学评论"理论。如果她的评论扩散到政治话题上,谁会知道呢?最后,戈德曼同意了这项提议,从而最终为回归美国扫除了障碍。

1919年的艾玛·戈德曼不会再屈服于政府官员的命令和要求,即使那个官员碰巧是个女人兼女权主义者,她也不会屈服。与权威人士的合作或者在他们面前更加卑躬屈膝,是戈德曼从来都没想过要参与的游戏,更不用说去掌控游戏。现在,除了继续游戏,她别无选择。回家,哪怕只有短短的90天,对她来说也是至关重要的。

被流放在外的这几年时间显然使戈德曼经历了重创。在对布尔什维克改革彻底失望之后,她变成了一个没有根基的无政府主义者,尽管她尝试着在一些国家生活,但她仍然是一个没有祖国的女人。一个没有根基、没有祖国的无政府主义者吗?按照定义真正的无政府主义者难道是没有根基、没有祖国的吗?从某种意义上来讲,被流放在外的戈德曼是一个真正的无政府主义者,因为正式地讲,她确实没有根基、没有祖国。但是,从另一方面来讲,她不是真正的无政府主义者。从心理上讲,她渴望回到美国,渴望在美国重新开始新的生活,渴望归属于美国。如果有什么区别的话,那么一个真正的无政府主义者至少应该会为自己没有根基、没有联系、没有国家而感到自豪。但仍然被流放而曾经又那么骄傲的艾玛·戈德曼却并不是这样。

戈德曼在美国的三个月时间里,大部分时间过得不开心。她的巡回演讲不怎么成功。她的士气和活动没有随着她的回归而复苏。然而,在她生命的最后六年中,戈德曼仍然继续执行着自己任命的任务,不管以什么方式,不管在什么地方,她都努力使无政府主义思想保持活力。如果有人能更好地守护她在运动中所留下的东西就好了,但她不知道这个人会是谁。

不管是不是在流放期间,戈德曼都能够首先自称为无政府主义者,但是当她的生命渐渐走向终点时,她或许会先自称为美国人,然后才是无政府主义者,而且一直是一个地道的美国无政府主义者。在这位犹太移民的大半生里,她都在美国的土地上生活、恋爱和战斗。在美国生活的日子里,她经历过一些失败,比如政治上的以及其他方面的;但是,在她对这些年的记忆中,她尽情享受的不仅仅是一些得意的时刻,不管是政治上的还是其他方面的。

诚然,戈德曼对美国怀有矛盾的看法。从很多事情中可以看出她与这个收留她的国家爱恨交织的关系。1926年,在多伦多的一次演讲中,她发现自己竟然可笑地偏向美国。"对美国的热爱就像一个女人对一个男人的爱一样。"哪怕只是"为了让美国再次变得荒谬",她急切地想登上前往底特律的火车。但是,到1934年,她的信念取代了这种矛盾的想法,她深信她知道自己属于什么地方,知道自己想要什么。那时,她才开始意识到自己在什么时候以及在哪里才能获得最大的幸福。美国宪法赐予美国公民追求幸福的权利。与那个被正式宣布为非本国公民的人比起来,居住在这个国家的公民很少会对宪法中这种捉摸不定的条款狂热地追求。

美国梦就是艾玛·戈德曼的梦想,正如曾经被她的愤怒所刺痛的安德鲁·卡内基和伍德罗·威尔森的梦想一样。事实上,美国梦往往是各种不同的梦想。一些人梦想获得巨大的财富,而另一些人的梦想仅仅是拥有一个属于自己的家。有些人梦想掌握权力,另一些人则努力追求盛誉。但是仍然有一些人只渴望过上平静而不被人知晓的平淡生活。戈德曼的美国梦的核心是实现众生平等和自由,并让自己成名。说句实话,她渴望出名,醉心于声名远扬,而不仅是偶尔根据自己的需要去控制和支配别人,不管是朋友还是敌人。

艾玛·戈德曼这些年在美国的故事是她被美国化的故事，不是因为她奢求社会或经济地位，而是因为她渴望成为众人关注的焦点，渴望成为一个家喻户晓的重要人物。从某种角度来看，戈德曼这个信息的传递者的身份变得比她所要传达的信息更加重要。同样，她的无政府主义观点变得与美国改革传统越来越密不可分。

在被驱逐出境的时候，戈德曼首先是个人主义者，然后才能被看作是一个革命者。尽管她从来都不否认自己是一个无政府主义者，但是她越来越渴望把自己塑造成一个像托马斯·杰斐逊、汤姆·潘恩以及亨利·戴维·梭罗这样出名的美国哲学后裔。她知道1919年的美国已不再是1776年的美国，但是她仍然坚信她的战斗与那些曾经发生过的战斗是一样的。就像杰斐逊、潘恩和梭罗一样，戈德曼在向国家挑战，不管是君主制还是民主制，不管是有头衔的贵族还是有钱的贵族，还有各种形式的无知，她都发起挑战。

她的生活不会使人联想起杰斐逊的自耕农所打造的伊甸园式生活，或者哲学家的瓦尔登湖情调式的生活。她的美国是一个城市化的美国,是一个移民的美国,是一个女人的美国。无疑,她理想中的美国人是一个独立的形象,但是这个形象或许不是杰斐逊或梭罗眼中的美国人。她理想中的美国人是第一代移民、第四代女性白领工人、第七代妻子和母亲,或者甚至是第一代拒绝婚姻的单身女性。

不管是经济上的、政治上的、婚姻上的或者是心理上的压抑都是戈德曼永远的敌人。为了与之作斗争,她很快学会了使用美国独特的个人主义词汇。戈德曼或许不能成为杰斐逊在起草《独立宣言》时脑海中所出现的人物,但她决定以个人自由的形式来追求自己的美国梦想,而且也是为了其他美国人的自由,不管是被雇主压榨的工厂工人,被丈夫欺负的妻子,或者渴望逃脱美国政府严格监管的一战入伍士兵。

从某种意义上讲,戈德曼总是处于行动和奔波状态。如果她不是在逃离美国政府,那么她一定是在逃离任何形式的束缚。她作出的承诺是为了自己,为了她对无政府主义的理解。除此之外,运动,而不是承诺,才是她生活中大部分时间下的处事方法。

戈德曼最喜欢的术语是个人自主。不管是什么术语，她的目标就是不因爱人的恳求和孩子的干扰而带给自己束缚。她也不愿意被其他激进党成员或女权主义者、工会成员、平民论者、革新分子以及主张性解放者所提出的议程所束缚。

爱和浪漫对戈德曼来说很重要，但是要保持永久的关系总是很困难的。在处理与工会、社会主义者、和平论者、计划生育倡导者以及妇女有政权论者之间的关系时，戈德曼同样不会与他们保持永久的关系。所有这些人都只是临时的同盟，没有任何一种同盟能让戈德曼有一个永远安定的家或者一种稳固的参考标准。甚至是她钟爱的"萨莎"伯克曼，即使是她一直以来的合作伙伴，也不能带给她这种永恒的感觉。

戈德曼希望不随波逐流地生活的愿望以及不受约束的承诺都有其弊端，不管她是在前行的路上还是游走于各个群体间时，其中最大的弊端可以被含糊地描述成生活中的"空虚"以及无限的孤独。她的一生本来就是孤独的吗？戈德曼拒绝回答这个问题，但是她总是会尽力使这种空虚的时刻最小化。她也不愿意在她的公众生活和私人生活之间作出选择。这或许就是她努力填补无尽的空虚时仍然可以保持不受束缚或限制的方式。

但是，在1919年被驱逐出境之前和之后的这段时间里，戈德曼确实是有机会进行自我反思的。换句话说，她有时间来了解自己。至少在某种意义上，她确实很了解自己。戈德曼明白自己是一个公众人物，而且她很享受自己所受到的关注。她也意识到自己的公众角色与个人愿望之间存在的矛盾。在她最受关注的这几年时间中，她写信给本·赖特曼，这是她一生中爱得最热烈的人。信中说："如果我们之间的关系公布于众的话，那么这个世界就会被吓傻了。我，艾玛·戈德曼，一个强大的革命者，一个铤而走险的人，一个蔑视法律和习俗的人，（在爱情中）竟然也会像一个失事航船上的船员漂在泡沫四起的海面上一样无助。"

戈德曼本身就是一个无助的爱人或者狂热的革命者？或者说，她是一个狂热的爱人和一个无助的革命者？事实上，在她动荡不安的生活中，在不同的时候，以上两种角色她都兼备。在她的自传《过自己的生活》(*Living My Life*)中，戈德曼叙述了自己与一名纽约无政府主义艺术家之间的交易。这名大师渴望在帆布上捕捉"真实的艾玛·戈德曼"的形象。戈德曼对这位大师的要求一直不屑一顾。她很忙。其他的画家也尝试这样做，但都无济于事。除此之外，她常常想"哪一个才是真实的自己呢"。在竭力尝试之后，她承认"她从来没有发挥出自己的潜能"。

尽管做了最大的努力，但她还是没有说服这名画家。最后，戈德曼只好坐下来，让画家帮她画像。结果，画中的主人却拒绝观看这幅肖像。不管在想象中还是在现实里，寻找艾玛·戈德曼对于真实的艾玛·戈德曼来说不那么重要。就像她的自传书名一样，她更喜欢"过自己的生活"，而不是去研究生活。

那么，究竟谁是真正的艾玛·戈德曼呢？即使从来没有成为官方认可的美国公民，她还是一个美国人。为什么会这样说呢？因为她对个人主义的绝大多数理解都是非常美国化的。她心目中的很多英雄都是美国人。甚至，她的无政府主义也具有美国特色，特别是她宣传自己的方式以及她的生活方式。

在20世纪60年代期间，在美国的持不同政见者中，戈德曼的影响东山再起。新一代的女权主义者即使不支持她的无政府主义，也一定会发现她的勇气让人由衷钦佩。另外一支反对战争的抗议者队伍从她直言不讳地反对美国加入一战的演讲中获得了力量。60年代反主流文化的成员意识到他们并不是蔑视习俗、性文化或其他主流文化的第一人。总之,这些挑战现状的人,不管是挑战政治上、文化上、经济上还是社会上的现状,大约在半个世纪之前就发现了这个与他们站在同一战线的同胞——戈德曼。

在同样的十年中,一些反对反战争的抗议者在赛车尾部贴上标语:"美国,要么爱它,要么离开它。"既然戈德曼引发了反对美国正统观念以及这种观念捍卫者的战争,那么她当然会理解这种感情。但是,如果还有选择的机会,她或许不会听命行事。毕竟,美国也是她的家。

新世纪伴随着新战争,不管是文化上的战争还是军事上的战争或二者兼有的战争,可能都为戈德曼的进一步崛起创造了条件。如果战争发生,发掘她价值的人就不会是老掉牙的"资产阶级波西米亚人"(bobos,这个词是大卫·布鲁克在《纽约时报》上的一篇文章中创造出来的),但是新一代充满好奇心的读者会在自己的心目中决定艾玛·戈德曼是否在美国那些决定用自己的方式过自己的生活的人的故事中仍然有一席之位。

当然,并不是所有的美国人都与戈德曼同一战线。尽管我们大多数人都承认她在美国历史上有一定的地位,但很少有人会认同她的观点。然而,我们都必须决定怎样过自己的生活。在我们生活中的很多时候,我们得决定是否在家庭之中生活,决定离开或者停留,决定从事这份工作或者放弃这份工作,决定追随某一特别的宗教传统或摒弃一切宗教传统,决定是否参与政治争论,以及决定是否反对某一特定的政府政策。

相对于一般的美国人来讲,戈德曼或许面临着更多的选择,或者仅是她认为自己有更多的选择。无论如何,她通常会得出一些更极端的结论。为什么以及她如何来到美国是这本书的主题。对于我们每一个人来说,最终,她的任何一次到来都是个人的决定。因此,接下来我们开始讲述她第一次踏上美国领土的故事吧。

第二章

到达美国

"像牛群一样被驱赶着",一个年轻的女孩和她的姐姐抵制住内心的恐惧和晕船所带来的不适感踏上了从易北河开往纽约的轮船。对于19世纪的移民来说,想要通过大西洋通道到达应许之地绝不是一件容易的事。无论如何,在12月乘坐轮船对所有的乘客的意志和胃部都是一个极大的考验,对于这对无怨无悔地离开圣彼得堡的姐妹中的妹妹来说尤其是这样。

这一年是1885年。早在几年前,东欧犹太人向美国的大移民行动已如火如荼地展开了。这股移民浪潮仍然在继续,几乎没有中断过,直到20世纪20年代美国国会毅然阻止这股潮流,大移民行动才慢慢"退烧"。但在1885年,这股移民潮正处于初期阶段,这两个年轻的女孩满心期望能在美国过上比在俄国更好的生活。而且，在纽约州的罗彻斯特市，她们的家庭成员正在那里等着她们，在那里，她们的另外一个姐姐和姐夫早在几年前就已经安定下来。

对于三姐妹中最年轻的妹妹来说，摆脱家庭而获得自由的愿望就像任何吸引人的事物一样强烈地吸引着她，让她觉得自己或许能很快融入美国的生活。专横的父亲、可怕的学校以及暴虐的政府使她在圣彼得堡的生活已不堪忍受。事实上，她父亲的控制欲已发展到不让她移民到美国的地步。父亲的立场让她沮丧不堪，她不得不低声下气地恳求和流泪。没有什么能动摇父亲的立场，直到她威胁着要跳进涅瓦河时，她的父亲终于妥协了。

这个顽固的父亲就是亚伯罕姆·戈德曼，与他同样顽固的女儿叫艾玛·戈德曼。她出生于1869年6月27日，出生地是科夫罗古城（现今的立陶宛考纳斯市）。在16岁之前，艾玛·戈德曼一直生活在父亲和沙皇政府的联合权威之下。对于大多数科夫罗的犹太人来说，在沙皇政府的统治下，他们仅能维持生存。俄国官方没有兴趣去改善大量犹太臣民的命运，也没兴趣同化他们。犹太人通常被限定在城市的"隔都"中，而且还经常遭受暴力屠杀。但是他们的存在对于政府来说只有一个目的：成为俄国专制文化的替罪羔羊。

具有讽刺意味的是，戈德曼在她的家庭中也扮演着替罪羔羊的角色。对于一个想生儿子的父亲以及一个处在再生一个孩子的恶梦中的母亲来说，戈德曼是他们最讨厌的孩子。1868年夏天，当亚伯拉罕·戈德曼与陶比·佐德科芙结婚时，他的期望就很高，而他妻子实际上根本没什么期望。陶比出生在一个家境宽裕的医生家庭，嫁给亚伯拉罕之前是一个有两个女儿（海伦娜将和艾玛一起去美国，莉娜和她的丈夫生活在罗彻斯特）的寡妇。陶比希望自己的第二次婚姻会给她带来安全感，但她不想要第三个成为家庭负担的孩子。

前佐德科芙夫人给这段婚姻带来了一小笔遗产，但是她的新婚丈夫却立刻开始大肆挥霍，因此，随着时间的流逝，这对欠缺考虑的夫妻在生活上越来越贫困。对于其他家庭来说，一个健康的女儿的诞生应该是一件喜事。在这种情况下，女儿的出生至少可以缓解夫妻双方的紧张气氛。但是艾玛·戈德曼的出生并不是这样。

即使是后来出生的两个儿子也不能提起这对父母

的精神或者使父亲原谅艾玛是个女孩。受到妻子的冷落后,他对这个女儿更加排斥。更糟糕的是,他在一系列的生意尝试上都以失败告终。这段婚姻还是设法维持下去了,但只是名义上的。这对夫妻各自撤回到令自己沮丧的世界中,他们自怜自哀,彼此之间只剩下争吵。

艾玛身不由己地卷入到这个家庭紧绷的气氛中。她无可避免地成了父亲大发脾气的对象,而且对母亲无微不至的爱也不再有一丝奢求。讽刺的是,这个将在美国各地掌控演讲台的自信女人竟然成长在一个令人窒息而毫无安全感的家庭环境中。这个在某一天会成为镇压首当其冲的牺牲品的年轻女孩原本就是一个缺失爱情的婚姻的牺牲品,是一个常年饱受父亲的暴虐以及母亲的软弱退缩的受害者。亚伯拉罕·戈德曼要求他所有的孩子都对他完全服从。对于最任性的艾玛,他创造了"一种充满敌意和严厉的氛围",而且还经常打她。但是,没有什么能改变她叛逆的个性。在整个家庭中,只有同母异父的姐姐海伦娜能给予她渴望得到的关爱。但是,父母只不过把海伦娜当成了一个仆人,她也不能弥补父母之间的失败婚姻。

而一个名叫彼得洛希卡的家庭仆人确实对这个家庭的关系起到了一些缓和作用。早在 6 岁的时候,艾玛就与他一起恶作剧过。当他本应去放马放羊时,他们一起打发无聊的下午时间。他弹奏琵琶让艾玛开心,艾玛则反过来帮他干杂活,以此来逃避父亲的监督和打骂。

在这些短途旅行结束后,彼得洛希卡会把艾玛顶在自己的肩膀上,送她回家。路上,他会突然停下来,把她仍到半空中,然后接住她,并让她压在自己的身上。后来,艾玛会把自己的第一次性爱感觉与这些无忧无虑的"骑马"游戏联想在一起。至少,她与彼得洛希卡的这些愉快的经历得以让她窥见一个没有统治与惩罚的世界。那个世界终结于彼得洛希卡突然被她的父亲解雇。

但是,艾玛的失落只是这个故事的一半。故事的另一半在于她意识到自己的父亲对仆人的专制蛮横。亚伯拉罕·戈德曼后来在叫作帕皮莱的立陶宛小镇当上了旅馆老板,那个地方的大多数人都是犹太人,但是却盛行德国文化,而且受沙皇政府统治。在这里,艾玛看到、感觉到的不仅是父亲的权势,还有他人的权威。

她父亲的大部分生活收入主要靠的是续签管理政府补贴的驿站马车的合同。据艾玛回忆,这个镇上的人几乎可以任意退出或继续签订这种合同。于是,不久她就意识到团体的一时兴起与父亲的情绪和钱包有着直接联系,也影响着她的生活以及家庭仆人的生活。

艾玛也开始明白来自莫斯科的法令的影响。亚伯拉罕·戈德曼的旅馆是一个征兵中心。每隔一定的时间,天真的艾玛就会亲眼看到国家以强大的力量把年轻的男人拉进军队,痛苦的母亲们只能眼睁睁地看着自己的儿子被带走,痛哭不已。

正规的教育并没有缓和艾玛对政府以及对自己的家庭的态度。7岁那年,她被送到哥尼斯堡普鲁士人的港口城市与亲戚同住,在那里上私立犹太小学。在那里,她或许曾期待得到一定程度上的自由。但相反,她发现那里的生活甚至比在父亲的屋檐下所过的生活更加严酷和艰难。艾玛被迫与姨妈共睡一张床,而且像仆人一样为盛气凌人的叔叔干活。很快,她的叔叔认为女孩子上学完全是浪费时间,立刻让他的侄女离开了学校。当她反抗时,她的叔叔就会对她施暴。最后,实际是艾玛的父亲把她从这种处境中救了出来。后来，她回忆说这是这么多年以来自己的父亲给她的第一次拥抱。

之后不久，亚伯拉罕·戈德曼把家搬到了哥尼斯堡。艾玛再一次回到了学校，但这次是一所公立学校。就像以前一样，她还是会经常挨打。尽管她的父亲担心有一个受教育的女儿并不能带来什么好处，尽管她觉得自己在反抗暴虐成性的老师的过程中学到的东西比在任何一门她喜欢的学科中学到的东西更多，她还是在那所学校学习了六年。

也有一个例外，一个年轻的德国老师友好地邀请艾玛去她家，并引导她接触了歌剧和文学。这个老师也很认真地对待学生成为一名医生的愿望，尽管这个愿望在她年轻的时候让她倍感挫败。然而，在这位老师的鼓励下，艾玛通过了中学升学考试。通过了考试想必应该已经足够了，但是另外一位老师却拒绝了她关于良好品行证明信的请求，而且断言艾玛是一个"可怕的学生，而且以后会变成一个坏女人"。那个时候她才12岁。

尽管遇到了这样的挫折，但是艾玛没有准备放弃继续学习的梦想。当她的父亲接受他堂兄在圣彼得堡干货公司的职位之后,艾玛渴望能进入一个全新的更好的学校。与父母在一起的生活依旧可怕,但是圣彼得堡是一个大城市。在这里的某个地方总归会有一个她可以继续学习的学校,而且她明白学校仍然是她的最佳逃避方式。

圣彼得堡是一个宏伟而富有的首都城市,大约有17 000名犹太人生活在这里。在这些人当中,有一些全俄国最富有的犹太人。但是,亚伯拉罕不是,而且永远也不会名列其中。

在戈德曼一家还没到达圣彼得堡之前,这个干货店就倒闭了。之后的日常开销费用以及亚伯拉罕用来开食品杂货店的钱都是找陶比的兄弟借的。与此同时,他的三个女儿都要开始工作。艾玛遵循父亲的要求,在家里织围巾。后来,她在一家手套加工厂和内衣店找到了工作。继续接受正规的教育是不可能了。但是,艾玛在这个大城市的生活经历确实让她受到了非正式的教育。这些经历不仅改变了她的生活,而且也改变了她的一生,因为正是在这些年的时间里,她第一次接触到了激进主义政治。

也是在这段时间里,亚伯拉罕·戈德曼的女儿要面对婚姻了。她已经快 15 岁了,因此她的父亲认为她该结婚了。毕竟,他认为艾玛是一个"放荡"的女孩,因此,改变她的最合理的方法就是结婚。除此之外,也到了找一个人来照顾她的时候了。艾玛乞求父亲允许她继续上学,而且坚持说除了爱情之外,她绝对不会出于任何理由而结婚。艾玛的声明是否说服了她的父亲,这一点谁也不知道。在这里可以说的是,艾玛仍然是单身,而且当她威胁说要跳进涅瓦河时,她仍然梦想成为一名医生。

不管她的父亲是否意识到了这一点,艾玛在这个时候的确公然地经历了第一次性体验。那样看来,她十分可能不是一个"放荡"的女孩。当然,她接触到与异性之间的性关系与生活放荡并没有关系,爱情也是这样。但强奸却相反。那个时候,戈德曼在当地一家内衣厂工作。当一天的工作结束后,通常她会和一个女性朋友留下来,因为她们预料会被一两个年轻人追求。这两个女孩会一起走回家,从而拒绝别人的求爱。

一天,当这两个女孩在回家的路上经过赫尔米塔治酒店时,艾玛引起了一名酒店职员的注意。她对这段前奏并没有在意。日复一日,这种方式不断地重复,直到他的"坚持"说服了艾玛"接受他的求爱"。不久，在下班后，这对年轻人开始在附近的一家面包店见面。他们的秘密约会进行了几个月，没有引起她父亲的怀疑。但是，一天晚上，艾玛又一次"加班"之后从工厂回家，她的父亲已不再相信她，没有听她的任何解释，就一把把她扔向食品店货架，开始打她，而且大叫再也不能忍受她的行为和谎言。

虽然艾玛并没有抵抗父亲的惩罚，但相对于以前来说，她更坚定要逃离自己的父亲，去寻找自己的追求者。第二天晚上，她比平时回去得更晚，向年轻的职员讲述了发生在她身上的事情。在他说服艾玛与他进入酒店之前，他们之间的见面次数越来越频繁。他把艾玛带到了酒店的一个房间，开了一瓶酒，邀请她"为友谊干杯"。在她连酒都没尝到一口之前，他已经压在了她身上。

当艾玛镇定下来的时候，她并没有感到羞愧，只是"震惊地发现男人和女人之间的接触会如此野蛮和痛苦"。虽然感到很震惊，但艾玛并没有把这次受到的攻击告诉任何人，就连家里唯一坚定的盟友海伦娜也不知道。

相反，艾玛开始避讳每一个人。她更喜欢自己想办法，谋划自己的出逃计划，用自己的想法思考问题，并处理自己的感情。从遭遇暴力的那一刻算起，一直到生命的最后一刻，艾玛·戈德曼"在面对男人时，总是感觉左右为难。虽然他们仍然具有强大的诱惑力，但是这种诱惑力总是伴随着极度的厌恶感"。

尽管大体上对男人有两种想法，但是戈德曼完全没有在她父亲的问题和她在圣彼得堡的生活上有丝毫犹豫。1885年的一天，这个16岁的女孩决定自己必须不惜任何代价离开这两个男人。

19世纪80年代的这十年是激进叛乱和高压政策在俄国纵横的十年。沙皇政府打击的直接对象是一个叫"人民意愿"的恐怖组织。这个组织中的一些成员宣称对1881年暗杀沙皇亚历山大二世负责。对于陶比·戈德曼来说，亚历山大二世是一个"好沙皇"，因为他废除了农奴制。艾玛不同意母亲的观点，也不能完全理解其中的原因。艾玛确实与圣彼得堡的激进分子有一些接触，而且似乎还认为这些所谓的恐怖分子是英雄、牺牲者、理想主义者，或者三者都是。

多年之后，戈德曼承认那个时候她太年轻，根本不理解历史或者这一代崛起的俄国激进分子的思想意识。但是,16岁的艾玛·戈德曼的确有自己的想法。这些想法或许不够成熟,或许她表达这些想法时有些苍白无力,但是这些终究是她自己的想法,而且只是她一个人的想法。她也知道"某些神秘的东西已经唤起了她的热情"。或许,那些"神秘的东西"与她在父亲专制统治下的生活有些关系。当然,她可能认同这些激进分子。正如她坚决对抗自己的父亲一样,这些激进分子也拒绝接受沙皇的统治。他们是强壮有力而意志坚定的年轻人,而且她早就知道自己从骨子里并不温顺。

在圣彼得堡的日子里,戈德曼读了尼古拉·车尔尼雪夫斯基的著名小说《怎么办?》。在这本书中,她认识了一个独立自主的女英雄。这位名叫维拉·巴浦洛娃的女英雄从上层阶级逃离,拒绝生孩子、做母亲的使命,最后成了一名医生,专为俄国穷人治病。这就是艾玛的梦想。她虽然不得不把自己的梦想放到一边,但这个梦想一直都在,就像她脑海中一直都存有维拉·巴浦洛娃的故事一样。不管是小说中还是小说外,女人都能够有职业,甚至是非常专业的职业,而且她们可以把自己的生命贡献给除了自己的丈夫和孩子外的其他人。她们也可以摒除这个时代的社会习俗。最终，艾玛会努力变成另一个维拉·巴浦洛娃。她会做那位女英雄所做的一切事情，或者比她做得更多，但是并不是在俄国。但是，正当艾玛还在边读小说边做梦的时候，激进派的运动失败了，而且她的父亲仍然决定找个人把她嫁出去，摆脱她。最后，艾玛越来越清楚地意识到她不得不离开俄国，去追寻独立和充满社会责任感的生活。

讽刺的是，艾玛知道如果要离开这个家庭，她还得需要这个家庭的帮助才行。而且这种帮助即将来临。海伦娜已经决定去投靠在纽约州罗切斯特市生活的姐姐莉娜。艾玛会愿意陪她一起去吗？她当然愿意，可是她身上没有钱。随后，海伦娜提出帮她的小妹出钱。艾玛的机会到了，说不定这是她最后一次机会，所以她抓住了它。当然，她最终还得征求父亲的同意才能走。是不是威胁父亲说要跳涅瓦河才最终得到了父亲的同意呢？或许是，或许不是，或许亚伯拉罕只是已经受够了。

当开始想象美国的生活时，艾玛·戈德曼却意识到自己其实什么也不知道。她也明白现在不是阅读的时候，只能以后再做。从她来到美国的那一刻起，她就会了解这个国家，而不仅仅是从书上去了解。但是，在动身前往美国的时候，艾玛·戈德曼却从来没有听说过莫利·麦奎尔或者1877年的铁路大罢工。她也没听说过尤金·德布斯或阿尔伯特·帕森斯或者其他任何一位日后将与她自己的名字联系在一起的美国激进主义分子。

但是，当这个惊慌的16岁女孩真正站在美国的领土上时，除了要记住美国名人的名字或者使自己在此出名之外，她还有很多其他的想法。两姐妹移民美国入口就是纽约州炮台公园附近的一个小岛。这个小岛的名字叫"城堡花园"，一个田园般的名字。但是，这个地方的环境实际上并没有像它的名字一样优美，或者说艾玛·戈德曼踏上美国的第一刻并没有她想象中那么美好。

然而，艾玛·戈德曼与美国的第一次接触却是在一个曾经是音乐大厅的建筑里。在那个世纪中期有着"瑞典夜莺"美名的珍妮·林德曾经在这里演出过。但是，1885年，这里却变成了成千上万移民进入美国的入口。曾经那些期待常去看演唱会的人聚在一起娱乐的地方现在却成了焦虑的移民进行安检的地方。据一位纽约官员透露，对整个城堡花园的管理变成了一个"完美的闹剧"。涌入美国的移民数量已经超过了这个国家的失业人口数量。

新到的移民经常会被这种经历搞得不知所措。惊慌失措的他们想知道自己是否能够获准进入这个国家。疑似患有咳嗽的人通常会强忍住咳嗽，因为安检人员会时刻提防肺结核疾病的传播，否则就会被贴上"犹太疾病"标签。瘸子不得不掩饰一下自己的缺陷（只要年过两岁的移民都要独立行走）。对移民眼睛的检查也很严格。因为沙眼疑似患者数量已占到所有需要医药来救治的患者总数量的一大半，而且这一大半人中间大多数是犹太人。

接下来会有一些必须要回答的问题：你的家人中是否有精神病人？你有犯罪记录吗？手上有钱吗？已经找到工作了吗？

对于年纪轻轻的艾玛·戈德曼来说，整个经历让她"无比震惊"。在其他任何地方，她都不会看到"充满同情的官方嘴脸"，到处都充满"敌意和残忍"。她唯一的愿望就是尽快"逃离这个鬼地方"。她的美国梦以一个噩梦般的序幕逐渐拉开了。

罗切斯特应该会比这里好一点,或者说这是姐妹俩所期待的。至少,在那里有亲人和工作在等着她们。还有什么比那更好呢?她们每个人肯定都会在干净的工厂里找到一份好工作。然后,她们肯定会过上体面的生活,并过上新的生活。

事实上,莉娜只能给两位妹妹提供住宿,除此之外帮不上任何忙。对于已怀上第一个孩子的莉娜来说,她并不希望家里再多两张嘴吃饭。她的丈夫是个铁匠,一个星期只能挣12美元,仅能维持自己的家庭开支,没有多余的钱来养活别人。

19世纪80年代的罗切斯特正经历着翻天覆地的变化。面粉加工厂占了发展先机,使这个城市迈上了成为制造业中心的道路。从种族上看,爱尔兰、德国以及英国的移民组成了这个充满活力的社区。在这个混合社区中还有来自东欧的犹太人,但是他们对这个多元文化氛围的贡献并不受欢迎。相反,对于制造厂家来说,他们只是廉价劳动力,包括德国犹太厂商在内,他们根本不愿意与来自波兰或俄国的犹太人共同分享这个美国梦。

艾玛很快意识到自己仅仅是从一个拥挤的隔都转移到了另一个隔都。尽管在圣彼得堡的生活很压抑，甚至让人喘不过气来，但至少它是一个有魅力和文化底蕴的城市。罗切斯特却不是这样，它是一个脏乱的充满欲望城市。它或许也能让当地居民过上美国梦一样的生活，而且仍然可以让其他人梦想过上这种生活，但对于这些初来者来说，这个城市里交通堵塞严重，生活无情冷酷，而且工作要求苛刻。

艾玛·戈德曼在美国工作的第一个工厂是一个叫利奥波德·卡森的德国犹太商人创建的服装厂。在工厂里，她的工作是缝制大衣，一天工作10个半小时，每周的工资是2.5美元。有了这些钱，她可以向莉娜交食宿费，但是却没有任何多余的钱留给自己。艾玛不得不开始思考，难道这就是她的美国梦想吗？要是那样，她就得问自己，难道在美国过这种生活就真的比俄国的生活好吗？她或许能够摆脱父亲的控制，但难道这就够了吗？

在美国历史上有这么一段历史：工厂老板特别依赖那些肩背有力而手脚灵活麻利的年轻未婚女性。这些纺织工厂坐落在新英格兰沿河地带,他们收购成捆成捆的棉花,招聘了大量的年轻农村女孩,制造出价格公道的商品,女孩们则可以挣点钱为自己攒嫁妆。整个过程对于第一代工厂老板来说意义绝对重大。他们雇用新英格兰农村家庭赋闲在家里的女儿作为工厂劳动力,同时也减轻了家庭的财政压力和父母的忧虑。毕竟,他们的女儿会受到双重监管,一是车间领班对工作的监管,二是管理员在所有休息时间里对工厂宿舍的管理。理论上来讲,这种监管是全天候的,因为家长式的统治是工厂日夜管理的规则。

艾玛·戈德曼在利奥波德·卡森的工厂工作的那个时期,这些早期工厂老板的理想主义和家长式统治消失已久。完全出于利润考虑,卡森和他这一代的工厂老板们的确需要车间领班,但是他们不会费心招聘一个有素质的宿舍管理员来监管这些工人的业余时间。这项支出只会减少他们得到的利润。不管怎样,如果卡森把自己的金钱浪费在这种宿舍管理员身上的话,那么戈德曼也不会浪费自己的时间竭尽全力地踏入歧途。

然而,在卡森的工厂里,戈德曼得到了叛逆的机会。她的叛逆不是针对本身的工作环境,因为卡森的工厂既宽敞又明亮,并不像圣彼得堡的手套加工厂一样拥挤和黑暗。对于戈德曼来说,最大的问题就是这份工作的性质以及其"钢铁般的纪律"。她回想起手套加工厂漫长的午饭时间和两个茶歇休息时间。但是,在卡森的工厂里,工作是"永无休止"的,而且"领班的时刻监管就像一块大石头一样压在我心上"。周而复始的"极度单调和枯燥"的工作使她筋疲力尽并心生厌恶。

她的姐夫不断抱怨戈德曼交给他们家的食宿费太少,又增添了她的痛苦和烦恼。她的解决办法是什么呢?她可以要求卡森给她加工资。更多的钱或许不能解决所有的问题,但是至少可以起到一些作用。另外,她的遭遇如此具有说服力,卡森一定会同意她的要求。她每周的工资甚至不能满足她的基本开支,更不用说留些钱给自己买一本书或者偶尔去一次剧院。

老板并没有被她的说辞打动。利奥波德·卡森坐在一张宽大的桌子后面,雪茄烟雾环绕在他身上,他立刻就否定了戈德曼的要求和她的"奢侈品味"。毕竟,其他的工人似乎过得不错。因此,这个坐在老板对面的鲁莽女孩不得不接受自己的命运或在量入为出方面做得更好,或者在其他的地方找一份更好的工作。

几天之内,戈德曼找到了一份新工作。这个工厂更小,但是这里管得不严,而且工资比以前高(一周4美元)。除此之外,新工作带给她另外一个惊喜。在她旁边的机器上工作的一个年轻小伙子引起了她的注意。他的名字叫雅各布·柯斯纳。很快,这两个人就变成了朋友。不久之后,他们就变成了夫妻。

柯斯纳也是一个犹太移民,他吸引戈德曼的地方不仅仅是帅气的外貌。他似乎对激进主义政治有很大的兴趣和热情。在1886年早秋时节,戈德曼的父母也来到罗切斯特居住。很快,科斯乐尔就为戈德曼提供了一个再次逃避父母的港湾。正如他们所料,戈德曼并没有为父母的到来而感到高兴。她不希望重新点燃仍然历历在目和持续燃烧的家庭战争,也不希望自己恢复全职女儿的角色。

最令艾玛兴奋的事情是将来她要与雅各布·柯斯纳结婚。这样,她不仅可以与一位魅力十足的男人开始新的生活,而且也可以摆脱姐夫的喋喋不休和父亲的控制而获得自由。

不久，这位新婚柯斯纳夫人却发现她正在用一个问题去代替另一个问题。这位柯斯纳先生似乎很软弱。更糟糕的是，在接下来的几个星期和几个月里，戈德曼发现他的生活十分无趣而且太传统了。如果有什么事情能让雅各布·柯斯纳痴迷，那一定是打牌，而不是激进主义政治。无论是什么能让他感到兴奋的其他事情，那都与新婚夫妻之间享受性爱的生活无关。

对于戈德曼来说，对这种关系的期待与害怕从一开始就让这位新婚妻子感到左右为难。但是，随着时间的流逝，她的期望与害怕逐渐被厌恶和愤怒所代替。随后，他们两人分居了。尽管雅各布·柯斯纳并没有永远地从艾玛·戈德曼的生活中消失，但他们还是离婚了。在他们短暂的婚姻和离婚之后，他们又再一次和解，从而他们之间又有了第二次婚姻和离异。与雅各布·柯斯纳的这段婚姻插曲并没有改变艾玛·戈德曼这一生对婚姻的消极态度，但是这段婚姻至少让她得到了美国公民的身份。

横跨1886至1887年的那个秋冬，没有一个男人走进艾玛·戈德曼的生活，相反，有8个男人引起了她的关注和喜爱。这8个人都是无政府主义者，他们被指控在1886年5月发生的干草市场暴乱中杀害了7名芝加哥警察。突然之间,艾玛感觉到这些男人让她年轻的生命有了一种前所未有的目标和沉重的义务。

虽然戈德曼与这几个人的接触仅限于新闻报道,但是她的热情还是很高。他们在芝加哥法庭上上演的闹剧"把她从绝望的深渊拯救出来"。戈德曼极力关注在他们身上发生的故事。在接下来的一年半时间里,她密切关注这些被告者和法院对他们的定罪、上诉以及对其中四人最终判了死刑。

这场审判的不公正性进一步增加了她的怨恨。毕竟,他们八个人的罪名并不是因为向广场投掷炸弹或是向180名守卫干草市场的警察开枪。相反,他们是因为自己说出来和写出来的言论而被告上了法庭,这些言论煽动别人投掷炸弹并炸死了几名警察。这两者之间的关联最多也就只有那么一点点。

他们的故事揪住了全国人民的心,其中有已经成名的人(前来支持他们的小说家威廉·迪安·豪威尔斯)、即将成名的人(力主死刑的西奥多·罗斯福)以及一些默默无名的普通人(阅读并知晓他们的故事而无比愤怒的艾玛·戈德曼)。1887年11月11日,这四个人被执行死刑之前,无数美国人都主张延长死缓时间。剩下的三个人被直接送进了监狱,而另外一个人则在行刑前几天自杀了。

戈德曼心中的"崇高的英雄"是八个人中那个自绝于世的路易斯·林格。她敬佩林格对控告者的蔑视,也敬佩他忍受敌人的折磨而表现出来的顽强的意志力。在他身上发生的一切故事都"让他的人格增添了浪漫和美丽的色彩"。相反,那些判处林格死刑的人的行为让戈德曼最终相信政府就是敌人,政府是酝酿一切邪恶的温室。

当然,戈德曼在俄国的经历已经为她指明了激进主义政治的大体方向,甚至指明了无政府主义的方向。在到达美国之前,她只是一个感情上的所谓的无政府主义者。但是,干草市场事件中的无政府主义者的故事让她变成了一个真正的无政府主义者,她不再是一个感情上的无政府主义者,也不再是一个所谓的无政府主义者。他们的故事激励她停下来思考、感知和转变。这段持续很久的插曲向艾玛证明了一个不幸的却又无可否认的现实:美国并不是天堂。很多移民官员、她自己的姐夫以及代表美国工业世界的利奥波德·卡森都充分证明了这样一个结论。但是,还没有人像伊利诺伊州对待干草市场的八名罪犯这样对待她。

如果国家是不公正的代名词,那么无政府主义则向戈德曼展现了一个公平的社会。如果政府无情地使用强权,那么无政府主义者就会承诺自发性地团结一致以对抗强权。如果政府认可不公平和不公正的行为,那么无政府主义者就会呼吁形成一个公平公正的社会。如果政府惩罚或者杀害那些挑战他们的无政府主义者,那么另一批无政府主义者就已经做好了替补这个队列的准备。

艾玛·戈德曼一直关注着她心中的芝加哥英雄故事,直到他们进了监狱和坟墓。在他们受到严酷的考验时,她阅读了一切关于他们的事迹。在所有的阅读材料中,她最关注的是一本名叫《自由》的无政府主义者期刊。该期刊的编辑是一个叫约翰·莫斯特的人,他是一个德国移民,他令人生畏的风度与他激进式的文风极其相配。在戈德曼所阅读的文章中,没有一个人的文章像约翰·莫斯特的文字一样对她有这么大的吸引力。正如她所说,莫斯特对死刑的描述"明确了我的立场,使我变成了一个积极的无政府主义者"。

确切地说,为什么会有无政府主义呢?在19世纪80年代和90年代的美国,各类激进分子都在形成一套自己的理论,而且他们会有组织地进行宣传活动。绿背党、单一税倡导者以及反垄断主义者都一致攻击集团权力,主张建立他们心目中的乌托邦社会,或者至少能获得杰斐逊倡导的个人主义自由。不管是不是杰斐逊的倡导,平民主义者拥护以扶持个体农民为名义的一系列改革措施。工会成员和他们的支持者致力于一些零散的改革,包括一天八小时工作制的提倡,以帮助美国工人过上更好的生活。空想主义者阅读了爱德华·贝拉米的经典著作《回顾》(*Looking Backward*)之后,都很赞同他的国有化计划。社会主义者把贝拉米的伟大政府改革与他们对大部分工会议程的支持结合在一起。

坚定的无政府主义者蔑视那些仍然有公司资本主义残留痕迹的有限度的改革。他们也不会抱有扫除资本主义的最高权力而建立一个全能的中央政府的社会主义梦想。但是,很多无政府主义者已经开始成为更多有限度的改革的倡导者。他们之中有干草市场八英雄中的头目艾伯特·帕森斯,他的"芝加哥理念"同时促进了零散改革和无政府主义乌托邦的形成。

艾玛·戈德曼并没有这样。事实上,她对美国资本主义的唯一挑战并没有让她去拥护任何人的改革日程。听她说,卡森只压榨和剥削她一个人,而不是大部分的工人。因此,只有她一个人要求获得赔偿。她并没有将她的工人姐妹组织起来;她也不指望通过工会来解决她的个人问题。

戈德曼在罗切斯特参加过社会主义者的会议,也读过一些社会主义者的文献。很快,她认为社会主义是一个"无趣的"的想法,社会主义事业不仅苍白无趣,而且是一个"机械化"的过程。无政府主义与之完全不同。如果有什么区别的话,那么无政府主义与上述社会主义的"苍白""无趣"和"机械化"完全相反。作为一种理念,无政府主义使人着迷;作为一项事业,它丰富多彩;作为一个过程,它自然而然。总之,一旦她被无政府主义完全俘获,她就会全力颂扬无政府主义。

戈德曼支持无政府主义之后,她的生活立刻充满了激情，目标立刻变得非常明确。是的，无政府主义向大家承诺公正、平等以及理性会在各地吹响胜利的号角，但是，戈德曼接受无政府主义的原因还因为无政府主义使她的生活振奋。为一个公平的社会秩序而奋斗当然具有吸引力，但是过上高品质情感剧式的生活也很有吸引力，或许诱惑力更大。

但是，作为一名工厂工人，想要在偏远的罗切斯特过上这种生活是不可能的。干草市场的故事偶尔在她的脑海盘旋，工厂的生活慢慢侵蚀着她。离开工厂时，她被自己失败的第一次婚姻和第二次婚姻，以及口角不断的家庭生活困扰。一个崭露头角的无政府主义者或许会为了自由以想不到的速度飞快地逃离这一切，但是，出于经济上的原因，或许只是心理上的原因，艾玛最终衣衫褴褛地离开了罗切斯特，开始走上了一条错误的道路。

在干草市场处决后不久，戈德曼去了康涅狄格州的纽黑文市，她在这里再一次找了家工厂工作，以满足日用所需开支。她在这里接触了一些无政府主义者，开始了自己的新生活。但是，这只是一个开始，她很快变得沮丧甚至郁闷，因为她意识到自己与罗切斯特的联系远比她愿意承认的更密切。几个月内，艾玛·戈德曼又回到了她美国的第一个家。但是，她还是不开心。就是在这段不开心的日子里，她与柯斯纳复婚。在戈德曼前往纽黑文之前，这对夫妻曾宣布正式离婚。当科斯纳得知她又回到了罗切斯特后，他找到了她，而且威胁她如果不复婚他就自杀。她妥协了。然而，他们之间又产生了性生活障碍，后来又再一次离婚。这一切都发生在1889年夏末戈德曼永远离开罗切斯特之前。

这位俄国犹太青年当年胸怀梦想和抱负来到美国，现在已将近四个年头了，但她的梦想和抱负一个都没有实现。不过，没关系，她会有更大的梦想和更大的野心。如果她不能变成一个医生去拯救生命，那么她就会变成一个无政府主义者去改变世界。但是，一个如此疯狂的梦想必须要有一个更大的舞台才行。

1889年，对这个20岁的梦想家来说，圣彼得堡已成为一段古老的历史。现在，罗切斯特也将开始退入历史的长河中。一个新城市出现在她面前，那就是纽约。纽约为她提供了一个舞台，在这里她可以远离自己的过去，远离她的迫害者，全身心地过自己的生活。

在这里的某一天,她或许会变成一名医生。但是,与此同时,在纽约这个地方,这位默默无名的工厂移民女孩会让自己变成真正的艾玛·戈德曼,一个臭名昭著的美国无政府主义者。

第三章

站在美国的大街上

在8月一个潮湿的周日早上,20岁的艾玛·戈德曼带着自己的一切来到了纽约。她一手拿着缝纫机,一手拿着一个小包(里面有她仅有的5美元盘缠),从东边的犹太居住区跋涉到这里。她的目的地是萨福克大街的赛奇咖啡馆。纽黑文的无政府主义者朋友们告诉她,在那里可以找到属于自己的家,因为那家咖啡馆是一个当地激进分子的聚集地,并以此出名。在寻找萨克福大街时,戈德曼几乎不能控制自己。她已经受够了罗切斯特无聊的社会主义会议。纽约是东海岸激进主义运动的中心,而这座接纳她的城市绝不会无趣。此外,她知道在赛奇咖啡店,她甚至可能见到约翰·莫斯特。

戈德曼在找到这家咖啡店的那一刻,当与一些操着俄国腔、意第绪语与德国话的移民坐在一张桌子上时,她瞬间有了家的感觉。这些都是她的同类。这里已经是属于她的城市了。

那个下午结束前,戈德曼认识了一些居住在纽约东边的人,包括一个非常严肃的名叫亚历山大·伯克曼的无政府主义年轻人。在交谈中,他邀请戈德曼那天晚上一起去听约翰·莫斯特的演讲。对于她在纽约的第一天来说,这是一个多么美好的开始,又是一个多么美好的结束。在她到达这个城市的几个小时内,她找到了反政府主义者的兄弟姐妹,到晚上她认识了伯克曼和莫斯特这两个对她的新生活起初几年影响最大的人。19世纪80年代末,美国的激进主义处于意识形态和组织的混乱之中。那些赞成通过当前政治体系来解决问题的人与马克思主义者和无政府主义者之间展开了争论,后者认为选举制是当前政治问题的一部分,而不是解决问题的方法。马克思主义者内部之间也有分歧,他们争论的焦点是"直接行动"是否会加速改革的到来,或者必须等到一个成熟而坚定的无产阶级发展壮大起来后才会发生革命。马克思主义者与非马克思主义者对于通过工会来达到经济改革的目的的可行

第三章 站在美国的大街上

性也有不同意见。

社会主义者与无政府主义者在信仰的理论上有巨大差别：社会主义者坚持通过投票选举的方式获得权力，然后通过手上的权力建立一个仁慈而强大的政府；无政府主义者却不这么认为。虽然很多社会主义者提倡立即改革，朝正确的方向迈出步伐，特别是八小时工作制的改革，但是几乎没有无政府主义者赞同这种渐进式的方法。另外，二者之间的不同观点甚至超出战略和对策而上升到更为根本的方面。戈德曼的一位盟友曾经写道，社会主义只是一种"辩解"；而无政府主义"就像一切伟大的事物一样，是一种宣告"。

无政府主义者既不是充满古怪念头的幻想者，也不是行为古怪的人，他们认为自己是承载已经存在于美国社会的"逻辑终端"趋势和想法的思考者和行动者。但是，那些自称为无政府主义者的美国人之间还是有重大差别的。其中一派是由本杰明·塔克领导的个人主义无政府主义者，他们反对一切政府权威，却承认私有财产的合法性。本杰明·塔克出生在马萨诸塞州的一个富裕家庭，毕业于麻省理工学院。1881年，他开始出版一本名叫《自由》的杂志。在杂志中，塔克描述了自己对私有财产的捍卫和保护,这里的私有财产仅限于私人占领和用于生产活动的土地。这一派哲学的无政府主义来源于美国人的经验,至少可以追溯到19世纪中期以及亨利·戴维·梭罗和拉尔夫·沃尔多·爱默生的著作。这一派别的信仰者也自称为忠实的杰斐逊支持者,因为他们坚信在国家控制下个人自由第一的观点。

在19世纪80年代期间,另一派无政府主义者对手开始挑战个人主义的无政府主义,提出了集体主义观点。这一派人大多是移民,他们既反对政府权威,也反对私有财产。他们的目标是建立一个由小型的自治合作社组成的无国界的集体主义社会。

马克思主义者赞同这种无政府主义观点,相信总有一天会达到完全无国界的社会目标。但是,他们反对无政府主义者创造这种乌托邦社会所采用的方式。马克思主义者相信过渡阶段的必要性,这种过渡阶段的主要表现是政府权威的扩张。所以,今后就会有"无产阶级的专政"。但是,无政府主义者希望能快速进入一个完全无国界的社会。因此,他们承担着宣传的义务。但是,一些无政府主义者的行动超出了口头上的宣传，他们组织了从事恐怖活动和暗杀的阴谋集团。在戈德曼无政府主义思想形成和发展的早期，她对暴力行为怀着矛盾的心情，但是却直言不讳地反对选举制度和渐进式改革。她也认为任何形式的集权国家都不可避免地会破坏个人自由。无政府主义似乎集中了两个世界的优势，因为它把自由和平等结合在一起，既没有议会腐败现象出现，也不会有官僚纠葛。

在这几年的运动的形成阶段中，戈德曼被这些充满传奇色彩而又令人激动的运动深深吸引，而理论的准确性第二关注对象。但是，可以毫不夸张地说，相比于塔克派发起的运动，年轻的戈德曼更加拥护移民无政府主义者追求的自主合作社。另外，她很快得出这样一个结论：性解放和性别平等是她的无政府主义观点的基本点。

当涉及实现无政府主义乌托邦社会的可行方法时，年轻的艾玛·戈德曼不愿意在"语言"（宣传活动）和"行动"（暴力行为）之间作选择。作为一个长期的宣传者，她把语言当作武器。而且，她还提起行动的魅力，偶尔还对其表示赞同。她从来都不是一个和平主义者，她强调"语言"的重要性，但这并不意味着她反对一切"行动"。

戈德曼在作巡回演讲。© Corbis

戈德曼在这个重要问题上表现出来的矛盾心理可以追溯到两个俄国无政府主义者：米哈伊尔·巴枯宁和彼得·克鲁泡特金。巴枯宁是一个仪表堂堂的男人,19世纪60年代和70年代,他的巡回演讲跨越整个欧洲,向大家传达着"立即革命,革命到老"这样一个信息。他的观点是"行动"就是一切,他的目标是建立一个没有压迫的社会。那时,也只有那个时候,我们才能考虑接下来怎样去建设一个乌托邦。

彼得·克鲁泡特金是一名专业的地理学家,他与迈克尔·巴枯宁截然不同。性情冲动的巴枯宁鼓吹暴力,而深思熟虑的克鲁泡特金主张被动容忍。巴枯宁告诉他的追随者要抓住时机,而克鲁泡特金告诫他的读者在破坏自己所生活的世界之前要认真思考自己想要创建的世界是什么样子。

巴枯宁天真地认为只要推倒旧的规则,然后扫除它的残骸,那么新的规则就会成功屹立。但是,克鲁泡特金却把自己大量的聪明才智放在规划新的社会规则和秩序上。在他的想法背后,有一个实际上非常简单和理想化的设想,即由于个人利益和社会利益并没冲突,所以私有财产是没有必要的。人类生来就有共同合作的强烈愿望。假如政府权力(各式各样的权威)的腐败和巴枯宁主义革命分子(热情十足)受到压制,那么在这种愿望的驱动下,最终会形成一个小公社。

克鲁泡特金的自发式合作理论与当时流行的"物竞天择,适者生存"的社会达尔文主义观点非常接近。根据社会达尔文主义者的观点,个人和社会的进步依赖于竞争。克鲁泡特金也相信进步和进化论,但是他并不认为个人或社会的进步依赖于任何类似于"适者生存"这样的竞争。相反,他提出了"互助"的概念,认为这种方式更理性,而且更好地反映了人类的本性。

尽管克鲁泡特金在俄国有更多的读者,但是在美国也有他的追随者,特别是那些激进的移民。这些观点对于那些或许已经相信美国梦的存在但美国的现实却让他们感觉受到了欺骗的人来说具有真正的吸引力。

艾玛·戈德曼就是这些移民中的一员。她不仅读过克鲁泡特金的文章,而且还有机会见到他。从个人角度来看,这两者之间并没有必然的联系。戈德曼发现克鲁泡特金对人很冷淡,几乎是阴沉,想了解他是件很困难的事。而且,克鲁泡特金告诉无政府主义圈子里的人,他并不赞同戈德曼混乱的私生活。但是,年轻的戈德曼仍然把克鲁泡特金当作自己的老师,指引自己未来的道路。她接受他所描绘的基于集体无政府主义的世界,没有丝毫反对之心。

随着时间的流逝,即使她并没有像他那样赞赏和信任"人民",但她对这位风度十足的克鲁泡特金先生的崇敬之情愈加强烈。戈德曼在任何时候都缺乏耐心,她迫不及待地想让大众见证她的智慧。就这点而言,她更接近于巴枯宁,而不是克鲁泡特金。另外,就像巴枯宁一样,相对于考虑任何乌托邦的细节问题,她总是更倾向于支持充满传奇色彩的反叛。谴责当前的社会状况是她的惯用手段,但她却不善于规划未来。然而,在她的心中以及头脑中,巴枯宁和克鲁泡特金仍然争执不休。从气质上看,年轻的戈德曼就是另外一个巴枯宁;从智识上看,越来越成熟的戈德曼发现克鲁泡特金的想法更有吸引力。她从来不会全身心投入到一件事或另一件事上。

她也读过马克思的文章,但她并没有被卡尔·马克思迷住。他的枯燥的文风让戈德曼认为他就是一个"无药可救的中产阶级"。马克思相信工人阶级的革命潜力,但对于从无耐心的戈德曼来说这只不过是浪费宝贵的时间,更是浪费她的才能。

当提到美国的阵线时,戈德曼感觉自己处于集体无政府主义和个人无政府主义阵营之间的某个位置。作为一个移民以及无政府主义者,她本应该把自己的命运与集体理想联系在一起,通常情况下她都是这样做的。当她想到自己的乌托邦时,她会想象出一种克鲁泡特金式的村庄。但是,当涉及经济问题和公民自由问题时,她发现自己与那些作为个人主义者的本土美国无政府主义者之间有很多共同点。她钦佩他们捍卫个人自由时的直言不讳,反对审查制度时的坚韧顽强,以及对国家,特别是对国家军事武器一贯的痛恨。作为一个敏感的政治动物,戈德曼一定也感觉到对那些无政府个人主义英雄的认同,对托马斯·杰斐逊、梭罗以及爱默生的认同会给她提供进入美国工人阶级和中产阶级的许可证。

但是,在 1889 年 8 月,戈德曼的首要任务是得到纽约东部地区的移民激进分子的认可和支持。这就意味着戈德曼要阅读更多材料,做更多的演讲,以及聆听移民的心声。这也意味着要理清一些观点并把持有这些观点的人找出来。哪些人是无政府主义者?哪些人是社会主义者?哪些人是马克思主义者?她怎样区分这些人?在这个混乱的局面中,她能融入哪一部分呢?

戈德曼与梭罗不同,当她试图寻找所有这些问题的答案时,就算花上一整个下午的时间在瓦尔登湖边徘徊也无济于事。她也不可能与爱默生一起漫步在康科德的林荫大道上,更不用说去蒙蒂塞洛拜访已退休的杰斐逊。站在1889年的纽约大街上,好奇心十足的艾玛·戈德曼愿意去思考和了解无政府主义和无政府主义者,但是,她也想行动起来。她最直接的老师就是两位移民伙伴:一位是那个星期天的下午在塞奇咖啡店护送她的亚历山大·伯克曼,一位是他们一起去听过的演讲人约翰·莫斯特。

莫斯特出生在德国,被流放到英国四年之后,于1883年来到了美国。饱受痛苦而充满怨气的莫斯特就像一座火山,频繁而剧烈地爆发。他是一个私生子,在9岁那年变成了孤儿,长大后,他疾恶如仇,并怀揣着不可能实现的梦想。为了摆脱过去的生活,他在一家剧院找了一份工作。尽管他的身高一直没有突破5英尺4英寸,但是他在年轻的时候就具备了一个演员的基本素质。他的嗓音完美无瑕,他的仪表威风凛凛。但是他的舞台生涯并没有实现。这是为什么呢?因为他童年时得了一种传染病,后来经历了一次失败的外科手术,使他的相貌变得很丑陋。他似乎故意选择了这样一个不可能获得成功的行业。

莫斯特留起了胡须,以掩盖相貌上的缺陷,但是他却不能抑制对这个让他备受打击的世界的愤怒。激进政治在某种程度上让他的个人愤怒找到了释放的出口。在德国的十年时间里,他大力宣扬社会主义。由于他激进的政治观点,他曾两次入狱。1878年,他离开德国,去了伦敦。在伦敦,在他再次入狱之前,他开始出版《自由》期刊,这次入狱是因为他发表社论大加赞赏暗杀俄国沙皇亚历山大二世的行为。

1882年从监狱获释之后,莫斯特收到了美国社会主义者邀请他访问纽约的邀请函。他立刻感觉到自己踏上了一片能实现自己的想法和抱负的沃土。在美国定居后,他恢复了《自由》期刊,并且很快在激进派圈子里出了名。

1883年,各派激进分子聚集在匹兹堡,试图在混乱中寻求联盟并建立统一的秩序。莫斯特不仅帮忙组织了会议,而且还结合了克鲁泡特金和巴枯宁的作风,以他独一无二的姿态控制了会议。在这一过程中,他疏远了很多人,包括拒绝他组建一系列分散的社团提议的马克思主义者、拒绝取消一切私有财产的个人主义无政府主义者和对他的关于暴力和破坏活动的主张感到恐惧的社会主义者。事实上，主要由莫斯特执笔的《匹兹堡宣言》支持的是用暴力来推翻现有的社会秩序。在随后的几年中，莫斯特继续为这份"契约"辩解，甚至在他的期刊上直接发布制造炸弹的教程。

由于莫斯特的积极努力和当时艰难的经济局势，美国的无政府主义者在19世纪80年代迅速增加。尽管其具体的数字难以统计，但是在80年代末期，美国可能至少有7 000名无政府主义者。虽然不是所有人都支持《匹茨堡宣言》，但是他们中的大部分人确实阅读《自由》，也确实有相当一部分人将莫斯特视为领导人。然而，约翰·莫斯特很快就被证明是个最糟糕的独裁者。尽管他宣称自己憎恨所有形式的权力，但是他却把自己塑造成一个和他的资本家敌人一样教条主义、缺乏幽默感、专横傲慢的权威人物。

1889年，在芝加哥无政府主义者由于干草市场事件而被大批杀害后，美国无政府主义的中心就转到了纽约市，在这里，莫斯特有着至高无上的威望。当他不再通过《自由》来与纽约保守的社会秩序作对时，他开始在下东区发表热烈的演说,用他的充满激情的语言和坚定的目光吸引了很多听众。在8月的一个炎热的星期日的晚上,莫斯特的想法和言辞也吸引了艾玛·戈德曼。她也会成为莫斯特的追随者吗?

那天晚上,戈德曼的周围是一群莫斯特的年轻信徒。19岁的亚历山大·伯克曼在1888年上半年从俄罗斯移民到美国。在这一年半的时间里,他做过雪茄,做过大衣,最后终于找了一份稳定的工作,就是为莫斯特的《自由》做印刷工人。

伯克曼和戈德曼之间的联系一直延续到1936年他去世。在这50年里,他们是恋人和同谋者。其间,他们将因为牢狱之灾和与移情别恋而分开。但在短时期内,他们将并肩作战,有时候是通过邮件,有时候是面对面。无论如何他们将一直是朋友和盟友。

他们之间的关系很平等。他们可以互相信任,但不会落入依赖的陷阱。他们可以互相学习,但不受限于固定的师生关系。他们知道总是可以指望对方。对伯克曼来说,戈德曼是他生命中的"不变的"唯一。对戈德曼来说,伯克曼是力量的源泉和怜悯的对象。

有时,戈德曼觉得她的"萨舍"对革命太过迷恋了,太狂热,太极端了。反过来,伯克曼觉得戈德曼对革命太不严肃,太轻佻,不愿意追求这项"事业"或致力于"行动"。然而,这两位无政府主义者互补不足,努力实践他们自己所鼓吹的平等。

当戈德曼和伯克曼在塞奇咖啡馆相遇时,他们已经有很多共同之处了。尽管伯克曼成长于一个"中产阶级"家庭,但他痛恨自己的父亲,他的父亲追求物质的程度就像戈德曼的父亲的报复心一样强烈。这两人都在圣彼得堡度过青春期,都深受车尔尼雪夫斯基的著作《怎么办?》的影响。尽管他们都太年轻了,无法充分参与俄国的无政府主义运动,只能在无政府主义的边缘徘徊。而且,他们也太年轻不可能反抗传统的学校教育。同样的反叛精神使他们决定移民美国,并且在不到20岁时就为无政府主义运动所吸引。

相遇后不久,戈德曼和伯克曼就成了恋人。他们和另外两个女人组成公社一起住在第四十二街的一套公寓里。戈德曼负责家务,而伯克曼则同时在雪茄厂和《自由》杂志社工作。他们两人都对无政府主义有着共同的信仰,也许正因为如此,他们之间经常为了革命策略和革命准则而爆发无休止的争吵。对伯克曼来说,真正的革命者必须为了事业而牺牲一切。对戈德曼来说,无论是否参加革命,真正的革命对所有人来说都必须是一次解放的经历。而且,革命者也不必放弃生命中的美好事物。革命应该不仅仅涉及政治和经济。戈德曼坚持认为,个人解放应该是所有真正的革命者的目标。对她来说,无拘无束的生活意味着歌剧、舞会、音乐和性的美好。对伯克曼来说,这样的"奢侈品"阻碍了他追求"事业"。

并不是说艾玛·戈德曼无视了即将到来的社会革命。当她不用为公寓里的四个人烧饭或在公寓外裁制丝质的仿男式女式衬衫的时候,她就会向约翰·莫斯特学习演讲的技巧。当她不用忙着提高自己的辩论技巧时,她就会在这个城市的时装区组织移民工人参加集会。然而这些事情都无法真正使她感到满意或产生参与感。

莫斯特向戈德曼承诺,他会将她打造成一个演说家。两人一起努力了好几周,莫斯特一直向戈德曼灌输采取直接行动的必要性,包括采用暴力,他还教她演讲台上的一些技巧。莫斯特告诉他的学生,如果"说出的话"满含"说服力、热情和激情,就不会被人从灵魂中抹去"。从那个八月的第一个夜晚开始,戈德曼知道她要什么了。她被莫斯特的表现迷住了,决定自己也成为这样一个表演者。

莫斯特信守承诺,在1890年的冬末,他送他最新的门徒去参加一个巡回演讲,整个旅程横穿纽约州,最远到了克利夫兰市。戈德曼几乎是立刻就意识到了她身为一个演说家的强大能力。在罗切斯特市上台演讲时,"我从未听到自己的话就这样从嘴里倾泻而出,越来越快"。她好像着了魔一般:"观众都消失了,大厅也消失了;我只听到自己的声音,我自己的令人心醉神迷的诗歌。"事实上,"我可以用我的语言来影响人们!奇特而具有魔力的语言从我体内涌出,带着不同寻常的深度"。

几乎与此同时,一个年轻的内布拉斯加州律师也有了类似的发现。威廉·詹宁斯·布莱恩从一次演讲活动回家后对妻子说,他突然发现他有能力去感动观众。他和他的妻子一起跪地祈祷他不会滥用他的天赋。艾玛·戈德曼不会产生布莱恩这样的想法,也不会像他这样去做。后来,正是西奥多·罗斯福总统把布莱恩和戈德曼都视为"疯狂的极端分子"。不过,这个"普拉特河边的演说家男孩"和约翰·莫斯特的造物之间的不同之处也确实值得注意。莫斯特让他的门徒不要演讲"令人心醉神迷的诗歌",不要让语言控制自己,而要鼓吹他的方针路线,激励她的听众推翻旧秩序,去拥护革命,并且拒绝改革。

在美国劳工史的这一时期,没有哪个问题比八小时工作制更关键了。戈德曼奉命以莫斯特为例来反对这一改革,莫斯特认为这一改革分散了人们对于反对资本主义这一更重大的斗争的注意力。莫斯特认为,八小时工作制用承诺一些显而易见的事情来转移工人们对于真正的战斗的注意力(当时,每周工作60—70小时是很平常的),就可以有更多的时间来休闲娱乐了(这类活动对大部分美国工人来说是很少有的)。

羽翼渐丰的美国劳工联合会已经对八小时工作制表示赞同了。美国劳工联合会期望能和雇主们联手,以求在资本主义制度内能够争取到一种更好的生活。特伦斯·鲍德利是已经奄奄一息的劳工骑士团的领导人,他十分鄙视这种想法。他的目标不是摧毁资本主义,而是使工人成为资本家。从某种程度上来说,莫斯特是赞同鲍德利的。他们两人都反对八小时工作制，因为这会让工人们对自己作为一名普通劳动者的命运感到惬意，但是他们两人所追求的最终目标是不一致的。鲍德利期待终有一天资本主义会实现普遍化。而莫斯特却想早日消灭资本主义。

戈德曼很容易就接受了莫斯特的想法和结论。她也想终结资本主义的罪恶。她明白，八小时工作制对于工人们来说不算真正的利益。事实上，其结果更糟糕：工人们的身体得到了休息，但是他们的注意力却不再集中在真正的目标——消灭资本主义上了。

在一路西行之时，戈德曼不知疲倦地鼓吹这一信条。在她到达克利夫兰市结束巡回演讲之前，她没有受到任何挑战。在她的谈话结束之时，一个老工人走近了她。他问，他这个年纪的人怎么样都等不到他们所期盼的那一天了，他可以做什么呢？为什么他要工作那么长时间，工作得那么累，而且这种日子看不到头？他承认，将来的无政府社会确实很美好。"但是现在怎么样呢？现在就要求一种更美好的生活有什么错吗？"

戈德曼对这个老工人的直率而单纯的提问大吃一

惊。她立刻看出了这个问题中的逻辑和公平性。为什么这个人必须牺牲唾手可得的利益,来让一些籍籍无名的工人在未知的将来的某一时刻能够生活在一个工人和雇主没有分别的世界中?

更糟糕的是,戈德曼得出了第二个结论,而这一结论并不比第一个结论更为可靠。在这次她作为一个无政府主义的女代言人的受洗之旅中,她只是鹦鹉学舌,把莫斯特的话讲给大众听。她以为她相信莫斯特的理论,但是在这首次收到严重挑战之时,她开始退却了。为什么?她知道她不是一个顺从的女人。不,问题是,她突然看出了莫斯特的想法中的瑕疵。他也许是一个优秀的理论家,但他不了解她在克利夫兰市遇到的那些有血有肉的人。

戈德曼确信,她想要继续大声宣扬无政府主义,并能够在台上独立思考。至少,在她回纽约去找约翰·莫斯特谈话时,她是抱着这样一个目的。她把她在克利夫兰市的经历告诉了莫斯特。然后,她明确地表达了自己从中学到的东西:在八小时工作制这一问题上,这个老工人是对的。因此,从那天之后,艾玛·戈德曼将独立思考,为自己发声。

然而，莫斯特拒绝接受她的想法。毕竟，她是他的作品。他训练了她。他在她的脑子里塞满了他的想法。因此，他没有冷静地做出妥协，而是以一种她熟识的方式猛烈地抨击她，但她从未见过反政府主义的伙伴以这种方式对待她。

莫斯特也许已经接受了她的简单逻辑。但是，他要让她知道反抗是无法容忍的："不站在我这一边的就是我的敌人。"15岁时，戈德曼拒绝接受她父亲的规定；快要21岁时，她也不打算屈服于莫斯特的命令。戈德曼离开了莫斯特的无政府主义圈子，去追寻一个不确定的未来，但她确定的是，她在未来会更加独立，成为为她的事业而奋斗的一支大军。她有一些遗憾，因为她是真的欣赏莫斯特的激情和他虔诚的信念。

1890年初，戈德曼进入了纽约的另一个无政府主义圈子，这个圈子由约瑟夫·博伊克特领导。博伊克特有自己的无政府主义周刊《自主权》，他的想法更接近克鲁泡特金，而不是巴枯宁。在他的追随者中，圈子内部的个人自由比独裁统治重要得多。在他的会议中，占支配地位的不是独裁者而是自治。

对戈德曼来说，意志自由很重要，尤其是当她发现莫斯特不仅仅喜欢听奉承话,还要求他的学生应该成为他的情人。戈德曼不喜欢他在性方面对她产生兴趣。莫斯特在外是个激进分子,在家确实个传统的人,他想要孩子,还想要一个为他生儿育女的妻子。戈德曼对妻子和母亲的角色都没有兴趣。她刚刚开始享受她的自由和性欲。她现在把莫斯特看成了她生命中的另一个过分严厉的父亲。最重要的是,莫斯特的身体对她没有吸引力。在接吻方面,莫斯特无法掩饰他对于伯克曼和戈德曼之间的吸引力的嫉妒。

尽管莫斯特很恼火也暗中阻挠,但戈德曼和伯克曼还是以无政府主义的名义相爱了,并且互相合作。伯克曼和莫斯特不同,他对女人很有占有欲。他可以允许戈德曼有"恋爱的自由",但她看不到这么做的理由,至少暂时是这样的。

这两个人在纽约的大街上真是绝佳的一对,他们一起组织工人,领导罢工,向每一个愿意听他们说话的人吹嘘公社生活的乐趣。然而,差不多三年之后,他们觉得他们已经受够了。他们想要点燃的革命的火种只是在这个城市的大街上或卧室里闪着微弱的光芒。因此,伯克曼决定回到他的祖国俄国,在那里为革命而奋斗。为了挣钱回家,两人暂时加入了资本家的行列,在马萨诸塞州的伍斯特市开了一家照相馆,这里的消费者很少有人信仰无政府主义。

戈德曼和伯克曼公开承认自己是无政府主义者,但是不得不成为崭露头角的资本家。若是没什么动力的从业者,可能早就放弃了,但是这两个刚刚进入商界的新手却不会放弃。除此之外,他们需要迅速挣到一笔钱。他们听说他们在俄罗斯的同胞们——犹太人和无政府主义者——都惨遭暴行,他们更加急切地盼望能够回到俄罗斯去点燃那里的革命火焰。

戈德曼和伯克曼再次投资,在伍斯特市开了一家冰激凌店。这回,他们挣到了钱,有希望回俄罗斯了。戈德曼的冰激凌店可能是新英格兰唯一一家由无政府主义者经营的冰激凌店,她在经营过程中无意中发现了提高销量的秘密。

她的第一个想法是关于喜欢冰激凌的孩子们的。戈德曼想要实践一下自己的富有同情心的资本主义,于是开始以一个冰激凌球的价格卖两个冰激凌球。从短期来看,这对恋人会亏本。从长期来看,她的善行吸引了新的客人,足以使他们扭亏为盈。当他们认为他们应该有足够的钱回俄罗斯之时,戈德曼发现一份报纸的头条新闻是暗示了宾夕法尼亚州的霍姆斯特德市令人不安的劳工新闻。

1892年5月,卡内基钢铁公司和美国钢铁工人联合会已经到了爆发冲突的边缘。这家公司和联合会之间的合同已经到期了。关键问题在于,工会想续签合同,但是想修改成浮动工资制,即根据钢铁产品的一般市场价来定工资。卡内基和他的首席助理亨利·克莱·弗里克却想最终废除工资标准和美国钢铁工人联合会。为了达成这个目的,他们宣布降薪18%,因为钢坯的价格跌了。于是,工人们提出要根据钢铁产量来制定工资标准,而不是根据钢铁的价格。在戈德曼看来,这个联合会的工人们都是有"决心和勇气"的人,能够毫不犹豫地"维护他们的权利"。

卡内基和弗里克也同样有决心,有毅力,而且抱着必胜之心,他们拒绝让步,以停止谈判和封闭工厂来答复联合会。接着,弗里克雇佣了约300名平克顿私家侦探公司的保安,打算清除障碍重开一家没有工会的钢铁工厂。为了配合平克顿私家侦探公司,他命令筑起一条3英里长的路障,路障上布满了射击瞄准具和带刺的铁丝网。

7月6日,工厂按照往常时间重新复工。然而,战争爆发了。在斗争中,3个保安和10个工人被杀。尽管有不少伤亡人员,但是罢工工人还是击溃了倒霉的平克顿私家侦探公司的保安,最后一批发起攻击的是一群愤怒的工会成员的妻子,她们挥舞着塞满锯齿形钢铁碎块的袜子。

工人们和他们的妻子们赢得了斗争,但是输掉了战争。硝烟过后,弗里克依然坚持减薪,而联合会却一片混乱。安德鲁·卡内基则哪里都找不到人。当霍姆斯特德市战火纷飞之时,苏格兰好像在召唤。

击败平克顿私家侦探公司的保安们并不能使激进分子们息怒,他们无法忽视竟然有人雇佣军队来残杀工人、摧毁工会。另一些感到愤怒的人包括艾玛·戈德曼和亚历山大·伯克曼,他们坚持认为西宾夕法尼亚州也会成为他们的战场。继续在美国东北部地区无忧无虑地卖糖果糕点看来是荒唐的,回到俄罗斯也毫无意义。(美国工人)"期待已久的复活之日"终于到来了;回俄罗斯必须得再等等了。对戈德曼来说,做这个决定很简单:"我们属于霍姆斯特德。"

在两人前往霍姆斯特德市之前,甚至在他们考虑关闭冰激凌店之前,两人之间爆发了争吵。伯克曼坚持要和受压迫的钢铁工人们在一起,而戈德曼则想回纽约。伯克曼是个实干家。因此,他独自前往匹兹堡,打算去刺杀亨利·克莱·弗里克。那么戈德曼呢?她很犹豫要不要把伯克曼的"行动"告诉世人。她在宣传方面的天赋注定了她要"发声";他将实施行动。尽管伯克曼武断地划下分界线使戈德曼很生气,但她最后还是一反常态地放弃了斗争。

首先,戈德曼和伯克曼把他们白天的营业额交给房东作为租金的滞纳金。伍斯特市的双球日活动突然结束了,因为两个合伙人关了店,登上了前往纽约的火车。

伯克曼并不打算独自前往西宾夕法尼亚州。他打算随身带一个自制的定时炸弹。他为此忙了一周,还浪费了40美元,但是什么都没做出来。显然,"潮湿的炸弹"就是个淘气鬼。

他们没剩下多少钱了,于是两人决定伯克曼无论如何都要去匹茨堡。同时,戈德曼留在纽约挣钱买新套装(以便更容易打入弗里克内部)和左轮手枪。但是她怎么才能迅速挣到钱呢？她想起了陀思妥耶夫斯基的《罪与罚》中的一个人物，这个人物为了抚养年轻的弟妹而去卖淫。如果"敏感的桑娅可以出卖自己的身体；为什么我不可以？我的事业比她的更伟大"。但是，这个想法也使她自己感到恶心。"懦弱，胆小，"内心有个声音告诫道，"萨舍要牺牲自己的生命，而你只是牺牲你的身体还犹犹豫豫的，卑鄙的、懦弱的人！"

于是，艾玛·戈德曼开始了卖淫的生活。她的第一个主顾，也是唯一的一个主顾，是一个老绅士，他隐隐约约地觉得这个古老行业的新从业者可能选错了工作。他观察了戈德曼和她的竞争者的掮客一段时间，就邀请戈德曼去附近的沙龙。在沙龙里，老绅士给戈德曼点了一杯啤酒，给了她10美元，并建议她放弃这份工作，因为她显然没有这方面的"天赋"。

"我震惊得说不出话来了。"戈德曼及时从尴尬中恢复过来，并且认为她仍然应该继续挣她的钱。老绅士很反对，然后离开了，但是没有给戈德曼钱。

戈德曼"挣"来的10美元可不够买一套漂亮的衣服和一支左轮手枪。在紧要关头，戈德曼知道她可以去找海伦娜，海伦娜马上答应提供一笔钱补足差额——什么问题都没问。

伯克曼化名"西蒙·巴克曼",假冒一个破坏罢工者机构的负责人,在 7 月 23 日,一个星期六的下午,得以进入弗里克的办公室。这个年代中最对立的两个人突然面对面了。亨利·克莱·弗里克和他的钢铁一样冥顽不化,不会为了获得崇高的地位而屈从于工人们的要求。然而,当亚历山大·伯克曼拿着左轮手枪站在他面前时,他不再发号施令了。

伯克曼后来说:"那是一间华而不实的、天花板很高的房间,声音在房间里回响,就好像炮弹的隆隆声。我听到一声尖锐的哭喊声,看见弗里克跪在地上……他把头和肩膀靠在扶手椅上,没有声音,一动不动。'死了?'我想。我必须确认一下。"

在公司的木匠闯进来并把他踢翻在地之前,伯克曼又开了两枪。在后来的搏斗中,伯克曼从口袋里拿出来一把匕首,将其刺入弗里克的腿中。他听到弗里克"痛苦地尖叫",但是在他继续攻击弗里克之前,他被制服了,"整个身体被人从地板上拎起来"。在这整个过程中,弗里克始终神志清醒——并且发号施令,甚至强调伯克曼没有受到伤害,这样法庭就能按照正常程序对他进行审判了。

然而,伯克曼没打算让司法系统正常运作。如果被抓住,他打算自杀,成为一个"自我牺牲的无政府主义志愿者",就像19世纪70年代和80年代的欧洲的恐怖分子一样,他一直深深敬仰他们。在他袭击弗里克的第二天,他的自杀行动也失败了。一个看守察觉到伯克曼似乎在反复考虑什么事情,于是在他吞下那颗有毒的胶囊之前拿走了毒药。伯克曼无法步上干草市场的英雄路易斯·林格的后尘,只能等着被判刑,并在法庭上解释"我的行动的目的"。

但是,这场审判完全是一场闹剧。当伯克曼出现在法庭上时,他发现陪审团早已被选定。作为自己的辩护人,伯克曼请求增加一个辩护律师。但是,他的总结陈词——由一位不称职的盲人从德语翻译过来并读出来——在审判进行到三分之一时被法官打断了。在法庭上,亚历山大再次受到了侮辱,这个失败的暗杀者、失败的自杀者以及失败的辩护者最后被判在西部联邦监狱服刑21年,并在阿勒格尼教养院教养一年。

更糟糕的是,约翰·莫斯特公开怀疑伯克曼袭击弗里克的唯一目的是为了博得弗里克的同情。戈德曼还在纽约演讲,而莫斯特继续抨击恐怖主义个人行动,认为这些行为是不现实的,也是不成熟的表现。戈德曼震惊了。这不正是《自由》中一直主张的暴力吗?他凭什么要愚弄那些勇敢执行这个命令的人?他怎么能恬不知耻地站在她的面前,向她表明他是这样一个伪君子?

戈德曼拍案而起,向莫斯特发起挑战,向观众证实他最初的观点的正确性。接着,她指责莫斯特后来提出的观点是懦弱的表现。但莫斯特却毫不在乎,他更像是从礼节上拒绝了戈德曼而不是作出真正的回应。他应该清楚地认识到戈德曼已经跟他闹崩了。在莫斯特的下一场演讲中,在他再一次对他的控告者表现不屑一顾的姿态之前,他重复了自己的指责。这一次,戈德曼愤怒地跳上演讲台,从大衣里掏出一根马鞭,怒气冲冲地朝莫斯特的脸上抽去,最后,她折断马鞭,扔在了莫斯特的脚下。

如果戈德曼和约翰·莫斯特之间的关系要戏剧性地破裂,那么戈德曼的行动无疑达到了这种效果。他与伯克曼的分离也没有这么戏剧化,但是既然这已经是无可避免的事实,她也能够处理好这件事情。同时,她会继续和他共同奋斗。她会在前线为他的行为作解释,可能也是为自己这个未受到惩罚的角色进行弥补。

戈德曼会依靠自己的力量竭尽全力维护她的"萨舍",并去说服她的观众,向大家证实伯克曼的行为和他们共同的目标的合法性。毕竟,还有很多工作要做,尤其是如果普通工人违背他们的阶级利益,纷纷涌向像亨利·克莱·弗里克这样的暴君身边求助时,戈德曼的工作就会更多。早在几年前,金融家杰伊·古尔德就曾公开夸下海口,称他可以"雇用一半的工人阶级去杀掉另外一半人"。他的这种说法或许是对的,而戈德曼却开始巡回演讲,向大众证实他的夸口是错误的。

走下演讲台,戈德曼把全部精力放在伯克曼身上,甚至试图帮助他越狱。当他们的越狱计划失败后,她告诉伯克曼自己不能毫无怨气地接受帮助他的"责任重担"。她提醒他说,毕竟她也很痛苦;为了他和他们共同的"事业",她也已经做出了牺牲。

我们必须注意到的是,在伯克曼需要一个辩护者的时候,戈德曼已在第一时间为他作了辩护。彼得·克鲁泡特金加入到莫斯特和其他无政府主义者的行列,共同攻击伯克曼的行为,他们这认他的行为只会成为资本主义镇压无政府主义的借口,进而耽误无政府主义取得最终胜利的时间。

这一切都让戈德曼更加坚定地与伯克曼站在同一战线上,支持他"超人般的勇气"。她从来不公开表示支持这种暗杀行为。私底下,她或许会让任何有暗杀动机的人放下手中的枪。但是,她不会公开去谴责那些已经付出行动的人。如果她这样做,那么伯克曼活该入狱。

在监狱里,伯克曼筹划着越狱计划,同时对戈德曼对自己的无比忠诚感到惊讶。尽管他们两人都怀疑美国工人是否会掩护他逃跑,但戈德曼发誓如果伯克曼需要,她一定会全力帮助他。伯克曼服刑期间,官方只允许一名近亲一个月探访一次,于是伯克曼就让俄国的"妹妹"来监狱探访他。戈德曼立刻就明白了他的意思,于是她决定启程去芝加哥缅怀干草市场事件,顺便去西部联邦监狱"再一次探望我的爱人"。但是,这次探访却让她更加痛苦。他们只能通话 20 分钟。在谈话期间,她身后的铁门"哗啦一下被关上了"。第二次探访结束后,有关当局发现这位自称为罪犯妹妹的"涅德尔曼夫人"实际上是罪犯的爱人戈德曼,于是不会再有第三次探访机会了。然而,在远方,不管是鬼鬼祟祟还是光明正大,一场解救伯克曼的谋划即将展开。

远离伯克曼的日子里,戈德曼花时间认真思考了他的行动和无政府主义者对此事的争论,以及美国工人阶级中的革命狂热(或缺乏狂热)。这一次,她做了一个重要的决定。不管工人们是否忠诚,她不仅要让自己在美国有一席之位,还要集中精力尽力在非移民工人中做宣传,必须把这些人转变成优秀的激进主义分子。所以,她发誓她将不会只局限于用德语和意第绪语向近期来到美国海岸的一小部分人做宣传。

在霍姆斯特德的一年时间里,艾玛·戈德曼致力于具有更广泛基础的美国激进主义,从中,她结识了一些移民无政府主义者的狭小圈子之外的朋友,以及一些同样受到压迫的美国社会主义朋友。戈德曼也与纽约本地工人打交道,其中包括住在亨利大街的莉莲·瓦尔德。虽然莉莲不怎么需要无政府主义,但她与戈德曼一样关心受压迫的人们的命运。1893年,美国爆发了史上最严重的经济危机。年中时,大约80万工人下岗。6个月之后,失业工人数量攀升到至少300万。

夏秋过后，失业人数越发愤怒。与此同时，纽约大街上爆发了大规模的动乱。工人领导变得更加强势，要求政府救济。事实上，随着经济越来越萧条，一些人甚至商量在华盛顿举行游行示威活动。

与此同时，社会服务中心里外的女权主义者都强烈要求戈德曼加入她们的阵营，呼吁女性参与选举的权力。但这并不是她的事业。对于她来说，选举权是资本主义的发明，这只对那些阻碍经济和社会变革的人有利。妇女政权论者不赞同这点对于他们来说，选举权即体现社会公平，也可以获得一次实施更大规模的社会改革的机会。但是，戈德曼还是继续与那些主张"从外部暴政（比如说一张只有包含男人的选举名单）的压迫下获得独立"的妇女政权论者保持距离。她认为"内部暴君统治"也有必要清除。她不相信一旦这些女权主义者所谓的"外部现实"得到重新调整，所有这些女人的问题就会得到解决。

但是，在1893年大萧条的环境中，不管是什么性别，这种"外部现实"压迫着穷人。下岗工人和穷人需要食物来维持生活。这一次，在8月18日发表的关于饥饿的德语演讲中，据说戈德曼呼吁大家如果感到饥饿,就去"夺取"面包。她告诉大家,"面包店食物充足,而且大门敞开"。三天之后,她又在联合广场对3 000名群众发表演讲,其中还包括一些警察。在这里,戈德曼大肆嘲讽社会主义者以及他们对公共工作活动温和的呼吁,并再一次激励失业工人自己掌控大局。

我们无从知晓戈德曼在联合广场集会上的演讲的准确内容了。之后,有密探坚称她指示她的听众在必要时"用武力夺取一切"。戈德曼辩称她只不过是建议那些下岗工人从那些食物充足的人们手中得到食物,而不是向政府寻求任何形式的救济。但是,这里仍然存在一个问题:她提倡过示威游行或强制夺取吗?最终,法庭会给出结论。

8月30日,戈德曼在费城被捕,并被带回纽约进行审判。这种形势的变化只给她带来了一点轻微的困扰。毕竟,她现在有机会和伯克曼同坐一条船。她还有一个能让她以一名无政府主义领导以及下岗工人的支持者身份而出名的平台。以前,戈德曼远离记者。现在她需要他们。

《纽约世界报》记者内丽·布莱花了两个小时采访身陷囹圄的戈德曼,倾听她的故事。结果,该报纸出版后,头版故事就是对这位"长着翘鼻子"、年轻"漂亮"而又"严肃认真"的女人的描写。对于布莱来说,艾玛·戈德曼就是"小圣女贞德","喜欢阅读好的书籍",而且只希望所有人都有"言论公平和言论自由"。如果是戈德曼自己来写这篇故事报道,她不也会写得更好了。

对戈德曼的审判本身却是另外一个故事。纽约市前市长 A. 奥克利·霍尔为戈德曼作无罪辩护。在法庭上,比起释放当事人来说,奥克利更关注于揭发警察的腐败问题,但不幸的是,他对这两件事情的处理都没有成功。整个审判的最精彩的部分就是戈德曼决定为自己辩护。在法庭上,从无政府主义到伯克曼在她生命中扮演的角色,一直到 8 月那天演讲中她所说的话,她都详细地作了回答。作为回应,她坚称自己只建议过下岗工人进行示威游行活动。然而她的故事并没有打动审判长或陪审团。持续了五天的审判之后,虽然戈德曼那天在演讲中所说的话并没有得到观众的行动回应,她还是被加上了"煽动暴乱"的罪名。撇开那些小事情之外,戈德曼被判了一年刑。

戈德曼在那天的集会上究竟说了些什么?30 年之后,她在回忆录中写道,她记得自己发言时扔掉了笔记本，讲了一些发自肺腑的话。后来，她重现了在联合广场演讲中说所的最后一些话："你们必须明白你们有权力与你们的邻居一起分享他们的面包。你们的邻居不仅偷了你们的面包，而且还在喝你们的血。他们会继续抢你们的东西，抢你孩子的东西，并抢你孙子的东西，除非你们清醒过来，除非你们敢去维护自己的权力。那么，接下来去富人的宫殿门口游行示威吧，向他们讨回自己的工作。如果他们不给你们工作，那么就向他们要面包。如果这两个要求都被拒绝了，那么就去夺取面包。这是你们神圣的权力！"

这是呼吁示威游行还是强行夺取呢？不管她的原话是什么，她很快就有很多时间去思考它们。艾玛·戈德曼，一个煽动者将要变成一个罪犯。

第四章

牢狱之灾及之后的故事

在宣判的当天,艾玛·戈德曼被送进了布莱克威尔的海岛监狱。这个岛是抛弃形形色色的纽约不受欢迎人的地方。小岛上还有一个疯人院、一个救济院和一个天花病医院。在这里,精神病人、穷人以及病人和犯人是隔离开的。艾玛·戈德曼将要在这里被囚禁一年。

当走进监狱厚重的大门,戈德曼明白她将在这里工作谋生。经历了美国的工厂生活之后,她要在这里学会另外一种美国机构里的生存规则和文化。从卡森的服装厂到布莱克威尔岛,其间的生活并不是一条直线,其中发生过太多事情。但是,这对于艾玛·戈德曼在美国的头几年生活来说却具有一定的讽刺意味。她是一个不相信任何机构的无政府主义者,却发现自己再一次被限制。她蔑视阶级慈善,她要去寻求有力的证据证明阶级慈善行为的虚伪及其局限性。

戈德曼的既得优势是待在监狱的缝纫室里。作为缝纫室里的领班,狱长希望她能管理好自己的同室姐妹。她现在的处境对她来说依然是多么具有讽刺意味。这位曾经要按时按量完成任务的缝纫师现在竟要管理很多女缝纫师。这就是狱长眼中的好工作?或者说,这份工作就是把合适的工人与工作任务一一对应起来?戈德曼不知道。她只知道,如果狱长不是她的敌人,那么他就是她的敌人的代理人,即国家的代理人。她还知道她已经在美国生活了不下八年时间,而这个国家却已经找到了理由把她监禁起来。

如果戈德曼认为自己有不信任狱长的理由,那么她的同室姐妹就有理由不信任她。毕竟,她的主要任务就是监督她们完成生产任务。作为她们的直接领导,她必须对出入房间的每一捆布匹负责。另外,戈德曼以良好的信誉进入那间缝纫室,然后很快得到更高的信誉。她是一个专业的煽动者,而其他的缝纫姐妹不是。她是一个专业的无政府主义者,而她们不是。通过一种或另外一种方式,缝纫姐妹们还发现她是个无信仰的人。她告诉过一些姐妹，随后她拒绝参加监狱的礼拜活动，以此证实她无任何宗教信仰。基于所有这些原因以及更多的理由，人们就应该避开戈德曼。她的一些下属对此事抱怨不休，但并不是所有人都这样，而且她们也不会长时间这样抱怨。

回忆起当领班的这段经历，戈德曼不愿扮演类似的角色，甚至冒着被处罚的危险，她也坚持这样。当女舍监要戈德曼强迫她的手下更加努力工作时，她拒绝了。由于戈德曼的固执，她被贬到监狱医院里值班。这对于戈德曼来说是个好差事，不管看守她的人是否知道，她一直对医学很感兴趣。在这里，她有机会实践自己的医术，不需要任何证件或授权。

但是，在开始新工作之前，戈德曼却染上了风湿。卧床休息一个月以后，她可以起身照顾其他的病人姐妹。几个星期之内，狱长就让她管理所有的病房。其中有一项工作就是给病人分配每天的食物。每个病人可以得到一夸脱牛奶、一杯牛肉茶、两个鸡蛋、两块饼干和两块糖。某些犯人的菜单中不止一次少了牛奶和鸡蛋，特别是那些犹太人或爱尔兰人。当戈德曼将此事上报给领头女舍监时，女舍监告诉她这些病人"很强壮，没有额外的食物也如此"。后来，戈德曼发现这个领头女舍监把那部分食物给了"两个强壮的黑人罪犯"。这是她在监狱里亲眼看见、亲耳听见的事实。对于这种歧视，戈德曼很愤怒，但是她却"无力"改变这种现实。

接下来的春天里，布莱克威尔岛接受了一大批妓女罪犯。戈德曼问舍监："在这些'公共场所'被抓获的男人也被送到监狱来了吗？"惊愕的舍监随意地回答了一句"没有"。

新来的室友陷入了"凄惨的境地"，当她们得不到已吸食成瘾的麻醉品时，场面变得更加悲惨。戈德曼回忆说，这些"脆弱的女人"绝望地等待监狱满足她们的要求，她们用力地摇晃监狱铁栏，好像突然获得了"巨人的力量"。在入狱前的几年时间里，戈德曼"一天抽的烟多达40支"。时间长了，比起吃饭来讲，她更喜欢抽烟。但是在监狱中，她的习惯不能得到满足。这种痛苦几乎已经无法忍受。只有读书才能缓解她的欲望。

当这些有烟瘾的室友得知戈德曼是医药室的管理员时，她们纷纷给戈德曼钱，缠着她说："看在耶稣的份上,我们只要一点点药品。"奇怪的是,戈德曼并没有可怜她们。她或许很鄙视"基督徒的虚伪",因为这些被关进监狱的女人出卖自己的身体,让男人得到性满足,但在这个交易过程中,这些男人却没有被逮捕,更不用说被送进监狱。她或许还想过不要冷酷地拒绝这些女人的这点小小的乐趣,但是,她必须遵守医院的规则。在这种情况下,那个委托她分配药物的医生命令她不要因为任何原因而提供"一点点药品",即使是药用。他很信任她,而且他很"善良大方"。所以,她决定不"让他失望"。戈德曼绝不会忠于任何机构,但是如果有人忠于她,她可能会忠于那个人,甚至是一些权威人士,她也会这样。

这所监狱的许多权威人士开始欣赏她作为一名护士的才能。据监狱长所说,戈德曼每天都会"轻轻地抚摸病人,并投以同情的微笑"。她非常乐意把自己的时间花在监狱医院里,所以她渐渐地走上了第二段职业生涯。护士戈德曼变成了顾问戈德曼,变成了渴望"一丝一毫"仁慈的穷人们的知心人。她尽可能地发挥自己的作用,向人们发出"仁慈"的信号。这样做之后,戈德曼发现她的同室姐妹都愿意让她帮忙解决她们的

"麻烦"。

尽管一天中要忙很长时间,但是戈德曼仍然抽时间阅读并招待拜访者。她第一次广泛阅读了爱默生、梭罗、霍桑和惠特曼的英文作品。这是她提高自己英文水平的好机会,同时还可以更多地了解美国自由主义传统。虽然本杰明·塔克心目中的女英雄并不能成为她心目中的英雄,但她至少可以了解那个视个人自由高于一切的美国无政府主义分支的智识根源。

戈德曼特别欣赏梭罗。孤独的瓦尔登湖远离纽约城的喧嚣,这位安静的新英格兰沉思者与那些冲动坦率的犹太移民截然不同。但是,梭罗强烈地追求独立的愿望(这个愿望很快会让他进入监狱)与这位年轻的移民女性的愿望竟如此一致。这位女性就是戈德曼,她在10个月的监狱生活里第一次读到了他的作品。

书籍对戈德曼很重要,但是对于她来说,人更重要。幸运的是,在她的监狱生活中,她每天都可以碰到不同的人,包括一些外面的探访者。布莱克威尔岛与曼哈顿岛离得很近,因此她的一些盟友会来探望。在这些探望者中间,有一个人叫约翰·斯温顿。他年轻时也是一个"激进分子"。作为一名狂热的废奴主义者，他的演讲比戈德曼在联合广场上的任何一句话更具有煽动性。斯温顿并不是一个无政府主义者。1893年，他是《纽约太阳报》的主编，而且自封为移民权力的倡导者。对于他来说，戈德曼被捕入狱实在太可笑，布莱克威尔岛上任何一位参与逮捕这个"小女孩"的人都"应该感到可耻"。

监狱长向斯温顿确认戈德曼是一个"模范犯人"。事实上，他希望戈德曼"被判五年刑"，因为优秀的护士非常难找。"那么为什么不在她刑满释放时给她一份工作？"斯温顿反驳说。在监狱长作答之前，斯温顿补充说："如果你这样做，你就是一个十足的笨蛋。难道你不知道她并不喜欢监狱吗？没错，她会让犯人都逃出去，那样的话，你将会变成什么人呢？"

如果没有别的事情发生，约翰·斯温顿的来访会让艾玛·戈德曼确信，待在监狱的剩下的日子里，在她身上不会发生非常可怕的事情。一整个晚上，监狱长和领头女舍监都在给予斯温顿眼中的"小女孩"特别待遇。监狱长的桌子上摆满咖啡、水果和食物，突然之间监狱中都围绕着她忙上忙下。戈德曼拒绝了这种额外的食物供应。既然其他室友不能得到类似的待遇，她也不会接受。但是,"在没有铁栏杆的阻挡下大口呼吸春天的气息"是戈德曼所不能抗拒的。

监狱生活让戈德曼学到了很多。大致算起来,布莱克威尔岛是她上过的"最好的学校"。在医院工作中,她学到了新技能,磨炼了其他本事。监狱长的行为告诉她,即使是有权力的人也不是无法操控。室友姐妹带给她的温暖证实了她在监狱之外的经验,即"摒弃傲慢,施行仁爱"。

不仅如此,约翰·斯温顿的出现让戈德曼"重新相信在美国的可能性"。他不是无政府主义者,这帮助戈德曼意识到在反政府运动之外她还有朋友和伙伴。他是一个改革家,他让戈德曼相信"美国人一旦被唤起,就会和我心中的俄国英雄一样倡导理想主义,并做出牺牲"。最后,监狱生活也让她更加意识到"自我的力量是多么强大,为自己的理想而奋斗的力量是多么强大"。

1894年8月,当戈德曼从布莱克威尔监狱获释时,1893年夏天发生的经济危机并没没有得到缓解。到夏末时期,或许已有五分之一的工人失业。所以,这加剧了失业工人、无组织人群和无权力的人群结成联盟的尝试。有人组织罢工,也有人威胁要罢工,有人举行示威游行,也有散播游行的谣言,但所有这一切都没能改变现状。在戈德曼被释放的前一个星期,华盛顿发生了一次示威游行活动,游行人员要求政府进行财政救济,但这次游行活动最终还是以失败告终。另一场反对普尔曼公司的国内大罢工以令人震惊的暴力事件告终。事实上,格罗弗·克利夫兰总统下令派遣军队粉碎罢工运动,导致约 37 人死亡。

这些事件只会使戈德曼更坚信要把自己的观点直接宣传给美国大众。她比任何时候都更确信她的任务就是与"本地人"而不是移民联合起来。重新投入到"用英语进行宣传"上,誓死要成为社会变革的代理者,这位曾经被判过刑的女人大声宣布"只有本地人才能带来真正的社会变革"。10 个月的美国监狱生活并没有放慢戈德曼转变成一名美国激进分子的脚步。

但是这位美国激进分子并不能推翻一个政党。在有所行动之前,戈德曼四处受到接待,而且她的无政府主义朋友都以她的名义集聚在一起。最引人注意的是一个在贾斯特斯·施瓦布沙龙的晚上,当时,各类纽约激进分子齐聚一堂。尽管对于一些旁观者来说有点令人震惊,但是那里的男人和女人们都聚集在这家酒馆。更令人惊奇的是,他们都从同一个门进入沙龙。另一个怪现象如果没有让外行人感到震惊,也至少让人惊奇。在贾斯特斯·施瓦布沙龙上,书籍比酒瓶还要多。贾斯特斯·施瓦布就在喧闹的人群中间。比起喝酒,这位主人似乎更喜欢发表观点。他不仅把这次聚会的客人名单都汇总在一起,还最先邀请约翰·莫斯特到美国来。

戈德曼既喜欢所有人对她的关注,同时也对这种关注不屑一顾。在她的回忆录中,她从监狱释放出来后这几天和这几个星期的时间就是一场"噩梦"。部分是因为她想一个人独处,这样就可以反省一下在监狱里度过的日子。但是,她非常珍惜这份友谊和感情,更不用说能成功返回到那个等待她的演讲台。

戈德曼把众多的她的崇拜者晾在一边,急切想要见到一位特定的男人和一位特定的女人。这个男人就是艾德·布雷迪。他们俩相识于1893年,当时他们两人曾共同努力争取为伯克曼减刑。这个女人名叫伏尔泰琳·克蕾,她是一位年轻的无政府主义者,在戈德曼服刑期间曾去拜访过她。

布雷迪是一名流浪的爱尔兰人,早在几年前,他来到维也纳,加入了奥地利无政府主义者运动。由于发表和散播无政府主义文献,他被判了十年刑。在被释放后不久,布雷迪像之前的莫斯特一样动身前往美国。一到那里,布雷迪找不到比纽约更适合居住的地方了,而且这里有很多无政府主义者同伴,他在这里找到了属于自己的家,戈德曼在这里找到了他。

讽刺的是,在戈德曼努力让伯克曼得到释放的日子里,她却遇到了一个至少可以暂时替代他在她心目中的地位的男人。亚历山大·伯克曼曾经是她的爱人。他也是一个革命者,是一个愿意付出"行动"的人。他不是一个知识分子,而且他也装不出知识分子的样子。但是,不管真假,戈德曼却十分喜欢知识分子。

令她着迷的艾德·布雷迪是一个她从来未曾遇到过的"最有学者风度"的男人。他不仅了解政治和经济,而且还了解文学和哲学。他引导她认识了莎士比亚、歌德、卢梭和伏尔泰。除此之外,艾德·布雷迪还知道怎样以廉价的方式过上优质的生活。他是戈德曼在纽约的护卫。他教她法国烹饪的秘诀。1893年上半年,艾德·布雷迪变成了戈德曼的新爱人。历经几年的风雨岁月之后,他们仍然彼此相爱。监狱生活的干预、争吵的暴发、欧洲的召唤,不管怎样,他们之间的关系仍然得以长存。事实上,他们之间的亲密关系比想象中持续得还要长久。

在艾德·布雷迪身上,艾玛·戈德曼看到了一个温柔的约翰·莫斯特、一个文雅的亚历山大·伯克曼以及一个细心的雅各布·科斯乐尔。但是,她很快意识到他又是一个移民激进分子,而且对于女人的角色有着非常传统的观点和看法。就像莫斯特一样,布雷迪希望找一个妻子为他生孩子。他相信每个女人的真正命运就是成为一名母亲,而戈德曼对无政府主义的热情不仅是对自然本能的排斥,而且对"荣耀和名声"的追求也是徒劳的。

尽管艾德·布雷迪读了很多书,但是他却读不懂艾玛·戈德曼。她那时或许差不多 25 岁,正是成为一名妻子和母亲的好时光,但是她早已决定自己不会变成其中任何一个角色。早在几年前,戈德曼就拒绝进医院进行手术,纠正体内翻的子宫,这个手术很可能会让她恢复生育能力。回忆起自己不幸的童年,她不愿意为这个世界再增加一个"不幸的受害者"。因此,当人们都认为女人要么拥有事业,要么拥有家庭,但两者不能兼得时,戈德曼选择了拒绝当母亲。

一位名叫艾达·塔贝尔的记者专门揭发别人的丑闻,在她的回忆录《成为一个女人》(The Bussiness of Being a Woman)中记录了这一不成文的规矩。塔贝尔用一种非常实事求是的文风列出了自己面临的选择:记者职业或家庭。因为相对于后者来说,她更想要前者,因此她知道自己下一步该怎么做。她的文字语调没有辛酸的味道,而且字里行间也再没有丝毫犹豫。她做了自己想做的事情,而且做得非常成功,事实亦如此。

在戈德曼的回忆录《过自己的生活》中,她花了一些篇幅描写了自己在童年生活中所付出的"代价"。她总结说,这个代价并不大,因为她从无政府主义中她"通过爱所有孩子为我做母亲的需求"找到了"宣泄的出口"。那同样也是事实。对于那些认为培养一个小孩要劳师动众的人,戈德曼反驳说:如果这样的话,那么就需要很多孩子来维持一个无政府主义者的生活,或者一个无政府主义者能养活很多孩子。

布雷迪仍然希望能改变戈德曼的想法。他等待戈德曼出狱，想重新和她恢复关系。但是，不管怎么样，他们彼此都知道他们之间已不可能回到在布莱克威尔监狱之前的生活了。布雷迪并没有打消拥有戈德曼的愿望，但是，戈德曼现在比以往任何时候都不希望自己被一个男人拥有。如果可能的话，她希望能让自己变成一个公众人物。整合一切复杂的事务是她在自己的医生生涯中培养出的一个新的兴趣爱好，也可以让她以一个女人的身份在无政府主义者的圈子里活动自如。

据艾玛·戈德曼所说，伏尔泰琳·克蕾是一名"叛逆诗人"，是"美国最伟大的女性无政府主义者"。她于1869年出于在上密歇根，他的父亲是一名法国社会主义者，曾经参加过美国内战。她的母亲是个美国人，而且她母亲的家庭都主张废奴主义。克蕾通过自己的家庭背景和自由思想运动接触了无政府主义。她由天主教徒带大，在一个严格的澳大利亚修道院接受教育，从少年时期就决定要解放自己，并解放她遇到的信仰各种宗教的人。

1887年，当克蕾听了一位名叫克拉伦斯·达罗的年轻激进律师发表的关于美国工人阶级的悲惨命运的演讲之后,她变成了一个社会主义者。但是,对于克蕾来说,社会主义仅仅是她通往无政府主义道路上的中途休息站。不久以后,她读了本杰明·塔克的文章,而且自己还写了一些关于无政府主义的论文。她的社会目标被定义为"不受人为立法约束的自由",她认为"所有形式的政府都是依靠暴力",而且坚称所有的美国人都应该过自给自足的生活,远离商业主义的腐蚀。

1889年,克蕾搬到费城居住,与这个城市中的犹太移民一起工作。在这里,一个世纪之前美国革命建立的宪法制度已得到巩固,但克蕾却希望能找到"社会革命的倡议者"。一次偶然的机会,艾玛·戈德曼于1893年8月来到这座兄弟之爱的城市发表演讲。虽然那时克蕾在生病,但她还是振作精神参加了戈德曼的集会。但是,在戈德曼还没来得及对她的观众发表演讲时,纽约警察就以联合广场演讲为由将她逮捕。不知道这时的克蕾是否发烧了,她竟然走上戈德曼的讲台,猛烈攻击那些因为某人行使了宝贵的权利而拘留她来压制言论自由的行为。当时,克蕾给戈德曼留下了深刻的印象,后来她说:"她的同志友谊让我感到骄傲。"

讽刺的是,19世纪90年代以来,艾玛·戈德曼和伏尔泰琳·克蕾竟然分道扬镳。作为一名美国本地人，伏尔泰琳·克蕾希望通过犹太移民的力量来恢复失去的托马斯·杰斐逊的世界。另一方面，作为一名犹太移民，戈德曼却把自己的赌注押在美国本地人身上。如果分开来看的话，她们两个人都决定给美国人带来复兴，给无政府主义者带来光明的未来。

接下来，当克蕾来到纽约，对戈德曼的定罪表示抗议并去布莱克威尔监狱探访她时，这两个女人见面了。在这次演讲中，克蕾把戈德曼比作耶稣基督和审判彼拉多的法官。克蕾继续谴责那些"伪君子、勒索者、不正当行为者、抢劫穷人者以及狡猾阴险的人"，她认为这些人玷污了美国的法律系统。在美国，法院不能保证公正性。只有反叛精神才能"将奴隶从奴役制度中解放出来，将暴君从他的暴政中解脱出来，这是一种敢于挑战和忍受痛苦的精神"。然后，在艾德·布雷迪的陪同下，克蕾来到布莱克威尔监狱，拜访了这位被关押在这里的叛逆者。

戈德曼认为这是一段"美好的友谊"的开始。这些年来，她一直都渴望有一个亲密的女性朋友和伙伴，渴望得到这样一个与她在"思想上产生共鸣"的朋友，这样她就可以与她分享自己"内心深处的想法"。但是,她没有得到这份友谊,反而因为克蕾生活中的一个男人招来了克蕾的"嫉妒和猜忌"。她只知道这个男人叫A.戈登,他是克蕾的爱人和约翰·莫斯特的信徒。或许由于与莫斯特之间的关系,戈登认为戈德曼是一个"破坏动运的人",并指控她"只是为了得到轰动的效果"才积极宣传无政府主义。不出所料,这位"轰动的破坏者"和戈登没有什么共同语言。因此,当克蕾后来提议与戈登一起来监狱看她时,戈德曼告诉她最好两个都不见。

对于戈德曼的态度,克蕾很生气。在戈德曼服刑的剩下几个月里,克蕾没有再去探望她,这两个女人之间的信件来往也中止了。1894年10月,克蕾在纽约发表演讲。那时戈德曼刚从监狱里出来,虽然她站在听众人群中,但她并没有上前与克蕾讲话。一段充满希望的友谊快速变成了并不友好的对手关系。

除了对无政府主义的承诺之外,这两个女人根本没有任何共同点。戈德曼实际上是一个演说家,而克蕾实际上是一个作家。戈德曼喜欢成为公众关注的焦点,而克蕾却是一个实在的隐士。戈德曼靠讲台谋生,而克蕾却认为以宣扬无政府主义的方式来挣钱是不道德的行为。她们彼此批判对方的生活方式。克蕾认为戈德曼太看中这个世界的物质消遣，而戈德曼认为克蕾太过于推崇禁欲主义，不管是物质层面还是精神层面都过于脱离现实生活。最后，她们都瞧不起对方在男人身上作出的选择，而且双方都不保留在这个敏感话题上的意见。

1894年以后，伏尔泰琳·克蕾和艾玛·戈德曼分道扬镳。尽管她们都不会放弃自己的无政府主义信念，但她们各自选择的道路再也不可能交汇了。

在艾德·布莱迪的鼓动下，戈德曼在1895年的夏天踏上了前往奥地利的旅程。似乎她在监狱中的工作重新燃起了她对职业医生生涯的兴趣，而且出狱后，事实更清楚地证明仅靠演讲费用是难以维持生计的。戈德曼把她的"事业"放在一边，她需要一个更加实际的职业，而布莱迪有一个实际可行的办法。如果她不可能成为一名医生，那么她或许可以成为一名护士或者助产士，或者两者兼做。布莱迪告诉戈德曼，事实上她应该先在维也纳综合性医院接受这两个职业的技能训练。这家医院在培训助产士方面在国际上很有名气，而且也提供护士学位。

戈德曼以"艾德·布莱迪夫人"的名义申请了旅行护照,于7月动身前往奥地利。在途中,她情不自禁地在英格兰停留,去继续她目前的事业,并去探望她的"伟大的老师"。在演讲台上,她讲述了对美国政治公正性的失望以及美国工人阶级的生活状况,引起了一阵小小的轰动。她还抽时间去看望了被驱逐出境的克鲁泡特金,现在的他以做木工活为生,平时看书、写作,生活平静。在他们碰头之后,戈德曼相信一个人"真正的伟大之处"一直都是过简单的生活的结果。

艾玛·戈德曼或许也相信过简单的生活是一件好事,但是平静的生活永远不属于她,至少在纽约和伦敦不可能过上这样的生活。但是在维也纳,戈德曼的确开始了一段有针对性的学习的短暂插曲。在综合性医院里,戈德曼选了助产士和护士课程,主要集中研究儿童的特性及儿童疾病的治疗。在业余时间里,她阅读尼采的作品,参加弗洛伊德的演讲,还参观剧院和音乐厅。

1896年11月,戈德曼回到纽约,那时的她已获得两项学历,迫切希望找到一份助产士的工作。她很乐意回到与艾德·布莱迪合住的公寓,但并没那么急切。或许他们可以重新开始两个人的生活,并继续宣传无政府主义。但是,或许她已经找不到继续这样做的理由了。或许他们至少应该在一起工作,以保证伯克曼从监狱里释放出来。可是话又说回来,或许并不能这样。

接下来的几年时间里,戈德曼的生活变得非常复杂。她一边开始新的职业,一边继续以前的老职业,就像她同时追求着以前的爱人和新的爱人一样。她加入纽约下东区的移民女人行列开始每天忙碌的工作,而且还要满足布莱迪无休止的生活需求,于是,在1897年,她动身向西边最远到了底特律和芝加哥。接下来的一年时间里,在一位无政府主义者的帮助下,她开始了第一次全国巡回演讲,一直到达洛杉矶和旧金山。

当艾玛·戈德曼快要步入而立之年时,她正在努力让自己变成一个全国知名的无政府主义演说家。媒体开始注意到她的"大锤"风格。一位无政府主义同仁认为"她拥有强大的力量的秘诀"在于"她是自己所宣扬的学说的真实化身"。她的听众从她的演讲中得到力量和活力,并把这种力量和活力带回给她。在她的

"演讲"中,她和观众交流了一些最基本的话题。她的观众并不是简单地坐在台下听演讲,他们也在那里呐喊助威,提出挑战性或引领性的问题,循循善诱,引出问题,并为她鼓掌喝彩。她每一次精心准备的演讲从来没有不被打断的时候。在她的语言转变成公开对话之前,她从来都不会绕开自己的演讲话题。

她的信念如此坚定,而且能够激发别人身上的活力,但这并不是艾玛·戈德曼身上的唯一特点。她的表演还充满讽刺和幽默意味。

除了一些技巧手法之外,戈德曼认为自己是一支独立的军队,类似于某种"自由骑士",时刻准备好把自己的观点宣传给大家,推动任何她认为值得支持的当地议题、特定的改革或私人组织的发展和前进。但是,她绝不会把自己束缚在一个分散自己"无政府主义事业"注意力的事业上。

她也关注国家大事。1896年,威廉·詹宁斯·布莱恩向全国人民发表了关于"银币的自由铸造"演讲,后来,艾玛·戈德曼极力谴责那些迷信这项"新政策"的"美国自由党"。对于她来说,政治家和政治机构仍然不能给美国社会带来"根本的改变";布莱恩顶多是一个改革政治家,她批判戈德曼,认为她是一个"软弱、肤浅并缺乏真诚"的人。没有一个政治家值得她去全力支持,甚至连社会主义者尤金·德布兹也不例外。曾经有一段时间,戈德曼试图说服自己尤金·德布兹本质上是一个无政府主义者,他推崇的社会主义是"走向最终理想的基石。"直有到那个时候,戈德曼才会赞赏他。

1898年4月,当国会宣布与西班牙开战时,戈德曼展开了与美国的口水战。那些政治家们,比如说布莱恩,并没有加入到她的战争中来只是证实了她对他们持消极看法。相反,她对西班牙在古巴和菲律宾发起的暴行中的受害者"深感同情"。事实上,她在纽约的一个古巴人俱乐部与那里的会员短暂地一起工作过。但是他们的惨境的回答并不是美国出兵古巴或菲律宾。美国人或许会受到人道主义精神的感染,但是美国政府却不是"一个公正高尚的机构"。相反,美国政府和美国资本家只在乎便宜的食糖和暴利。

但是,戈德曼并没有把自己犀利的无政府主义注意力过多地放在邪恶的美帝国身上。美国社会中有许多邪恶势力需要先被根除,而且太多美国人还没有听到她宣传的信息。

　　戈德曼无视布莱恩的多次恳求,仍然继续演讲,传递信息。如果对于布莱恩来说,她的语言表达出来的意思仍然是坚定地拒绝婚姻的话,那么对于其他人来说,她的演讲相当于对一切形式的政府说"不",包括民主选举的政府。她认为选举制度只是带给大众一种错觉,让他们认为自己参与了政治决策。戈德曼提倡"直接行动",而不是政治行动,她的意思就是罢工或者示威游行。"直接行动"包含了暗杀行为吗?在这一点上,"红色艾玛"(在她小时候指的是她的头发的颜色,并不是她的激进主义观点)的回答很含糊,但是即充满幽默感。她认为对"暗杀统治者"的行为的评判取决于统治者的立场。俄国沙皇应该立即被推翻。但是,"如果统治者像美国总统一样无能,那么就不值得我们这么做"。

　　综合考虑平民主义者、改革主义者和社会主义者中,戈德曼轻蔑地反对他们要求"国家主义者"提出的解决方法。与近代自由主义者无异,戈德曼认为政府就是造成问题的一分子,而不是任何形式的解决方法。平民主义者认为政府对铁路的规划就能使农民过上更好的生活,她认为这种想法是错误的;改革主义者将精力集中在与他们断绝信任关系或者对他们进行监督也是错误的;而社会主义者却天真地认为主要工业的国有化可以把他们从困境中解放出来。

在对宗教组织的批判上,戈德曼也更加直言不讳。她在底特律的一次集会上说她"并不信仰上帝,因为我相信人类。不管人类犯了什么错,他们几千年来都在弥补上帝搞砸了的事情"。当她讲到宗教话题时,她似乎以激怒听众为乐,她声称基督教是一个"非常适合训练奴隶"的宗教,她还反对道德需要任何形式的宗教基础的说法。

在演讲台上,戈德曼也越来越尖锐地攻击传统的性道德。在一次主题为"罪恶"的演讲中,她争论说性行为只要是自愿的,都不能被称作是罪恶。她所谓的"性自愿主义"即对公开承认的主动的异性恋的维护逐渐发展到对同性恋和手淫的辩护,她认为这两种方式应该从科学的角度来分析,而不是从任何道德立场来分析。

她认为一切性压抑对生理和心理都是有害的,也会破坏人们的创造性生活。19世纪90年代末,戈德曼开始更无所顾忌地采用"自由恋爱"一词。事实上,她的一场公众演讲竟然也出乎意料地以"自由恋爱"为标题。在这次演讲中,她为那些她婉言称呼为"与众不同的人"的性行为辩护。问题是历史上的"与众不同之人"都只限于男人。女人在这个生活领域也应该平等对待。对于戈德曼来说,19世纪90年代晚期的"性问题"基本上都是女人的问题。如果女人得到完全的解放,那么她们就应该得到性自由。事实上,戈德曼认为性自由对于女人来说比政治自由更重要。前者是无可取代的,而后者是无关痛痒的。

戈德曼自己遵循的是连贯式一夫一妻制。"自由恋爱"并不意味着滥性,它指的是没有法律婚姻的利益关系的爱情,而且她认为这只不过是另一种形式的性交易。她认为唯一值得进入的婚姻形式就是"有感情的婚姻"。只要"存在爱",两个人就可以一起生活或相爱。在这一点上,戈德曼的现实生活与她宣传的思想是一致的。

不管结不结婚,戈德曼都愿意为真感情而作出牺牲。个人并不是完全最重要的,但是她最终相信个人的幸福应该是每个人的最终目标,不管这个人与别人有没有关系。

　　戈德曼读的书越多(特别是尼采的书),她的年龄越大,她就越来越不相信可以在公社生活中获得个人幸福或者大众的行动能够带来社会变革。相对于一个欧洲无政府主义者来说,现在的戈德曼越来越像一个美国个人主义者,她渐渐地远离了相信所有的个人甚至是相信最优秀的个人也可以从群众中得到力量和鼓舞的彼得·克鲁泡特金。艾玛·戈德曼,这位自称为群众领导的人,越来越相信自己在大众身上花费的精力和灵感要比从他们身上得到的更多。显然,这些群众,甚至那些参加过她的演讲的人太过"愚昧",无法给予她任何东西。

　　这样的想法充其量不过是一种自我挫败,在最坏的情况下,对于她自己以及任何有意向追随她的人来说,这种想法还是很危险的。毕竟,任何低估群众的领导通常实际上更无能。戈德曼从来没有领导过一场成功的革命,但是她确实遇到过一个这样的人。这个人的名字叫列宁,1917年他在俄国领导的革命取得了成功。这场革命不是群众革命,但是是在群众名义下进行的革命,尽管他也非常鄙视群众。

20世纪20年代早期,戈德曼将首先学习怎样把那种鄙视之情猛烈地表达出来。众所周知的是她反对列宁用武力对抗任何阻挡他前进的人。不为人知的是她是否心怀另一种鄙视"愚昧的"群众的想法。

如果戈德曼对抽象化的群众越来越挑剔的话,那么她也会让公众知道她并不赞同美国人的"顽强的个人主义"观点,因为她会把这种观点与镀金时代资本主义的穷奢极欲联系在一起。但是,在做巡回政治演讲时,她是一个顽强的个人主义者。在没有别人的帮助的情况下,戈德曼让自己变成领导,虽然是一个没有群众拥护的领导。但是,在世纪末时期,他仍然希望得到自己的追随者,于是她决定凭借自己的能力来达到这个目标。她不会再依赖于约翰·莫斯特的指导,或者亚历山大·伯克曼的冒险,或者艾德·布雷迪的智慧。

1899年初,艾玛·戈德曼和艾德·布雷迪最终分手。在此之前,他们多次短暂地分开过。他们之间的矛盾始终未变:他渴望得到一个妻子,而她并不想得到一个成为自己的负担的丈夫。这种长期的分歧最后由于布雷迪过量服用吗啡而激化成一场危机。戈德曼被震惊了,她以为他试图自杀。他的恢复过程进行得很好,但是她担心会"发现可怕的事情"。时间一天天过去,几周之内他们之间并没有提起他的行为。后来,布雷迪突然告诉戈德曼他从来没想过要结束自己的生命,戈德曼为此感到特别吃惊。他知道自己可以承受一定剂量的吗啡,因此他决定吞食足以"吓着你并治愈你的集会狂热症"的剂量。

这件事情的真相带给戈德曼的震惊至少与他的"自杀"意图带给她的恐惧一样大。但是,这次,她的震惊转变为愤怒。"集会狂热症!"难道这就是他对她的事业、对她的公众生活以及对她的梦想的全部评论?戈德曼不知道自己的哪种感觉占上风,是对他的懦弱轻蔑还是因为他对她的事业缺少同情心而让她产生的愤怒?她只知道他们在一起的七年时间将就此中止。

如果戈德曼确信自己不想要或者不需要一个丈夫,那么她就会越来越怀疑自己是否仍然渴望过着让大众关注的公众生活。在没有演讲的时候,她发现自己的生活越来越私人化。她仍然觉得在纽约的移民贫困区当一名默默无闻的护士才是重要而有意义的工作。她还踏上了拖延已久的旅途,前往罗切斯特去看望她的家人并与年迈的父亲和解。甚至有一段时间,她感觉自己什么都不想要,只要她的萨舍能从监狱里出来,然后陪在她身边。

1899年,戈德曼再次返回欧洲,借口在苏黎世学习医学。在那段时间里,一位名叫希伯里特·哈弗尔的捷克无政府主义者让她心生爱慕。他们一起参与计划在巴黎开展一场无政府主义会议。在那里,他们花掉了美国赞助者提供给她的学习医学的费用。他们的钱花完了,于是他们自己做起了导游的工作,带领美国游客游览巴黎,并赚足了钱,然后绕道伦敦去考察那里的贫民窟,并于1900年12月回到了纽约。

接下来的那个月,当戈德曼还没有考虑是否与这位捷克爱人安顿下来并去帮助不断增加的移民时,她已经开始筹划另一场旋风似的巡回演讲。尽管徘徊在两种生活中间,她仍然是一个备受争议的话题。对无政府主义者的攻击以及纽约商业媒体的殷勤都集中体现戈德曼身上。对无政府主义者暴力行为的谴责迫使她游走在维护伯克曼和支持他的"行动"之间的艰难处境中。她似乎很享受这种交流和关注,直到另外一次发生在纽约布法罗的暴力事件爆发,让艾玛·戈德曼成为全国人民关注的中心和愤怒的焦点。

第五章

乔尔戈什及之后的故事

1901年12月6日,星期五,两个截然不同的美国人在各个城市间巡回演讲,他们相隔甚远。有充分的理由证明他们的生活轨迹绝不会交叉。其中一位是一个忠诚的共和党人,另一位是一个坚定的无政府主义者;一位是国家领导人,而另一位否认任何形式的领导人设立的必要及其合法性;一位是保守的男人,而另一位则是激进的女人。前者是威廉·麦金利总统,他在10个月之前以决定性的优势再次被选为总统,而后者是艾玛·戈德曼,她既看不起美国政府,也对维护政府权威的一些必要程序嗤之以鼻。在那个夏末炎热的一天,一起暴力事件的爆发把这两个人的生活联系在一起,而其中一个人的生命已到尽头。

12月6日,麦金利总统的行程是于当天下午到纽约的布法罗参加泛美博览会。在他的行程中,他还要在一个装有 35 000 个白炽灯泡的壮观的灯塔和华丽的喷泉边停留。途中还有一个安排在展览会音乐厅的为时 10 分钟的观众接待会。这个音乐厅的建设是为了举行独奏会,也可以举行仪式,比如说总统的公开露面。在这种情况下,总统的计划是向观众发表简短的讲话,并与一些人握手,然后起身前往克利弗兰市,与内战老兵重聚。

站在队伍中等候会见总统的人是一个身材苗条的年轻人,略微丰满的肩膀,一头亮丽的卷发,蓝眼睛。据大家所说,他最突出的特点就是那双蓝色的眼睛,他的眼睛一动不动地盯着前方,显得空洞呆板几乎面无表情。他身穿整洁的灰色条纹西服,在这些指派的保护总统的人中,他并没有引起人们怀疑的目光。在这个潮湿而压抑的下午,甚至他右手中的包裹的一块手帕也没有让人多看一眼。但是,在"绷带"之中却藏着一支 32 口径的上了膛的左轮手枪,手枪柄两边分别印着一个猫头鹰头。

下午 4 点零 7 分,这个年轻人走到了队伍的最前面。总统亲切地向他伸出左手,因为他看见这个可怜的家伙的右手受伤了。但是,在他们握手之前,这个年轻人快速解开绷带,用藏在里面的手枪朝总统开了两枪。其中一枪打中了麦金利的胸骨,另一枪打中了他胃的左部。在昏迷之前,受了致命重伤的总统只有一个请求:"孩子们,请对他仁慈一点。"八天后,威廉·麦金利总统去世,西奥多·罗斯福继任美国总统。最近40年,这是行刺者的子弹第三次打中美国总统。

在射击后的几秒钟时间内,这名行凶者被扑倒在地并被逮捕。他的名字叫里昂·乔尔戈什。当被审问为什么要刺杀总统时,乔尔戈什耸耸肩膀,面无表情地说:"我完成了我的任务。"他完成了谁分配的"任务"呢?沉默。他自己的任务?再一次沉默。他正在执行他人的命令吗?还是沉默不语。

这位执行任务的人究竟是谁呢?那时的里昂·乔尔戈什28岁,出生于一个波兰移民家庭,在家里的八个孩子中排行老四。他的父亲曾经在底特律污水管道系统工作,他的母亲在1885年去世之前一直是个洗衣工。由于没有受过良好的学校教育,在和家人一起从底特律搬往密歇根北部再到匹兹堡期间,年幼的乔尔戈什一直四处打零工。1891年,18岁的乔尔戈什随家人一起搬到了克利夫兰,在这里,他在一家电线厂工作了几年时间,过着平静的生活,每周大约挣10美元。在这段时间里,唯一扰乱他平静的生活的事情是一次艰苦的罢工活动。在罢工失败后不久,乔尔戈什开始参加一个沙龙举行的社会主义会议,这个沙龙是他父亲开办的。他从来不参与讨论,就好像他只是一个聆听者。

1898年,乔尔戈什的精神上有些崩溃,于是他辞掉了工厂的工作,开始漫无目的地从一个城市漂泊到另一个城市。正是在这段时间里,他突然相信自己的任务就是去刺杀总统。1901年7月,他在布法罗附近租了一间公寓,开始准备实施他的计划。总统在附近访问的那天,他花了4.5美元买了一把有猫头鹰头标志的左轮手枪。他已经准备好去执行自己的"任务"。

在乔尔戈什刺杀总统被捕后,人们开始质疑他的精神是否正常,随后这种可能性被排除。据州政府报告,里昂·乔尔戈什的精神没什么问题,可以接受法庭审判。那个问题解决之后,其他事情的进展就快多了。陪审团的审判意见发表得特别快。12名陪审员只花了34分钟就定下了里昂·乔尔戈什的罪名。1901年11月29日,在刺杀事件之后不到七周的时间内,里昂·乔尔戈什由于谋杀威廉·麦金利总统的罪名被执行死刑。

里昂·乔尔戈什生命的结束并没有结束人们讲述发生在他身上的故事。没有人比艾玛·戈德曼更坚持不懈地去讲述这件事。在麦金利总统中弹的那天,戈德曼碰巧在圣路易斯发表演讲。在新世纪到来的第一年,她一直都很忙。在演讲和护士工作之间,戈德曼接受了一系列公众采访,徒劳地尝试把无政府主义传递给大众人群。人们不断提出的一个问题,也是一个永远不会消失的问题,即戈德曼是支持暴力还是不支持暴力? 一次又一次,她给出的答案既让自己感到迷惑,也让听众感到迷惑。为了迅速表明她对亚历山大·伯克曼的忠诚,她多次把教育放在可行的无政府主义策略的首要位置。但是,那个答案却在回避那个明显的问题:她究竟相不相信要使用暴力来完成自己的理想? 在最终的分析中,戈德曼的修辞策略似乎是在为暴力行为作辩护,但却不公开认可暴力行为。她偶尔也会认为暗杀者是"十足的傻瓜"。但是,如果受到记者的追问,戈德曼绝不会谴责任何最终诉诸这种暴力行为的人。她或许并不认同这个或那个"十足的傻瓜",但是她不会否认任何人,包括里昂·乔尔戈什。

戈德曼与乔尔戈什之间的联系可以追溯到1901年春天,那个时候芝加哥是她暂时的根据地。诗人卡尔·桑德堡笔下的"巨肩之城"一直都是艾玛·戈德曼最爱的地方。芝加哥是干草市场殉难者遇难的地方,当戈德曼在做巡回演讲时,这里是她远离故土的家。在芝加哥的盟友和主人中,亚伯和玛丽·艾萨克是她最珍惜的朋友。艾萨克是俄国门诺派教徒。19世纪90年代,艾萨克一家人生活在加利福尼亚,此时他们开始信仰无政府主义。他们对无政府运动最大的贡献就是发行了一本名叫《自由社会》的杂志,戈德曼特别喜欢这本杂志,因为它把性自由放在了与其他自由平等的位置上。艾萨克一家以提升杂志销量为由搬到了芝加哥,他们希望在那里能找到更大的读者群体。和他们在一起,戈德曼不仅找到了第二个家,而且还找到了第二种声音。事实上,从1901年的春天到夏初的近三个月的时间里,戈德曼一直与艾萨克一家人在芝加哥一起生活和工作。

5月,她暂时离开芝加哥,在克特利夫兰富兰克林自由俱乐部的会上发表了一次题为"现阶段的无政府状态"的标准演讲。她的听众中有一位年轻人,他似乎正在追寻一条那个时代典型的年轻激进分子所选择的道路。社会主义和工会活动的幻想破灭之后,很多人转向了无政府主义。这也是里昂·乔尔戈什选择的道路。但是这个年轻的激进分子心目中有一个特别的无政府主义者。他并不只是被泛泛而谈的无政府主义所吸引;尤其吸引他的是艾玛·戈德曼这个人。一有机会他就找到有戈德曼的场合,然后尽量向她学习。事实上,在戈德曼在克利夫兰发表演讲之后,乔尔戈什以请她推荐关于无政府主义问题的书籍为由接近她。里昂·乔尔戈什最终见到了艾玛·戈德曼。在短短的几个月时间里,她发现向自己提问的人并不仅仅对阅读和学习感兴趣。

对于戈德曼来说,她只能模糊地回忆起与乔尔戈什的那次见面或者与他之间的一些交流。她更关注的是另一个人的命运,这个人已经响应了自己的号召,杀死了一个"人民"的敌人。在克利夫兰之行后不久,戈德曼来到纽约的罗切斯特去探访她的家人,却只发现萨舍留给她的两封信。由于监狱当局下发的命令,她与伯克曼之间已有一年多没有交流了。但是,监狱的规定突然变了,他可以写信给自己的亲友。第一封信的时间是7月10日,这让戈德曼兴奋不已。在信中,伯克曼说他已经被单独拘禁快一年了。在那段时间里,他连续八天被强迫穿着紧身衣。在快要萌生自杀念头以及"腐烂在自己的粪便"中时,一位新来的典狱官救了他。

第二封信的时间是7月25日,信中写了很多令人鼓舞的消息。一份减刑修正条例的实施让他的服刑时间减少了两年半,这样他只剩下四年时间在监狱服刑,一年时间在教养院服刑。除此之外,监狱还允许来访者探望他。在九年之后,他又可以再次看到他的"妹妹"了。一有时间进行安排,戈德曼就启程去了西部联邦监狱,在那里她见到了一个几乎已经不认识的亚历山大·伯克曼。他看起来"瘦弱而苍白",安静地坐在戈德曼旁边,沉默不语,直到一句"探访时间已到"打断了他们之间沉默的交流。几年之后,戈德曼回忆说"那一声叫喊几乎让我的血液凝固了"。

就在那一天,戈德曼离开宾夕法尼亚,去了圣路易斯。9月5日,她来到这座密西西比河沿岸的城市,为即将到来的会议和演讲作准备。但是,那个行程被来自布法罗的消息打断了。在戈德曼最后一次演讲途中,她听见一个报童大声叫唤:"特别新闻,特别新闻,麦金利总统被刺杀了!"。

戈德曼被震惊了,但是在听力范围之内并没有其他报童在兜售报纸。但是,第二天,她看到了更加令她震惊的头条新闻。一家当地报纸的头条新闻如下:

> 麦金利总统被一名无政府主义者刺杀,该刺客承认刺杀行动是受艾玛·戈德曼的唆使。现通缉这位女无政府主义者。

随着暗杀消息的传播,戈德曼在圣路易斯的朋友警告她政府会尽力把她扯入到此事件中来。她不愿意听到"这样一个疯狂的故事"。毕竟,她并没有"煽动"任何人去刺杀总统。但是,在音乐厅的那两声枪声响起之后不到 24 小时内,戈德曼不得不承认他们的警告并没有那么荒谬。

第二天早上,戈德曼买了很多报纸,希望找到枪击案的细节,从而考虑自己下一步该怎么做。她一个人坐在一家当地餐馆里,看到了警察在芝加哥突袭艾萨克家的新闻。9 个人被拘捕,包括艾萨克夫妇、他们的儿子和女儿以及伊波利特·哈弗尔。所有人都以谋划刺杀总统的罪名受到指控,但是布法罗当局只拘留了年迈的艾萨克夫妇。她还从新闻中得知政府已派出 200 名侦探去追寻臭名远扬的艾玛·戈德曼的下落。然后,在报纸里面的一个版面上,戈德曼突然看到了一张刺杀者的照片,她认出这个人早在几个月前曾在克利夫兰市与她见过一面。但她并不知道他就是里昂·乔尔戈什。她只记得这个人似乎叫"尼曼",是他在电线厂罢工事件中用过的化名。

7月初,尼曼突然出现在戈德曼那时居住的艾萨克在芝加哥的家里。事实上,正是戈德曼打开了门,并立刻认出了这位"帅气的金发小伙子",早在两个月之前,他们已见过面。乔尔戈什急切地希望与戈德曼展开谈话,但是她正好要出门,前往火车站去罗切斯特看望她的家人。他不屈不挠地与戈德曼和哈弗尔同行,前往火车站。一路上,乔尔戈什向戈德曼吐露了关于社会主义和社会主义者的心声。这两者都让他感到极度厌倦,于是他开始表达自己了解无政府主义的渴望,并一心要与真正的无政府主义者接触。

戈德曼尽力听他诉说自己的故事,但是她的思绪却停留在罗切斯特。她需要从关于无政府主义的战争中解脱出来,她其实希望能花一点时间与自己的姐姐和姐姐的孩子好好相处,他们的孩子是整个家庭中在美国出生的第一代。当他们三个人到达火车站时,戈德曼让哈弗尔介绍尼曼进入芝加哥无政府主义者圈子。然后,她登上了火车,没有再想起这次与"尼曼"的第二次也是最后一次见面。两个月之后,她坐在圣路易斯的一家餐馆里,注视着报纸上这个刺杀麦金利总统的人的照片,仔细地回忆这位如今已以里昂·乔尔戈什的名字而闻名世界的但在她的印象中却极为模糊的"尼曼"。

如果戈德曼轻易地就把尼曼从她7月到9月的满脑子回忆中抹去,那么她的芝加哥盟友却不会忘记这个小伙子。例如,亚伯·艾萨克非常确信尼曼是一个间谍,于是在9月1日的《自由社会》上为此事发表了一个警告,让他的读者们注意在他们的队伍中有一个潜在的敌人。艾萨克对尼曼的描述是"衣冠讲究,中等身材,窄肩膀,金发,大约25岁左右"(没有提到任何名字)。尼曼已经出现在克利夫兰和芝加哥的无政府主义者聚会中,他一直都"假装对这项事业……或者请求得到筹划暴力行动的支持非常感兴趣"。如果他在任何地方再次出现,《自由社会》的读者应该会想起他们"提前得到了警告"。

戈德曼认为这种谣言是无政府主义盟友中正在蔓延的妄想症的表现。她很喜欢亚伯·艾萨克,但是当她读到他发出的警告时,她很生气,于是她写信给他,要求得到"有力的证据"。当然,艾萨克没有任何证据,但是他坚持认为尼曼这个人不值得信任,因为他不断地谈论"暴力行动"。作为回应,戈德曼打消了艾萨克的猜忌,她认为猜忌是不值得的,因为他们应该欢迎皈依者,而不应该散播关于他们的谣言。

戈德曼质疑其他人恐惧的合理性是一回事。她质疑立法机构利用乔尔戈什事件来使她的生活变得极为艰难的能力和愿望就是另一回事了。但是,几天时间之内,她不仅与艾萨克在尼曼的事情上产生了争吵,而且还拒绝一切让她防范被警察逮捕的友好提醒。那些在餐馆散落一地的关于她的报纸让她相信自己再一次遇到了威胁:艾玛·戈德曼是全国上下的通缉犯。

对于政府当局或者假冒的权威人士来说,戈德曼已远远不是他们所关注的唯一一个无政府主义者。除了在芝加哥被逮捕的事情之外,无政府主义集会也在全国各地的城市中被解散。其中一些活动是警察发起的，剩下的则是当地治安委员会成员的功劳。在纽约，约翰·莫斯特被逮捕，因为他重新印刷出版了一篇50年前的德国论文，论文认为暗杀是"历史进步"的必要手段。莫斯特错在把这篇文章印在了9月7日发行的《自由》杂志上，而这期杂志却已在9月5日印刷完毕，并在乔尔戈什向总统开出致命的两枪之前的几个小时前发行。当莫斯特知道了刺杀总统的事情并下令召回已出售的问题杂志之时，为时已晚。一些杂志已经被售出，莫斯特于9月12日被捕。由于杂志发行时间与刺杀时间碰巧相近，莫斯特被判在布莱克威尔监狱服刑一年。

在一些存在无政府主义社团的城市和乡镇，反无政府主义的情绪也渐渐出现。例如，从华盛顿州的由无政府主义者赞助的塔科马港市的家庭聚居区到意大利无政府主义者人口不断增长的伊利诺伊州的煤矿城镇斯普林瓦利，到大约有着25个无政府主义家庭的宾夕法尼亚州的格菲山谷，一直到纽约州的罗切斯特市这个戈德曼远离的故土以及多达100人的无政府主义者永远的家，都出现了这种反无政府主义情绪。在一个又一个社区之中,警察、媒体以及治安委员会关闭无政府主义者的出版机构,把他们赶出城,还以各种捏造的理由起诉他们。

毫无疑问,戈德曼是所有人最想捉拿的无政府主义者。近十年来,她一直在挑战政府权威,但大多数时候都侥幸逃脱惩罚。布莱克威尔监狱?她在那里待的日子只不过在记忆中一闪而过。但是,如果她不谨慎的话,那么在接下来的日子里,她将会在监狱里待更长时间。里昂·乔戈尔在供状上签字时表明是艾玛·戈德曼"激起了我的热情",听了她的演讲,他相信"要为自己热爱的事业做出一些英雄壮举"。当这些文字公布于众时,布法罗当局希望找到这个让乔戈尔"激动"的女人,这样,这两个人就都可以以暗杀麦金利总统的罪名被带上法庭。

就在戈德曼看完这些关于她的新闻后,她很清楚她"必须立即启程前往芝加哥"。因为艾萨克和哈弗尔被抓起来了,没有人去保释他们,"显然,自守是我应尽的责任"。责任?当戈德曼把这个决定告诉了一位在圣路易斯的盟友之后,这个朋友恳求她改变主意。她拒绝了,因为一方面她认为自己应该与芝加哥的盟友们一起并肩作战,另一方面,她知道芝加哥和布法罗的警察并没有证据把她与刺杀事件联系在一起。当然,她确实认识里昂·乔戈尔,但是她肯定没有命令过他或者驱使他去刺杀总统。

除了确信自己是清白的之外,戈德曼也知道政府当局迫切希望以这个罪名将她绳之以法。除此之外,她对美国法律系统的轻视使她认为起诉她的人才不会关心正式的证据呢。虽然如此,艾玛·戈德曼还是踏上了前往芝加哥的火车。

或许干草市场的记忆再一次萦绕在她的心头。干草市场八壮士的领导人艾伯特·帕森斯在炸弹爆炸之后从警察手中逃脱。之后的六周内,他仍然藏在威斯康星州,在一家自行车店工作,一直到他决定站出来与同伴共同接受法庭的审判。帕森斯明白自己根本没有做错。因此,他选择回到芝加哥去面对他的起诉者,并加入到他的无政府主义伙伴行列中,在法律面前证明自己的清白。

戈德曼清楚帕森斯最后被定罪,然后被执行死刑,于是她仔细地思考了一下帕森斯的命运,也许她之后的命运也会如此。她或许也会成为殉难者。当然,她对这场好戏有自己的鉴别力。如果当局想要审讯她，那就让他们审讯她。如果她最终被执行死刑，那么想想看这个结果会对无政府主义事业的发展产生怎样的促进作用呢？因此，一想到自己要站在证人席上，而且或许会以无政府主义的罪名被审判或被执行死刑，戈德曼就迫切希望前往芝加哥。

但是，她不希望自首。当火车驶入芝加哥之前，戈德曼摘下眼镜，戴上一顶带有蓝色面纱的水手帽。下火车时，她把面纱拉下来挡住自己的脸。到火车站后开始寻找自己的接头人时，她不禁觉得到处都是便衣警察。当她看到接头人时，她直接向他走去，但没有任何眼神交流。经过他身边的时候，戈德曼小声地向他嘀咕了一下，大概意思是，他们的约会应该延迟一会儿，直到确定没有人跟踪。当她确信躲开了警察之后，她才与他大胆地见面。然后，他们一路绕道蜿蜒而行，绕过几辆汽车，最终到达了接头人的公寓。艾玛·戈德曼终于来到了芝加哥的中心地区，但是她还没有准备去库克郡监狱自首。如果她要自首，那么她只会按照自己的计划和方式去做。

戈德曼在芝加哥的联系人及他的妻子恳求她尽快

离开这个城市。而且,他们还要求她去加拿大。他们警告戈德曼,如果她还要留在美国的话,那么她的命运就会跟艾伯特·帕森斯一样。这或许也正是艾玛·戈德曼的想法。

戈德曼不让他们帮忙安排前往加拿大的行程,而是在两个芝加哥富商家里暂时避难,她只知道这两个人的称呼是"N先生和N夫人",他们都不是无政府主义者,但是他们都很敬佩她,于是冒险收留她,直到她做好去自首的打算。当然,这么做还出于公众方面的考虑,而"N先生"在这一点上已安排好了。他认识一些来自《芝加哥论坛报》的记者,他觉得为戈德曼做一个专访可以从这家报社获得5 000美元。他打算让《论坛报》派一个记者代表尽快到他的公寓里来。然后,他们三个人就可以一起开车前往警察总部,戈德曼在路上可以接受采访。

戈德曼认为这个安排不错。对于她来说,这是多么的戏剧化,同时还宣传了她的事业,并为她的辩护筹集了资金。但是,这个计划执行起来却很困难。那个晚上,《芝加哥论坛报》同意了她的条件。第二天早上,"N夫人"去工作了,"N先生"去报社找记者,而戈德曼则在公寓里等待。在撕毁了所有与"N 先生和 N 夫人"有关的信件之后,戈德曼打算一个人在住所里待着,等"N 先生"和记者到来。如果其间有任何来访者,她就扮演一下这个家庭的保姆。

上午 9 点,这个"保姆"就接待了一些绅士访客,数量比她预期的要多,确切来说有 13 位。他们从不同的入口进来,而且是分两拨来访的。戈德曼发现第一个客人抓住窗台并大声喊:"你到底为什么不开门呢?你聋了吗?"而且他的手上还挥舞着一把枪。这个被吓坏了的"保姆"根本没时间思考,也来不及作出任何选择,只好服从命令。就在那时,另外 12 个男人趾高气扬地走进了房间。这群人的老大抓住她的胳膊,问她叫什么名字。她立刻以一名保姆的身份恢复了镇定,用很生硬的英语说"我不会说英语,我是一个瑞典女仆"。这个人似乎对这个回答比较满意,于是就放开了她,开始在房间内四处搜寻什么。然后,他们转向这个房间的唯一一个女人,举起一张照片说:"看到这个了吗?我们正在找艾玛·戈德曼。我们要捉拿这个女人,她在哪里?"

这一次,这个保姆没有帮上什么忙。她指着这张照片回答说："这个女人，我没见过。这个女人很大……你们在这个小盒子里找不到她的……她太大了。"这13个入侵者对她的回答很失望，于是他们把房子翻了个底朝天，但还是没有找到任何关于艾玛·戈德曼的线索。就在他们要离开的时候，其中一人突然发现一支刻着"艾玛·戈德曼"字样的钢笔。他们的老大仍然不相信这里除了一位斯堪的纳维亚仆人之外再无其他人存在，他沉思了一会儿，认为他们追捕的目标一定在这里，或者也许会再次返回这里。在离开房间之前，他命令两名手下留下。正在这时，戈德曼认为"游戏已经玩完了"。没有"N先生"和《芝加哥论坛报》的记者在场，她根本不可能再把这场"闹剧"进行下去，于是她用流利的英语宣布："我就是艾玛·戈德曼。"

这一天是9月10日，是暗杀事件发生之后的第四天，也是麦金利总统逝世之前的第四天。戈德曼被带到了警察总部，一直被"拷问到筋疲力尽"。至少有50名侦探轮流在她面前挥动拳头。一些人实际上已对她出手，但是大多数人只是威胁她承认在布法罗与乔尔戈什同谋。在这群人中，大队长是"最凶狠"的。他高高在上，威胁地向戈德曼叫嚣："如果你不承认，你的下场就会像那些可恶的干草市场无政府主义者一样。"

第二天,戈德曼被传讯。没有人会来保释她。她只是被抓来核对布法罗当局搜集的关于她在谋杀案中与罪犯同谋的证据。与此同时,她仍会被关押在库克国家监狱,不允许外人探访,也不能和外界有信件沟通。对她来说,唯一的例外就是偶尔收到一封匿名恐吓信。这个写信者称她为"该死的无政府主义婊子……我希望我能接近你。我会把你的心脏撕开去喂我的狗"。直到禁闭的第三天,她才获准接收朋友的消息。艾德·布雷迪在电报中简短地说了一句:"我们会支持你到最后。"

那天晚上,警察局长见了她。这位局长并没有欺侮她,也没有摆出一副盛气凌人的架势,他询问了戈德曼在 5 月与乔戈尔之间的全部交流情况以及 9 月被捕时的情况。戈德曼如实作了回答,但并没有提及在西部联邦监狱停留的一段时间。谈话结束时,局长不仅相信她是无辜的,而且临走的时候没有把她的门锁上。她可以自己点食物,也可以看报纸,而且还可以随心所欲地与探访者见面或者互通书信。

她获准会见的第一批探访者中有一位是来自克拉

伦斯·达罗的芝加哥办公室的一位律师,他刚刚因为为激进主义者及他们的事业作辩护律师而出名。戈德曼不确信达罗本人是否知道他的同事过来拜访,但是要确认这件事对她来说并不是难事。这位不速之客感叹乔尔戈什真是个"疯子"。因此,戈德曼也作出这样的判断并切断与乔尔戈什之间的一切关系才是符合她利益的。如果她还继续为刺杀麦金利总统的人辩解,那么就不会有"出色的律师"愿意为她作辩护。戈德曼很生气,她对这个律师也就是对达罗感到非常生气,她从来没有见过这样的律师,竟给她"这样一个应该受到谴责的建议"。难道连那些声称对无政府主义者充满同情心的人也希望她加入到对里昂·乔尔戈什的生命的"疯狂的声讨"中吗?如果是这样,艾玛·戈德曼反而会比以前更加坚决地支持乔尔戈什。

或许,她甚至可以去照顾奄奄一息的麦金利总统。那天晚上刚好是9月5日,戈德曼告诉一名记者,尽管她很同情乔尔戈什,但以她的"专业能力",她会去照顾麦金利总统。这个回答让这位记者惊讶不已。"为了人民的利益,这个男孩在布法罗做了他该做的事情",但是正在忍受痛苦的麦金利总统已不再是敌人。在濒

临死亡之际,他"只是一个需要一名能干的护士来照顾的人"。第二天,芝加哥的报纸上出现了一个这样的大标题:

> 艾玛·戈德曼希望去照顾总统,却依然同情凶手。

作为一名护士,戈德曼的要求提得太晚了,就在那一天,威廉·麦金利总统去世了。记者们再次络绎不绝地出现在戈德曼的牢房门口。这一次,戈德曼的回答又让记者们大吃一惊。她会对总统的去世感到遗憾吗?不。那一天并不只有他一个人离开了这个世界。"为什么你们会觉得我会对总统的离世要比其他人的离开更加感到遗憾呢?"毕竟,那一天去世的很多人是"在贫穷和饥饿中"死去。戈德曼还没有讲完:"我的怜悯和同情都是给予生者的;死者不需要同情。"

她认为,是这个国家发疯了,而不是里昂·乔尔戈什发疯了。媒体都有一种妄想症,空气中到处都是不安的因素。编辑们以及他们收到的来信都呼吁让乔尔戈什和戈德曼血债血偿。但是,戈德曼既不会认罪也不会抛弃这个男孩。她并不认为他的行为是不合理的。毕竟,麦金利总统是"一个被华尔街和新兴的美国帝国主义肆意操控的工具",他对劳动工人的态度讲得好听是"极端保守",讲得难听就是"敌视"。他曾经"多次派遣军队到罢工地区进行镇压,以此来维护主人的地位"。所有这一切都"重重地压在敏感的里昂身上,最终迫使他做出了暴力行为"。

在布法罗警察放弃对她的追捕之前及之后,戈德曼都没有放弃乔尔戈什。戈德曼被关押在芝加哥期间,两个城市之间的电报线嗡嗡地响个不停,都在讨论她的命运。最后,在芝加哥判决之前,进行了一次正式的庭审。布法罗代表与法官之间的口水战持续了近两个小时。对于法庭上在座的每一个人来说,这件事情的关键之处已经很明显:并没有任何证据证明戈德曼与麦金利总统被刺案有牵连。最后,对戈德曼的控诉被拒绝,而且布法罗提出的二审要求也被拒绝。艾玛·戈德曼再一次得到了自由,或者说几乎如此。

那一天是 9 月 23 日。戈德曼在监狱里度过的日子不到两个星期。在那段时间,大部分时候她并没有被铐起来。9 月 18 日,保释金最终定为 20 000 美元(与其他八位无政府主义者区别开来,他们的保释金一共是15 000美元)。但是,这笔保释金并未兑现。五天之后,保释金变成了人们讨论的重点。由于没有起诉书,戈德曼认为她应该被无罪释放,而且应该得到道歉。那一天,尽管市长的确承认芝加哥警察确认的唯一一件事情就是戈德曼在布法罗是受到通缉的,但戈德曼以上的两点想法还是没有实现。不管是出于工作流程的原因还是出于恶意,在得到最终释放之前,她还必须在监狱里再待一个晚上。

就在戈德曼被释放重获自由的第一天,里昂·乔尔戈什以谋杀麦金利总统的罪名被定罪。现在出狱了,戈德曼决心全力关注乔尔戈什的处境。在她关押期间,她就尽可能地及时了解他的情况以及法院对本案的处理。乔尔戈什的任何家庭成员或朋友都不能与他见面,而且找不到辩护律师为他辩护。结果,法院为他指派了两名辩护律师,这两名律师在作辩护时似乎大部分时间都在为自己接下这个任务而向大家道歉。

布法罗的无政府主义者了解到,尽管乔尔戈什屡次遭受毒打,但是他还是拒绝在供状上签字,而且并没有把其他任何人牵扯到谋杀事件中来。但是,这并没有使他得到他们的认可。事实上,当地无政府主义者似乎都一致认为乔尔戈什枪杀总统的事情对整个无政府主义运动带来了巨大的害处。

戈德曼并不同意这种观点。尽管她不确信乔尔戈什是否忠于无政府主义，而且也不愿意公开赞扬他的"行动"，但是她不能无视乔尔戈什这个人。事实上，媒体越是谴责他，她就越直言不讳地支持他。在《自由社会》杂志上，她把乔尔戈什描述成一个"超级敏感的人……不惜牺牲自己的性命来诠释暴力行为，因为他（不能）对别人的痛苦的遭遇视而不见"。"他有着孩童般最纯净的灵魂和巨人一样的力量"，"这个可怜的年轻人非常孤单，但是他在沉默中变得崇高，浑身透露着高于敌人的优越感"。然后，在同一篇文章中，她把炮火转向了"大多数无政府主义者"，这些人"与那帮轻率的乌合之众为伍，肤浅地谴责里昂·乔尔戈什"。他们应该同情他，而不是嘲笑他，他也是一个受害者和殉道者。这位"有着女孩一样清秀面容的年轻人……在众人冷酷的眼神中走进了监狱"。

为了证明自己是对的，艾玛·戈德曼几乎是孤军奋战。就连亚历山大·伯克曼也从监狱里写信给她，指责乔尔戈什的行为是孤立的个人主义行为，还指责他并不了解社会现实或者不懂得工人阶级的真正需求。对于这个企图刺杀亨利·克莱·弗里克但却以失败告终的人来说,麦金利总统的暗杀事件是一次不负责任的恐怖主义行为。很显然,刺杀政治领导人(据伯克曼认为,这些人是政治傀儡)的行为是愚蠢的,而刺杀资本家(据伯克曼认为,这些人是操纵傀儡的人)的行为才是明智的。

戈德曼深感失望,但是,她知道自己正在迎着当前的无政府主义者的想法逆流而上。她与伯克曼之间的争论点已不仅仅是伯克曼以谴责乔尔戈什的行为来为自己的"行动"辩护。她的很多同胞已经明显觉得彼得·克鲁泡特金的理论是对的,即正当的社会革命是由人民大众发动的,而不是少数的个体;人民大众奋起抑制压迫才能促进社会进步,而不是随意地发动荒谬的暴力行动。

戈德曼拒绝接受这种结论。她的确暂时放弃了对政治暴力就是有效的无政府主义策略这种观点的支持,但是她仍然继续为乔尔戈什辩护,认为他为"人民的利益"做了自己应该做的事情。此外,她还把乔尔戈什浪漫化,称他为人民的英雄。一直到 1911 年,戈德曼还坚持认为那些与这种暴力事件有关的人"强烈地感觉到自己受到了社会弊端的侮辱"。那些"主动和被动支持残酷行为和不公正行为的人"都是坏蛋。这些人的贪婪或冷漠最终迫使她心目中的"圣徒"付诸行动。

对于戈德曼来说,美国"社会和经济的不公正性"以及那些无法忍受这种邪恶的"敏感的灵魂"都无可避免地促进了革命暴力的发生。考虑到这种不安因素,政治暴力"类似于大气层中令人感到恐惧的东西,通过暴风雨和闪电表现出来"。因此,那些付诸暴力行为的人并没有罪恶。相反,他们的行动是受身边的环境影响,注定要使用暴力才能改变自己的生活。通过参与暴力行为,这些人变成了"现代殉道者",他们以"笑容"来迎接死亡,因为他们相信"就像耶稣一样,他们的壮举为会人类赎罪"。

1911年,艾玛·戈德曼仍然是一个无神论者,尽管如此,她仍然总是会提到耶稣基督。十年过去了,她仍然无法终止自己对"无知的大众"的愤怒和对那个"可怜男孩"的浪漫想象。里昂·乔尔戈什仍然是她心目中的"可怜的孩子"。乔尔戈什的罪恶只是因为"他的社会意识太敏感"。无论如何,他比自己那些"毫无理想和头脑的美国兄弟"要强多了,因为他的"理想超越了口腹之欲和金钱"。

然而,戈德曼把自己的运动与乔尔戈什的小心地区别开。无政府主义并没有让乔尔戈什举起手中的枪。如果认为戈德曼的哲学就得为乔尔戈什的行为或者为任何政治暴力行为负责的话,那么简直就是"荒谬至极"。是"环境压力"施加在"敏感的天性"上致使里昂·乔尔戈什安排了与总统的会面,而并不是"视人的生命高于一切"的哲学导致的。

里昂·乔尔戈什或许并不是一个无政府主义者,而且无政府主义也并不一定以暴力为基础。然而,他仍然是一个杀死了美国总统的殉道者和圣徒。此外,在伯克曼失败的地方,乔尔戈什胜利了。亚历山大·伯克曼才华横溢,使命感十足,却没有杀死亨利·克莱·弗里克,而里昂·乔尔戈什却杀死了一位总统。因此,戈德曼相信为乔尔戈什而战也就是为伯克曼而战,为自己而战。事实上,尽管戈德曼在麦金利总统刺杀事件中是无辜的,但在1892年伯克曼刺杀弗里克的事件中,她却是帮凶。伯克曼对乔尔戈什的"行动"的否定只会让戈德曼更加坚定地维护她的"布法罗男孩",即使只是因为他用自己的生命为自己的行动付出了代价,而她和伯克曼都不曾做出这样的牺牲。

对于戈德曼来说,1901年乔尔戈什被执行死刑的那一天是悲痛的一天,此后每年的纪念日她都会向他致敬。这一天同样也是一个对她的生活产生重大影响的一天。直到最后,典狱长还企图从乔尔戈什身上找到戈德曼与刺杀事件有牵连的证据。甚至到乔尔戈什已经被绑上了执行死刑的电椅上,典狱长还在质问他:"你为什么要维护那个坏女人?她不是你的朋友。她认为你是一个游手好闲的人,她说过你曾经向她要过钱。艾玛·戈德曼已经背叛了你,你为什么还要维护她呢?"

这个已被定罪的谋杀者从黑色面罩后低声说:"艾玛·戈德曼怎样说我都没关系,我的行动跟她没有任何关系。是我自己一个人做了这件事情。我这样做是为了美国人民的利益。"这些就是里昂·乔尔戈什最后的遗言。从那天以后,那个"坏女人"永远也不会忘记9月29日这一天。直到1932年,她还向一位朋友吐露"自己并不开心","一想到那个可怜的孩子的下场",她就感到悲痛,不仅是因为国家对他的裁决,还因为他死在"同胞的手上"。这件事情过去 30 多年之后,她把自己无限的惆怅归因于里昂·乔尔戈什的命运并不仅仅是因为国家对他执行了死刑,还因为包括亚历山大·伯克曼在内的无政府主义兄弟姐妹对他的唾弃。

1901 年,戈德曼已经把自己很多移民无政府主义者的过去抛在脑后。很久以前,她就一直反对约翰·莫斯特。她已经避免与他人发起口水战,也不会像任何派别的激进分子一样说出神秘的意识形态上的吹毛求疵的言辞,更不用说像无政府主义者一样了。她开始接受美国思想家、美国英雄和美国语言。在开始在美国工人阶级中寻找信奉无政府主义的人的时候,戈德曼的注意力主要集中在本地工人阶级身上,而且至少还在考虑把自己的思想灌输给美国中产阶级。她甚至还怀着一种非激进化的想法,认为美国大众或许并没有她想象中那样无知和愚蠢。

但是,一直潜伏在表象之下的是以前的艾玛·戈德曼,这个女人内心充满着对美国革命和暴力前景的浪漫想象,而且还对那些愚蠢至极而不理解她的呼声及革命冒险的人嗤之以鼻。刺杀威廉·麦金利,以及接下来对无名的乔尔戈什和臭名昭著的戈德曼的迫害，至少暂时性地让过去的艾玛·戈德曼复活。与此同时，有时她还感觉到背叛和压抑。毕竟，如果连她的萨舍也不理解她，那么还有什么用呢？

大家对麦金利总统被暗杀的总体反应，以及由此而产生的激进分子与社会主义者而不是无政府主义者结盟的趋势，让戈德曼为自己以后的梦想找到了进一步原因。在这次暗杀事件之后，社会主义在美国已逐渐成为主流的激进思想。另外，科技和集权似乎是美国未来的新浪潮。而且那些与选举和机器时代和解的社会主义者似乎也接受了那个未来。

无政府主义者自称以未来为导向，但是他们会这样吗？毕竟，他们反对一切集权计划，不管是官僚主义还是选举制，是公共集权还是私人集权。他们也质疑科技与进步之间的关系，也质疑民主与进步之间的任何关系。当然，无政府主义者当然相信社会进步。一个乌托邦中怎么可能没有这种信仰呢？如果能使社会进步，这种进步一定来自人类精神的某个地方，而这种精神正是无政府主义者超越无灵魂的机器、腐败的立法以及令人窒息的官僚主义而得到的精神升华。然而,考虑到科技的巨大力量、兴起的民主浪潮以及渐进改革的明显成效,人们开始明白(甚至其他派别的激进分子也这么认为)无政府主义似乎是注定灭亡的,或许甚至是反动的教条,与20世纪的前进脚步格格不入。

讽刺的是,在麦金利总统被刺杀之后,乏味的社会主义者得到了支持,而具有浪漫色彩的无政府主义者则没落了。里昂·乔尔戈什走上的那条道路现在正在朝另一个不同的方向发展,从某种程度上看是受他的"行动"的影响。

对于无政府主义者来说,更糟糕的是因为乔尔戈什的那种"行动",政府机构不断地骚扰生活在美国的无政府主义者,同时行政和立法机构迫切要求无政府主义移民从美国海岸消失。在这里,又是一次讽刺性的入侵。正如无政府主义者的数量和影响力在逐渐减少一样,迫使他们搬迁的要求和对他们的迫害正不断加剧。暂且忽略乔尔戈什本人出生在美国本土的事实,在刺杀事件之后,要求立法把无政府主义者赶出美国的呼声越来越强烈。新任美国总统西奥多·罗斯福在议会上传递的第一条信息"不仅是向无政府主义者"宣战,"而且还向所有主动或被动同情无政府主义者的人"宣战。因为无政府主义者和他们的维护者"在道德上都是谋杀的同谋",他要求议会把所有提倡暗杀的人都赶出美国,把那些有这种想法的异类都驱逐出境。

两院开始为此制定相关立法。1902年,众议院和参议院之间的矛盾阻碍了该立法的最终通过。众议院希望把"那些相信或者提倡用武力或暴力瓦解所有政府或废除所有形式的法律或暗杀政府工作人员"的人加入到不受欢迎的移民名单中来。而参议院却希望驱逐那些不相信一切政府的人,以及任何忠于传播这种观点的组织的人。最后,在1903年3月,议会通过了一条与参议院观点更接近的法案。一天之后,罗斯福总统在法案上签字。

这个立法又是一个证据,证明英国作家G.K.切斯特顿是正确的。切斯特顿认为美国是一个独一无二的国家,因为它是一个教义国家。作为一个美国人,就要相信《独立宣言》中的原则,而不是相信某种肤色或某个族群或某种宗教信仰。

1921年,当切斯特顿在申请去美国的护照时,工作人员问他是否是无政府主义者,还问他是否相信"用武力"来瓦解美国政府。他是怎样回答的呢?他更乐意在旅行结束时回答这种问题,而不是在开始时回答。

以上提出的问题都可以追溯到里昂·乔尔戈什的"行动"以及那些维护他的人,其中最出名的当属艾玛·戈德曼。对于她来说,在排斥无政府主义者的法案通过之时,她又重新获得了为自己的"事业"而奋斗的激情。在乔尔戈什被处决之后的短短几个月时间里,她没能为自己的旧观点找到一个新的演讲台。相反,她选择了埋头于护士工作的日常琐事中。她暂时不是臭名昭著的艾玛·戈德曼,而是一个默默无闻的"E. G. 史密斯小姐"。

1901年快要结束之时,当戈德曼试图在纽约重新开始新生活时,她发现可以利用自己的资源。她以前或许与彼得·克鲁泡特金在任何事情上都有争论,比如说从下一次革命的政治暴力中心到当前的性道德和城市生活,他们都各执其见。但是,她认为在过上平静的生活,并努力照顾这个城市中的病人和穷人这一方面,自己仍然可以从她的导师身上学到东西。戈德曼领导的运动的现状以及受到的外部袭击和内部分化令她感到沮丧,她希望能够抽离出自己的私人生活,远离任何对无政府主义的公开辩护。"E. G. 史密斯小姐"不需要这种对运动的沮丧,至少暂时是这样。相反,这个城市里的穷人需要她,至少目前是这样。

第六章

母亲艾玛和《地球母亲》

戈德曼从无政府主义者的斗争中退出,但并没有持续多长时间。1902年夏天,她强烈渴望过上公众瞩目的生活,于是她再一次回到了演讲台。在20世纪的头十年结束之前,戈德曼将会有更多次的退出和回归。在这段时间里,她也会有其他的追求者和爱人。其中有些人比其他人更加热情,而有些人与她之间的关系会持续得更久。一路上,甚至还有某些东西诞生。1906年,作为一名助产士,艾玛·戈德曼迎接了一个"孩子"的诞生。这个"孩子"正是她自己创办的杂志,杂志名恰好叫《地球母亲》。杂志创办初期,她精心编辑,一直到她决定再次重返演说圈以筹钱维持该杂志的成长。

由于另外一个因素,这一年对于戈德曼来说是一个里程碑。这年春天,亚历山大·伯克曼从监狱被释放(由22年刑期减为14年刑期,刑满释放)。监狱没有改变伯克曼,他没有悔改。监狱里发生的事情几乎毁了他。1906年的伯克曼潦倒绝望。最主要的是,他需要时间独处,这样他才能找回完整的自己。时间很多,但是独处的时间却不多。他的一些朋友认为他需要一位母亲来照顾他,另外一些人认为比起盟友来他需要一个爱人或姐妹。或许比起爱人他更需要一个母亲,比起盟友他更需要一个姐妹。无论如何,除了艾玛·戈德曼之外,谁还能来照顾他呢?她总是希望能在他支离破碎的生活中扮演好这四个角色。

糟糕的是,在与伯克曼重逢后不久,戈德曼就有了新的对象。1908年,一位名叫本·赖特曼的"流浪医生"走进了她的生活。接下来的几年时间里,戈德曼对这个人的爱越来越深,这种感觉前所未有。赖特曼的生活一团糟,他似乎更需要另一个母亲,而不是一个爱人。正如所料,戈德曼试图同时扮演好这两种角色。

不管是作为一名母亲还是爱人,戈德曼都不能按照彼得·克鲁泡特金的原则生活。克鲁泡特金希望他的追随者过无性生活。只有这样,无政府主义者才能真正地把自己奉献给这项伟大的事业。这种生活并不适合戈德曼。毕竟,对于她来说,这项事业与性解放的目标是密不可分的。所以,在本·赖特曼进入她的生活之前及以后,克鲁泡特金的事业都不完全是她的事业。特别是在本·赖特曼走进她的生活之后,克鲁泡特金优先考虑的事情也就不是她要优先考虑的事情了。这个"点燃两团火焰"的女人并不希望任何一团火焰熄灭,也不想忽略她的新生活中这样一个事实:只要本·赖特曼在身边,其中一团火焰就会很容易被点燃。

更糟糕的是,大众面前的戈德曼和私底下的戈德曼相互较量,都希望控制她的生活。不管她是否喜欢,"艾玛·戈德曼"的名字已经在国内变成了无政府主义或者无政府主义暴力的代名词。由于那个充满敌意的媒体以及她对乔尔戈什的不离不弃,艾玛·戈德曼成了邪恶的无政府主义者化身。不要说别的偏执的人或狂热的人,艾玛·戈德曼本人就已经给整个国家带来了威胁。赫斯特集团和普利策集团的报纸给她贴上标签,把她视为对美国的优秀价值观和体制造成威胁的因素。对于他们来说,她是一个"捣蛋的外国人",一个

"满脸皱纹、丑陋无比的俄国女人",更不用说是麦金利总统被暗杀的幕后操纵者。《纽约时报》也不断地把她与乔尔戈什联系在一起,把她描述成一个"脱离人民大众"的激进分子,一个"下层人民军队"的领导者。

讽刺的是,议会对排斥无政府主义者的新提案展开争论,这不仅让戈德曼得到了重返更受公众瞩目的生活的机会,而且还扩宽了她的演讲主题。暗杀麦金利总统事件以及戈德曼为暗杀者的辩护暂时把她推向了改革运动的边缘。但是,议会对谋杀事件的反应促使她与其他激进分子联合,共同为一些像《权利法案》一样具有美国特色的事情辩护。

很多改革论者和激进分子都反对排除无政府主义者法案,他们对任何政治压迫,甚至是对无政府主义者的镇压所带来的危险有着十分敏锐的洞察力,这一点让戈德曼异常满意。对于戈德曼来说,她越来越相信在暗杀事件之后的紧张气氛中,无政府主义者是不能对潜在的盟友视而不见的。改革论者、社会主义者以及各种各样的激进分子当然不会在任何事情上都赞同无政府主义者的意见,但是至少可以团结其中的某些人来共同抑制那些她认为会阻碍个人自由表达观点的立法。

当他们齐心协力阻止反无政府主义者法案的通过的尝试失败之后,戈德曼和她的新盟友尝试挑战这一新法律。1903年10月,一位名叫约翰·特纳的苏格兰无政府主义者及工会会员在包括戈德曼在内的美国无政府主义者的邀请下来到纽约作了一系列演讲。尽管这一系列演讲在他到达之前都已经做好安排,但是最后实际上只作了一场演讲。在第一场演讲结束时,特纳因为违反了反无政府主义者法案而被逮捕。他刚被警察带走,戈德曼就站上演讲台,阻止特纳的支持者发生暴乱,其中有些人甚至打算强行从拘留所里把特纳救出来。戈德曼并不站在警察一边,她只是认为暴乱并对特纳以及他们的事业没有任何好处。在她的干预下,警察把特纳从演讲大厅带走了,没有再生其他事端。

在对特纳进行搜身时,警察没收了一份《自由社会》杂志、一份约翰·莫斯特写的小册子,还有一份包含纪念干草市场无政府主义者仪式的演讲行程安排表。这些东西已足以让美国商业劳工部下令将他驱逐出境。一天之后,联邦法院同意了这一决定。在特纳事件中,正义感促使戈德曼迅速行动。

戈德曼以"E. G. 史密斯小姐"的名义到埃利斯岛探望特纳,以免得罪政府当局,也不让她的同伴担心。特纳被关在那里,等待被驱逐。如果对他的案子提起上诉,特纳还会愿意继续留在美国吗?戈德曼这样问特纳。尽管此刻他被关在一个 9 英尺×6 英尺大的常用来关精神病人的笼子里,他的回答还是肯定的。看看关押他的窄小的笼子,他的肯定回答或许会让人们怀疑他的精神是否有问题。特纳答应留下来,但是并不是因为他喜欢待在这里,也不是因为他实际上认为自己可以得到缓刑,而是因为他希望围绕这件事情而展开的宣传能废除这个驱逐他出境的法案。

戈德曼的下一步计划是组建一个自由言论社团,该社团成员包括本杰明·塔克,以及很多与无政府主义没有直接关系的知名改革家。很快,克拉伦斯·达罗和他的法律界搭档艾德加·李·马斯特斯加入了社团,为特纳辩护。反过来,他们决定把注意力放在这件事情的衍生话题——言论自由上。据辩护律师所说,"唯一的问题就是联邦政府是值得相信还是值得怀疑的审判者呢"?他们警告大家,"暴政总是在最不受欢迎的人或阶级中开始,并且逐渐扩张;应该从一开始就阻止"。

1903年12月3日,戈德曼在纽约库伯联盟学院组织了一场群众集会,拉开了这一社团的公共斗争的序幕。一个又一个演讲者挺身而出,抗议特纳即将被驱逐出境的决定。除此之外,在东海岸城市的各大工人社团中也举行了类似的集会。各集会总共为特纳的辩护募集了2 000多美元,其中大部分的捐款都是"E. G. 史密斯小姐"的直接结果。

这场斗争一直延伸到美国最高法院。在法庭上,达罗和马斯特斯展开了两条辩论战线。首先,他们认为特纳只是一个哲学上的无政府主义者,他认为"没有政府的国家是一个遥远的理想"。其次,他们认为这条法律本身就违背了宪法修正案第一条中确保言论自由的原则。

最高法院驳回了他们的辩护。少数服从多数,首席审判长 M. W. 富勒认为国会排除异类的权力是不受限制的,包括"纯政治哲学家",只要议会认为他们的观点"对公共福利造成威胁,那么这些提倡这种观点的外来人士就不应该加入到我国的人口中来"。富勒继续

艾玛·戈德曼在联合广场演讲。© Bettmann/Corbis

否认,认为《权利法案》的适用群体并不包括希望进入美国的异类,他认为:"那些不包括在内的人不能自认为有美国人拥有的一般权利……他们来到这片土地,但他们并不是这片土地上的公民。"

很显然,戈德曼对这个裁决并不满意,但是她并不吃惊。她也没有因为自己参与为最初的驱逐出境决定作争辩而感到遗憾。她认为这场斗争即使只是具有宣传价值也是值得的。但是,这场斗争也给她带来了其他更个人化的利益。这场维护特纳留在美国领土上的权利的战争也标志着艾玛·戈德曼完全回到了公众舞台,尽管人们对她的回归充满着质疑和其他的想法,但她最终还是回来了。1904年1月,她向伯克曼透露:"我从来没有感觉到如此沉重,这些人让我感到太累了,我都快喘不过气来了……我感觉自己好像陷进了一个泥潭里面,我拼命挣扎,却还是不能逃出来……我好害怕自己沦为公共财产,让我的生活在不断地关心他人的生活中慢慢耗尽。"

言论自由的呼声对于那些希望直面攻击、与美国主流作斗争的人来说具有很强的号召力。因此,不管是不是无政府主义者,所有这些逆流而上者把自己与《权利法案》联系起来,建立优秀美国公民的形象都是与他们利益相关的。问题在于,公民自由问题并没有在这个时候引起美国大众的共鸣。部分原因是公民自由并不是全国人民所关心的事情,至少在第一次世界大战爆发之前是这样,那时的戈德曼即将对镇压战时持异议者提出抗议并开始维护《权利法案》。她的立场再一次没有得到广泛支持。

最终,如果戈德曼在反对国家强制力的斗争中接受新的盟友的加入，那么与此同时她还会与老朋友重续友谊。特纳被判决之后，克鲁泡特金写信给戈德曼，信上说美国最高法院的审判极具讽刺性地向大家证明美国社会"丢弃了虚伪的自由，在人民需要自由来与这个被诅咒的社会作斗争的时候把这种自由撕得粉碎"。戈德曼和克鲁泡特金一样愤世嫉俗，但是她绝不会停止斗争，或者停止使用"这些自由权利"去改造这个"被诅咒的社会"。

戈德曼仍然要解决钱的问题。对于一个公开的无政府主义者来说，谋生从来不是一件很容易的事情。相对于别人来说，戈德曼最大的优势就是她有另外一门技能。但是，她发现护士工作会占据她大量的时间和精力。在那段时间里，她开了一个合法的按摩堂，自称为"维也纳头皮和面部专家"。除此之外，戈德曼还是一个新闻广告员、翻译以及一个接待俄国演员到美国演出的公司的经理。他们的领导帕维尔·奥尔兰内夫希望把现代剧作家的作品推广到工人阶级观众中去。这个"人民剧院"活动代表了戈德曼一直倡导的艺术和政治的某种结合。她开始与奥尔兰内夫一起讨论原创话剧的制作，包括描述伯克曼生活的一个剧本。

这些戏剧将在一个小剧院里演出,她希望这个小剧院能够成为"纽约戏剧艺术的一片绿洲"。

这一切都进行得很顺利,直到 1905 年俄国革命失败,新一轮屠杀犹太人的行动开始了。据戈德曼所说,纽约城里流传着一个"可怕的谣传",称奥尔兰内夫的剧组里有一些"有组织的俄国犹太诱饵",从而掀起了一场犹太人抵制该剧组的斗争。纽约激进派媒体试图将谣言和抵制活动压制下去,但却徒劳无功。由于无法抑制这股顽固势力,奥尔兰内夫的剧院被迫关门。

但是,戈德曼并不打算投降。她不计报酬,为奥尔兰内夫的演员们组织了一次巡回演出,向西一直到达芝加哥。作为一名导演,戈德曼只取得了小小的成功,因为她无法筹集足够的资金来支持奥尔兰内夫的剧院重新开张,独立运作。奥尔兰内夫原打算在美国多待几年,但是现在他别无选择,只好决定返回俄国。在离开之前,他为这个曾经努力为他的剧院募集资金的女人组织了一次公益演出,以扭转目前的局势。这一次,戈德曼对金钱的需求不再是为了巡回演讲或者保释,而是打算另辟蹊径进军出版业。这几年时间里,在不同的时间段里,戈德曼多次表现出对创办一份属于自己的杂志的兴趣。在奥尔兰内夫的"绿洲"消失之后,那个愿望开始成形。她打算招聘一些理想主义作家,他们要能够"在有限的空间里……自由的呼吸"。描述那个"空间"的标题暂时定为《开放的道路》,但是,由于一家同名出版物以侵权为理由威胁提出法律诉讼,戈德曼被迫放弃了这个名字。

戈德曼悲叹道:"可怜的沃尔特·惠特曼要是知道有人竟敢用他的诗歌名称打官司,他一定在九泉之下不得安宁。"但是,除了"给这个孩子另取名字之外",她还能做什么呢?取个什么名字呢?1906年3月1日,在这个杂志诞生的前几个星期,戈德曼来到纽约州奥辛宁附近的一个小农场过周末,在那里,她发现冬天的气息正在慢慢退却,星星点点的绿色昭示着"生命在地球母亲的子宫里逐渐萌芽"。就是这个意思!"地球母亲"就是一个完美的杂志名字。地球母亲是"人类的哺育者,人类通过她可以自由无阻地到达自由的国度"。此外,戈德曼还一直自称要重新改造地球,让所有人都有机会在这里繁衍生息。

第二天,她回到纽约,为第一期月刊的发行作准备。3月1日,第一期《地球母亲》如期发行,该期刊总共有64页。接下来的11年时间里,助产士戈德曼独自照顾着自己的"孩子"。现在,这里是她宣传无政府主义的论坛。尽管在杂志的页面上,她也为其他激进分子提供了空间和支持,但所有这一切都是以促进经济交易平等、提倡艺术表达自由以及性关系平等和自由的名义进行的。

最终,《地球母亲》成为"抒情左派"的一员。对于这些人来说,改革之音就是个人自由之音。对于艾玛·戈德曼来说,她从来不希望自己认为或相信生活中的一切都会堕落到冰冷无情而严肃的经济关系中。她也不希望自己的杂志忽视艺术、戏剧和文学。问题是,戈德曼很难想象,若是这些领域不具备促进她的改革议程的作用,那些领域会是什么样子,而她的议程则意味着不断地对资本主义敌人展开宣传性的攻击。结果,在一段时间里,戈德曼和她的《地球母亲》都过于严肃地去追求那种难以理解的革命。

目前来看,如果不排除政治活动和宣传活动,戈德曼的杂志的诞生是一个可以跳舞庆祝的机会。第一期杂志里面有一篇关于无政府主义基本理论的论文、一篇抨击国家主义和犹太复国主义的文章,还报道了比尔·海伍德由于刺杀爱达荷前任政府官员而被捕入狱的事件，评论了亨利克·易卜生公开的信件，并发表了一篇由戈德曼撰写的题为"女人解放的悲剧"的文章。这里有艺术、政治、经济和无政府主义，它们都在母亲艾玛的羽翼保护之下成长。

在戈德曼的文章中，她把自己与正统的女权主义者区别开，她认为那些女人的"悲剧"在于她们对女性解放的理解具有局限性。选举权、平等的公民权利以及平等的工作机会或许都是他们的"需求"，但是没有任何人领导大家得到"真正的解放"，而这种解放并没有真正开始或结束，不管是在民意调查中，在法庭上或者在工作上，她们都没有得到真正的解放。讽刺的是，那种思路使其他反对女性参政的人展开了辩论，他们认为女人真正的解放应该源自家庭。艾玛·戈德曼的回答是：不是这样的。

她继续写道："如果渴望得到真正的自由，那么现在是时候让每一个女人将自己解放出来。"不管有没有选举权，女人都不可能进行政治改革。与此同时，"女性工人"也只不过是逃脱"狭窄的"家庭空间，把自己局限到工厂空间里，而受到良好教育的女人就是一个"职业机器人",她们的"悲剧并不在于有很多经验,而是在于经验过少"。任何人都不是真正的人类,因为没有人去面对内心的自我。

问题的根源是一种"禁欲主义思想"束缚了"得到解放的女人",这种思想使女人的感情生活变得单调无聊,或者让男人完全脱离她们的生活。所有女人都应该意识到"个人最重要的权利就是爱与被爱的权利"。戈德曼似乎再一次转向了一个传统的方向。这一次,她给出了一个之前从来没有给过的解释,至少在一定程度上是这样。她写道,社会必须摈弃一种可笑的观点,即"被爱、相爱和成为一名母亲其实与变成奴隶或从属关系是一个意思"。每个女人都应该花点时间来"倾听来自天性的声音,不管是渴望得到人生中最重要的财富,对一个男人的爱,还是最光荣的特权——生育子女的权利"。奇怪的是,在《地球母亲》的首期中,戈德曼既对那些反对她长期拥护的男女平等观点的女权主义者发起攻击;又对那些和她同样拒绝成为母亲的女权主义者发起攻击。

《地球母亲》是她的"孩子"。在该杂志创办两周年之际,她以这样的方式描述这本杂志:"它是一个孩子……它在伟大而热烈的爱——对自由和人类正义的爱中诞生。那些共同孕育《地球母亲》的人因爱和将人类从麻木不仁中唤醒的炽热愿望而凝聚起来。"看着自己的"孩子"平安地度过了"儿童期病症","母亲"艾玛已做好准备宣布《地球母亲》已经是一个不再完全依靠父母的"普通孩子"。除此之外,这位"母亲必须放弃安逸的家庭生活,在这个国家中来回奔波,迎接各种各样的困难,并为自己的孩子寻找新朋友"。这位"母亲"一直都有牺牲自己的念头,她也认为自己应该经常离开自己的家庭,这样她的"孩子"才能茁壮成长。

在这些年里,戈德曼一直住在格林威治村第十三大街东210号。这个地址既是《地球母亲》的编辑室所在地,也是无政府主义者运动的碰头地点。无论戈德曼是不是在那里,这间公寓都是工人们的家,他们在这里的主要任务就是出版杂志。无论她与这个集体有没有直接的关系,在差不多五年的时间里,艾玛·戈德曼的生活第一次有了明确的目标。在一些志趣相投的无政府主义移民的支持下,她利用自己的杂志继续开展"美国无政府主义者"活动,试图吸引中产阶级和职业美国读者的注意力,同时提醒他们无政府主义在欧洲还存在，而且发展得很好。

虽然戈德曼很少能够在编辑工作中亲历亲为，但她的痕迹并不仅仅只能在封面上发现，其他页面也能发现。杂志中包括一些关于她的巡回演讲报道，一些她的导师（包括克鲁泡特金）写的文章，还节选了一些她心目中的美国英雄的故事，并开辟了诗歌、短篇小说及文学评论专栏。杂志中的某些文章向其他激进分子发起挑战，以防他们陷入集权化管理的危险之中，还有些文章则为那些在大街上和广场上举行罢工和游行示威的人喝彩。总之，这份杂志努力寻求理论和实践的结合、美国人和欧洲人的结合，以及慷慨激昂的争论和敢于冒险的先锋的结合。

我们暂且把艾玛·戈德曼的文学造诣放一边。从本质上看，她其实是一个真正的宣传家，一个有着文学功底的宣传家，的确如此。她对现代文学艺术家（包括海明威和 D. H. 劳伦斯）和现代媒体（特别是电影）都不感兴趣。即使是她感兴趣的艺术形式，也绝不会是建立在为艺术而艺术的基础之上。

当然，戈德曼可以声称艺术和文学本身都很重要，但是她一直都把这两者当作对抗资本主义的工具。

《现代戏剧：激进主义思想的有力宣传》体现了她的典型思想。在这篇文章中，她赞美那些把激进主义观点带给广大受众的文学形象。但是，作为一个文学评论家，戈德曼的观点很偏狭。在这篇文章中，她认为真正值得大家去阅读的文学作品是那些能够激起"社会不满"的作品。如果写作手法和阅读方式恰当，这些文学作品能够卷起"巨大的浪潮，冲垮无知、傲慢和迷信的大坝"。

1908年，在伯克曼承担了大部分的编辑工作之后，在《地球母亲》和母亲艾玛的生活中，艺术和政治之间的紧张气氛更加戏剧性地向政治方面倾斜。伯克曼已经脱离美国政治和文化生活很多年了，作为编辑，他一心追求革命，完全忽略了艺术的存在。在某种意义上，他是两人中更诚实的那个，正如他的行动一样，他认为所有艺术都与真正的改革生活毫无关系。

当然，在从监狱释放之后，伯克曼并没有机会去重温那种生活。他的"复活之日"（戈德曼语）是1906年5月18日。被释放的那一天，伯克曼登上了前往底特律的火车，他在那里有一位无政府主义狱友，他希望在那里能重新适应自由，远离纽约带给他的压力。戈德曼已经做好了自己的演讲行程安排,以便在底特律与伯克曼见面。就在麦金利总统被暗杀之前,她与伯克曼在监狱见了短短一面,彼此沉默不语,后来就再也没有见过面。在伯克曼只身前往匹兹堡枪杀亨利·克莱·弗里克之后,戈德曼再也没有机会躺在他身边。

暗中观察了一会儿坐在火车车厢中"摇摇晃晃"向戈德曼靠近的伯克曼,戈德曼内心的兴奋突然变成焦虑和困惑。伯克曼的脸"十分苍白,鼻梁上架着一副巨大而又丑陋的眼镜;他头上的帽子显得巨大无比……他看起来那么可怜和孤单"。戈德曼的内心充满"恐惧和怜悯",她把一束玫瑰花递给伯克曼,然后拥抱并亲吻他。两人缅怀着1901年8月在一起的日子,谁也没有说话。戈德曼挽着伯克曼的胳膊,两人在"沉默中"走出了火车站。

那天晚上,戈德曼不停地说着一些"无关紧要的事情",直到"困得不行了"才上床睡觉。伯克曼"蜷成一团,躺在沙发上。房间里很暗,只看见他的烟头时不时地闪烁,划破寂静的黑暗"。那时,戈德曼"感觉到窒息和寒冷"。然后,伯克曼走到她身边,用"颤抖的手"抚摸她。他们紧紧相拥躺在一起,很长时间内谁也没有说话。突然,伯克曼试图开口说些什么。话到嘴边,他"发现自己喘着粗气,最后突然大声抽泣起来"。当他控制住自己的感情,他只说"监狱生活把他毁了",他想出去走走。当他离开房间,关上门,戈德曼"坚信解放萨舍的斗争才刚刚开始了"。

那场斗争在奥辛宁继续进行,他们俩在那里开始了同居生活。戈德曼希望伯克曼能在这里得到解放,走出"监狱生活的阴影"。但是,"过去的黑色阴影"仍然缠绕着他,迫使他离开农场,长时间徘徊在树林里,"沉默不语,无精打采"。他向戈德曼传递出太多的孤独之愁。他必须回到城市,回到他的事业中,否则他就会"发疯"。

搬回戈德曼在纽约的公寓后,心烦意乱而又筋疲力尽的伯克曼发现自己很难把注意力集中到日常生活中来,更不用说找一份合适的工作或者继续进行革命运动。戈德曼在伯克曼身上使用的方法并不出奇,因为不管是什么事情让她烦心,她都会使用这种方法。为什么不把他的故事公布于众呢?或许"大众会让他从阴影中走出来,让他重新拾起过去的信仰"。伯克曼同意了这种想法,但是却没有表现出任何热情。戈德曼为他联系并安排了一次巡回演讲。

在美国的奥尔巴尼和锡拉丘兹露面之后,伯克曼计划中的下一站是匹兹堡。伯克曼刚释放不久,戈德曼其实并不赞同他返回这个"令人不快的城市"。另外,按照宾夕法尼亚的减刑法律,伯克曼在宾夕法尼亚州当局的宽容下获得了8年多的减刑。匹兹堡集会之后,伯克曼收到了一封电报,这封电报让戈德曼感到不安。但是,一切都进行得很顺利。这次演讲很成功,而且当地警察没有干涉伯克曼。

克利夫兰市是伯克曼的下一站,竟然也是他的最后一站。在开场演讲之后,伯克曼离开了主办方的家,再也没有回来。接下来的三天时间里,他仍然不知所踪。后来,他神秘地出现在纽约的一家电报局中,并在那里给戈德曼发了一封电报。这次重聚跟上一次完全一样,激动兴奋的戈德曼见到了沉默而郁郁寡欢的伯克曼。

晚饭过后洗了个澡,伯克曼和戈德曼一起喝了点威士忌和热汤,然后伯克曼开始说话了。从戈德曼开始提出巡回演讲的建议时,他就不赞成。一想到他的下一场演讲,就足以让他陷入极度恐慌之中。但是,他仍然继续演讲,一直到克利夫兰市,但是,那里的听众少得可怜,而到主办方的家的路程却很遥远。那天晚上,他从沉睡中醒来,发现一个陌生的男人躺在他身边,鼾声阵阵。监狱生活让"人与人之间亲近的接触"变成了一种十足的"折磨和痛苦"。他立马从房间里跑出去,寻找属于自己的孤独。但是,他发现就算是独处也还是不够。他可以逃避其他人,但是他无法逃避一种感觉,即活在这个世界上已没有任何目的或意义。第二天早上,他回到了克利夫兰。那天下午,他去买了一把手枪。

伯克曼打算去布法罗,那里没人认识他。在那里,他可以随意行走在大街上,不会被人认出。在那里,他可以自杀,没有任何人会去认领他的尸体。他在这个城市漫游了整整一天之后,他还是无法对自己扣动扳机。相反,他回到了纽约,就好像被某种"无法抵挡的力量所"驱使一样。在度过了两天"痛苦的"日子之后,他走进了一家电报局,给戈德曼发了一封电报。

在出走的这几天,伯克曼放弃了自杀的念头。但是,几周过去了,他的态度和行为并没有得到明显的改善。10月下旬,戈德曼加入到朋友的行列,抗议政府逮捕那些聚集在一起来纪念乔尔戈什被执行死刑的无政府主义者。而她这种努力的结果就是她也被拘留了。这件事点燃了伯克曼心中的火花。知道戈德曼被拘之后,伯克曼决定加入这场斗争,确保每一个被逮捕的人都能被释放出狱,至此,他的"复活"之日终于到来。

入狱的无政府主义者没有被起诉,但是在1906到1907年的那个冬天,警察继续突袭无政府主义者集会。甚至连一场为《地球母亲》杂志筹款的无害的假面舞会也被认为足以对政府构成威胁,于是50名警察出动,搅毁了这场活动,摘下了狂欢者的面具,关闭了舞厅。这次没有逮捕任何人,但是《地球母亲》却失去了一大笔收益,这是沉痛的一击。

《地球母亲》创办一周年之后却仍然徘徊在生死线上。一年的杂志订购款只有2 000美元。10美分的零售价对于工人阶级读者来说已足够低廉,但是很少有真正的工人愿意购买。然而,戈德曼仍然决定尽力让杂志存活下去。对她来说,办杂志是一种手段和方法。因此,如果需要更多的钱来维持杂志的生存,她就会长时间地精心准备巡回演讲来募集款项。

这个决定让戈德曼从编辑工作中解放出来，这份工作也并不是她主要的兴趣所在。谁来承担她的职责呢？她会把自己的"孩子"交到伯克曼那双靠不住的手上吗？在最近一次尝试自杀之后，伯克曼毫无人生目标，不时感到无法控制的嫉妒。对于他来说，1892年的亚历山大·伯克曼与1907年的艾玛·戈德曼之间的差距太大。至少，这是戈德曼对伯克曼目前的处境的理解。

戈德曼全情投入"当前的事情"之中，已不再是他的"小小女水手"。她现在是一个将近38岁的女人，一个经历了"巨大变化"的女人，一个不愿意照着他的模式生活或者听他吩咐的女人。从监狱释放出来之后，伯克曼几乎立刻就意识到了这些差距。在接下来的几个月时间里，他的心被嫉妒所吞噬。他并没有跟上全新的艾玛·戈德曼的步伐，反而对她越来越"厌恶和苛刻，并时常谴责她以及她的观点和朋友"。

对于伯克曼的好战性，戈德曼偶尔回应，希望伯克曼从她的生活中完全消失。有时，她也尝试用母亲般的温柔和爱人的关爱来回应他古怪的行为。对于她的回应，他总是以"革命的不一致性"为由提出新的要求或者重新摆出一副"知识分子的傲慢形象"。在忍无可忍之际,戈德曼提出了一个最终带来灾难的解决方法:如果让伯克曼来接管杂志的编辑工作,或许他会找回自我。她的老朋友无政府主义者伊波利特·哈弗尔和马克斯·巴金斯基,甚至连伏尔泰琳·克蕾也可以亲自辅助他。更重要的是,戈德曼不会待在杂志社帮忙或威吓他,或者被这位新编辑和以前的爱人所威吓。毕竟,漫长的巡回演讲可以使《地球母亲》得到继续存活的经费。与此同时,戈德曼也给了伯克曼一次机会,让他自寻出路。戈德曼把伯克曼带进了《地球母亲》这个大家庭,而且也以一种新的方式让他与她的生活联系在一起,尽管她实际上在日常生活中与他分离。

在亚历山大·伯克曼的管理下,《地球母亲》并没有增加一丁点俏皮的幽默感。但是,该杂志的确有了一些新的读者,在 1915 年他结束这项职责之前,杂志每年都有多达 10 000 名读者。为了获得这种成功,伯克曼必须克服最初的消极情绪,以便指挥杂志社的工作,他还必须克服内心挥之不去的对美国工人阶级的怨恨。这两者之间是有关联的。他对无政府主义期刊的想法是,这本杂志要专门吸引工人的注意力。对于他来说,无政府主义是工人运动的左翼,而不是个人自由宣言。但是,他能接近美国工人吗?毕竟,当年是一名工人从伯克曼手中救走了亨利·克莱·弗里克。伯克曼在监狱里遇到的那些工人阶级人士要么不明白他为什么要去刺杀弗里克,要么就公开谴责他对钢铁巨头生命的攻击。

从监狱里释放出来的那一刻,伯克曼已经把反对工人阶级的情绪抛在脑后。另外,他也放弃了过去对革命暗杀的激情。他认为并不是这些工人反对这个策略是错误的,而是这个策略本身就是错误的。他最好领导大众运动,而不是自己单打独斗。由于他的心中发生了这么重要的变化,对于他本人以及他的使命来说,《地球母亲》就变成了一个非常重要的工具,他希望能让工人们接受他提倡的革命性无政府主义,现在该观点的基础是让工人们把自己的经济生活看作是一个组织成立的前奏,而不是阐述立即的革命暴力的根本原因。

在这一点上,伯克曼和戈德曼的意见仍然不一致,因为至少戈德曼的一只眼睛仍然密切关注着正在崛起的中产阶级。那就意味着她的注意力集中在非经济事件上,以及对个人解放的赞美,特别是性解放和艺术上的解放。奇怪的是,这也意味着把个人浪漫化,包括那些有暴力倾向的个人,比如说可怜的"孩子"乔尔戈什。

同样让人感到奇怪的是,戈德曼仍然希望她和伯克曼能再一次相爱。当为《地球母亲》做宣传的演讲结束时,她给伯克曼写了一封,向他表达了自己的渴望,希望"找回我亲爱的爱人,因为他就是我的生命、快乐和幸福之所在"。除了"依偎在你身旁,享受你强壮而又热情的拥抱之外",她什么都不想要。或许是因为分开的时间太长,两颗心靠得更近了。但是,在这种情况下,他们之间的分离并没有使他们之间有"更热情的拥抱"。他们现在只是同志关系,而且有时候这种关系使他们感到并不自在。首先,伯克曼的嫉妒之心并没有很快消失。其次,他的心正在朝不同的方向靠近。

对于戈德曼来说,一小箱她给伯克曼书写的单相思情书应该是一种暗示。但一位名叫贝基·艾多尔索姆的 15 岁纽约无政府主义女孩在亚历山大·伯克曼的生活中出现对戈德曼来说就不仅仅是一种暗示了。在戈德曼的生命中,她第一次体会到自己是一个遭到遗弃的老女人。

在戈德曼的记忆中,她认为伯克曼的一切行为都是合理的,尽管同时她也在贬低他以抬高自己。"萨舍比我小两岁……但是他已经有14年没有出现在她的生活中,他对于女人的看法仍然像21岁时那样年轻和天真。面对一个已经38岁的女人,而且这个女人的生活却比大她两倍的女人更热烈而多变,他当然会觉得贝基更具吸引力,这是很自然的事情。"

尽管伯克曼拒绝了戈德曼,让她感到很伤心,但是她还是慢慢地接受了贝基,让她加入《地球母亲》杂志社,而且逐步进入了伯克曼母亲的角色。在知道了伯克曼和贝基之间的罗曼史后不久,戈德曼离开了纽约,前往阿姆斯特丹参加一个无政府主义者会议。十多年以来,来自世界各地的无政府主义者以及假装相信无政府主义的人第一次聚在一起,讨论无政府主义理论的意义并构想它的未来。在众多重要的话题中,无政府主义者与工团主义者联盟之间的关系很关键,这种关系建立的基础是:如果工人阶级愿意举行纪律严明的大罢工活动,甚至选择性地采取一些破坏性行动,那么他们就可以控制政府和工业。

戈德曼与那些无政府主义者代表一样,害怕加入到这支革命性的工会主义队伍后丢掉了无政府主义者的身份。另外,她担心如果他们中间的工团主义者占据了优势,那么无政府主义就仅仅成了工人阶级的运动。戈德曼仍然不明确个人和集体哪个更重要,她认为"个人自治"是无政府主义的实质,而且还坚持认为自发性的群众暴乱是有可能的(与有组织的大罢工截然相反)。对于她来说,组织并"不能促进个人自由",相反,它使"个性腐烂"。如果戈德曼有这件事情上仍然保持矛盾的看法,那么这么想的肯定不止她一个,因为这场会议结束后,无政府主义者和工团主义者之间并没有一个明确的胜利者。

回到美国后,戈德曼的个人生活也充满了矛盾。作为一个已经快 40 岁的女人,戈德曼一直都自称是一个独立的女人。尽管人们认为她是一个强大而又足智多谋的公众人物,但是她的内心仍然充满怀疑。虽然她的生活过得很充实,但是生活中仍然有一种她不愿意面对的"空虚",而且无法逃离。当戈德曼和别人讨论"女人解放的悲剧"时,她是否指的是自己呢?她相信"事业"第一吗?或者她是否真的认为女人最"重要的权利"就是"爱与被爱的权利"呢?

有时,戈德曼试图扮演好母亲的角色,以此来填补自己的"空虚"。不管是培育《地球母亲》杂志这个"孩子"还是试图像母亲一样照顾她以前的爱人,她都会全身心地投入,来行使那项"最重要"的权利。在让《地球母亲》和亚历山大·伯克曼自由生活之后,她不得不思考究竟什么或者谁能填补那种"空虚",接下来她要爱什么或者爱谁呢?她是否能够以一种不会令被爱的对象窒息的方式来表达这种爱呢?

第一个问题在不久后就有了答案。1908年春天,戈德曼正在进行一次巡回演讲。芝加哥当然在她的日程之中,因为她一直把这个城市看作在美国的第二故乡。芝加哥靠近纽约,是美国无政府主义者的主要活动中心。所以,在这个地方,艾玛·戈德曼会遇到一个令她爱恨交加的男人,这样是非常合适的。

这两个不太可能走在一起的人居然见面了,这次见面主要是因为戈德曼希望在这个城市找到一个合适的演讲厅,但是却遇到了困难。"当地警察惯用的恐吓房东的伎俩"让戈德曼几乎不可能租到一间大厅。当她快要完全放弃在这个城市作演讲的希望时,她得知一个专门为穷人和失业者看病的年轻医生愿意把自己的"店面"借给她作临时演讲厅。有时,这名医生把这里作为兄弟会福利会之家,为这个城市中的穷人提供社会服务和政治组织。戈德曼了解一些关于这个医生及他工作上的事情,因为当地媒体报道了他组织芝加哥失业人员举行示威游行活动的事。既然他把自己的地方让出来给戈德曼作演讲,戈德曼就更加好奇,并渴望与他见面。

这个医生戴着一顶巨大的黑色牛仔帽,系着一条如丝般光滑的领带,拿着一根巨型手杖。当他这样出现在戈德曼的宾馆房间时,戈德曼对他更好奇了。戈德曼对他的其余描述是这样的:"我的客人身材高大,头的形状很好看,有着一头浓密的卷发,不过看起来已明显有好几天没洗过了。他有一双棕色的梦幻的大眼睛。他的双唇饱满而又充满激情,微笑时露出一排整齐洁白的牙齿。他看起来简直帅呆了。他的手细长而白皙,散发着一种特别的魅力……我的眼睛简直无法从他的双手上挪开,仿佛从这双手中散发着一种奇怪的魅力,亲切而又激动人心。"

他和她在一起待了好几个小时,讨论关于使用这间店面的细节问题,还讨论了在"工人大厅"开一场音乐会的可能性,在这里,她的演讲不会受到任何特别的公众关注(警察的干预)。当医生离开之时,戈德曼仍然"对这个男人的双手充满迷恋,感到惶恐不安"。那天晚上,她失眠了。她一次又一次地问自己,为什么她这么相信他,把在"工人大厅"举办音乐会的计划也告诉了他呢?她"一直都不会这么信任陌生人"。但是,这个陌生人对她的吸引力如此强大。另外,她也明确感到他也"提起了兴趣";他的每一个眼神都传递着这种信息。因此,戈德曼开始了与这位名叫本·赖特曼的29岁医生之间的热恋,他也是芝加哥众所周知的"流浪医生"。对于戈德曼来说,他只是"本"或者"医生"。那么在这段最温馨的时光里,赖特曼医生对艾玛·戈德曼的称呼是什么呢?是"妈咪"。

第七章

争 执

艾玛·戈德曼在美国生活的最后十年是她名声最臭的几年,不管是在整个国家范围内,还是在激进主义圈子或无政府主义圈子里,她都声名狼藉。她对名声的追求以及她与其他激进分子的分歧远远不足以概括她这几年的生活,这些年也是她与本·赖特曼一起生活的时光,这段时间的生活让她"激情四射"。这是怎样的一种生活啊!现在的她是艾玛·戈德曼,是一个激进主义名人。即使她希望淡出公众视线,但现在的她也无法逃离大众的眼球。不管这是好是坏,她是一个公众人物,而且有时候这可能是件坏事。由于名声很臭,戈德曼更不可能在公共世界和私人世界之间做出选择,更不可能在这两者间游刃有余。

讽刺的是,戈德曼的地位的提升的确让她做出的选择更加有意义。在巡回演讲和被驱逐出境后的很多时间里,戈德曼愿意突破无政府主义者的界限,去支持她想支持的事业和个人。她一直都倡导无政府主义,而且她还为那些她认为在经济上并不富裕的工人阶级和在心理上感到窒息的中产阶级发声。而这位无政府主义者接近非无政府主义美国的核心方式是包容而非排斥。但是,包容并不意味着她会让无政府主义沦落到某些人的大房子中的小角落里。因此,戈德曼与其他激进分子总是争执不休,因为她不愿意让自己的无政府主义观点屈服于其他更直接的改革。相反,其他激进分子与她保持着一定的距离,正是因为她既不会否定自己眼下的无政府主义计划,也不会放弃她根本的无政府主义观点。

就在戈德曼接受"无政府主义女领袖"的公众身份之时,她发现自己陷入了一生中最让人兴奋的爱情之中。戈德曼把"爱与被爱的权利"放在她个人的《权利法案》的第一条,她认为自己终于找到了一个能够立刻"爱上作为女人的我"并"分担我的工作"的男人。从来没有一个男人能同时扮演好这两种角色。埃德·布雷迪爱她,但是他从来不理解她对那份事业的热爱。亚历山大·伯克曼也爱她,但是比起对她本人的爱来说,他更爱她的无政府主义者的身份和事业。对于伯克曼来说,一起分享彼此的生活并没有共同承担革命工作重要。

从本·赖特曼身上,艾玛·戈德曼认为她终于遇到了一个能像她一样对无政府主义狂热而又全心爱她的男人。赖特曼出生于 1879 年,父母都是犹太移民,在芝加哥长大,从小生活在黑人和爱尔兰人中间。由于长期跟流浪者生活在一起,年幼的本一直有种想法要成为他们中的一员。事实上,在十几岁之前,他一直按照自己的这个想法行动。在火车站听到了一个流浪汉的故事之后,赖特曼决定离家出走,做一个流浪汉。那个时候,年轻的本顶多 11 岁。他的这段冒险并没有持续多长时间,但是对冒险的渴望并没有从他心中消失。17 岁时,赖特曼加入了军队,但是在短短几个月内就放弃了。18 岁时,他在美国各地流浪。当他再一次返回芝加哥时,他并没有想过要长期待在这里。但是,他确实有一个新目标:他要当一名医生,为下层贫民治病。25 岁时,他变成了本·赖特曼医生。至少他是这么称呼自己的,因为他会把药物带给没有得到治疗的人。

人们对赖特曼的行医资质的合法性一直都持怀疑的态度,而且也质疑他的流浪癖好。不管他是本·赖特曼还是本·赖特曼医生,他的一些老习惯还是很难改掉。甚至在已经成立了自己的小诊所之后,赖特曼还是不能抑制流浪的诱惑。他是一个"流浪医生",并不仅仅是因为他帮助无家可归的人,还因为他会时不时地离开芝加哥,踏上更宽广的道路。

不管他流浪多远或多久,对于这个希望"消除世界贫穷"的男人来说,芝加哥一直都是他的故乡。赖特曼给自己定下了一个如此远大的目标,但从不会渴望被局限在特定的具体目标上。在这件事情上,戈德曼也是如此。如果赖特曼在医学事业和社会激进主义生活中很难做出选择,那么戈德曼也是这样。除了显而易见的外表上的吸引力之外,在两个世界之间所表现出来的漂浮不定的感觉是赖特曼吸引戈德曼的重要原因,戈德曼对赖特曼的吸引力也在于此。赖特曼既是一个"天真的孩子",也是一个训练有素的医生。对于他来说,戈德曼既是母亲,也是爱人。这个男人沿途为有需要的人治病,梦想拯救世界。那又有什么错呢?

毕竟,难道艾玛·戈德曼没有这样的梦想吗?"E. S. 史密斯"护士不是也过着类似的生活吗?

本·赖特曼比艾玛·戈德曼小 10 岁,他认为她是一个富有力量和热情的女人,可以让他混乱的生活恢复一些秩序。他从来不会长时间地停留在一个地方或专注于一件事,也不会与一个女人长时间地生活在一起。赖特曼在 23 岁之前结过婚,而且还成了一名父亲,但是后来却离婚了。对于他来说,似乎为了拯救世界这个梦想,所有在这个梦想中的女人都可以因他的陪伴而得到快乐,不管这种快乐是多么短暂。在一篇未经发表的自传中,对于自己玩弄女性的行为,他的解释是他是一个"家庭的逃兵"。赖特曼几乎得不到任何人的信任了。在他的生活中,他已经对很多女人不忠诚,然而现在却出现了一个渴望爱他并像母亲一样照顾他的女人,而且她不希望有潜在的竞争者这两种角色中的任何一种。

对于这个女人来说,她遇到了两个问题:赖特曼本人从来不会满足于只有一个爱人;而且他有一个亲生母亲,他们之间的关系是不可割裂和逃避的。甚至在赖特曼要求加入戈德曼的 1908 年巡回演讲的芝加哥之后的行程之前,戈德曼就感觉到自己正在自找麻烦。她以前也迷恋过某个男人,但是没有哪个男人的抚摸像赖特曼的抚摸那么让她"激动"。但是在这个男人身上仍透露着某种她并不完全相信的东西。关于她在"工人大厅"做演讲的事情,或许是赖特曼的诡计,为此她感到很烦恼。为什么在需要谨慎的时候她却表现得如此冲动?

在遇到赖特曼之前,戈德曼向一个无政府主义同伴吐露,称她为了自己有时"太过"女人。她写道:"那就是我的悲剧。"她希望自己成为一个真正的女人,而且也能成为一名革命者,但是她担心自己"太过"女人的话就不能成为一名真正的革命者,如果作为一名"太无情"的革命者,那么又不能得到持久的个人幸福。

在戈德曼为自己的"悲剧"下了定义的同一年,赖特曼这样描述自己:"出生在美国,父母是犹太人,信仰浸礼宗,幸运的是现在还是单身,以医生和教师为职业,选择四海为家,思想倾向是社会主义,天生是个流氓,偶然的机会得以成名,有二十年在外流浪的经历,而且是一个依靠灵感的流浪改革家。"在那段冗长的自我评价中,不管从选择、本性还是思想倾向来看,并没有任何一处提到他曾经是一个无政府主义者。戈德曼很快就会发现他确实是个流氓。

"工人大厅"的演讲准备得很顺利。关于戈德曼在这里秘密露面的消息已在这个城市的激进分子中间传开了。演讲当天晚上,她顺利地进入大厅,没有被警察发现。大厅里聚集了大量友好的人群,他们表面上是来听音乐会的。在预先安排好的时刻,赖特曼向大家宣布一位老朋友现在要和大家见面。这就是戈德曼登上演讲台的前奏。在大家对她的喝彩声平息之前,警察控制了演讲台并试图把她从台上带下去。霎时之间,大家都感到莫名其妙。一位性急的警官扯破了戈德曼的裙子。此时,戈德曼镇定自若,她向台下的追随者大声呼叫:"这里的警察要在这里制造另一起干草市场暴乱。别让他们得逞。大家安静地走出去吧,你们会对我们的事业有更大的帮助。"这位由于引发暴乱事件蹲过一年监狱的女人再一次试图平息一场暴乱。不仅如此,她还取得了成功。在她的请求下,观众"井然有序"地自发离开了大厅。

戈德曼被警察队长牢牢抓住,在走出大厅的路上,她回头看了一眼赖特曼,只看见他被吞噬在黑暗的夜里。当他从她身边经过时,他"没有看她一眼,也没有说话",她只希望他是在试着愚弄他的俘虏。假如她没有被拘留,他当然会与她重聚,并且在早已计划好的演讲之后的聚会上甘心做她的随从。

政府没有控告她,聚会如期进行,但本·赖特曼并没有参加。随着时间的流逝,他的缺席越来越明显。戈德曼度过了一个"郁闷的晚上",不停地维护"这位医生"("他一定是被警察抓走了……"),固守着对他逐渐减少的信任,但是仍然害怕承认他其实就是这次事件泄露的罪魁祸首。

直到第二天她才发现赖特曼"医生"根本就没有被警察逮捕。那天一大早,赖特曼就去拜访戈德曼。当她要求他为自己头一天晚上的缺席做出解释时,他什么话也没说。据戈德曼自己所说,她"用锐利的眼神看着他,试图看透他的灵魂",他仍然什么也没说。尽管他沉默不语,但是她的怀疑很快就消失了,"就像冰在第一束阳光的照射下快速融化一样"。她认为"有着这样一张真诚面孔"的人是不会"故意撒谎"的。

几天之后,他们两人在一家当地餐馆吃饭,戈德曼注意到坐在他们附近的一位警察队长是在麦金利总统被刺杀后逮捕并欺负她的人。令她吃惊的是,这个警察队长竟然向赖特曼示意让他过去同桌。让她震惊的是,"这位医生"同意了。戈德曼瞬间感到"气愤、失望和恐惧,而在这时,她听见警察队长友好的向赖特曼问好:'你好,本。'"。她对赖特曼是否是"工人大厅"事件的告密者的怀疑再次浮现:"这怎么可能呢?"

戈德曼需要时间单独整理一下自己的想法,于是她决定继续一个人巡回演讲。在温尼伯、明尼阿波里斯市和其他地方停留之后,她最终决定要关注一下自己的内心,而不是自己"叛逆的大脑"。她认为(或感觉),即使赖特曼是告密者,为什么她不能"把他带进自己的社会理念的世界呢"?于是她向芝加哥发了一个电报,该电报只有一个单词"过来"。

当赖特曼在明尼阿波里斯市追上戈德曼时,他已经准备好如何向她解释:由于他穿梭在芝加哥的流浪汉和妓女之间,所以他认识一些警察。戈德曼对他的怀疑和抵触情绪再一次慢慢消退。"我必须在各方面都相信他。"在接下来的七年时间里,尽管有很多证据证明这是一个错误的信念,但她仍然极力去坚守这个信念。她"非常渴望"找到一个爱人兼合作伙伴,这个愿望已经实现了,至少暂时是这样。由于对"生活和爱的渴望",并渴望"得到一个来自与我完全不同的世界的男人的拥抱",戈德曼的滚滚热情被激起:"我从来没有想过会有一个男人能唤醒我的内心。"至少她暂时在那里找到了自我,而且有时候那种时刻就是她的一切。

不管是为了证明自己对戈德曼的忠诚还是为了继续过流浪的生活,赖特曼开始正式成为戈德曼的助手、经理、宣传员以及家务总管。白天,他们是革命者和宣传家;晚上,他们是爱人(和战斗者)。1908年到1915年期间,戈德曼和赖特曼每年都有半年的时间在路上。那段时间,戈德曼尽力培养自己不断膨胀的公众形象,维护自己曾经缩小的私人领域。对于她来说,快乐就是在一大群欣赏她的观众面前演讲,以及随后由她主持社会聚会加上和赖特曼在一起的一个浪漫的夜晚。有时候,戈德曼确实讨厌成为"公共财产",但是当她作为一个知名激进分子,有了属于自己的生活和秘密时,她感觉是最快乐的。如果她要随心所欲,没有人会知道这个跟随她左右、任由她吩咐而且看起来很邋遢的人竟然是她的爱人。暂时确实没人知道。

很长一段时间里,戈德曼的演讲技巧加上赖特曼的宣传能力让他们的巡回演讲接连成功。听众的数量难以估计,但是在那些她曾在演讲大厅作过演讲的城市中,却有确凿的证据证明她的成功。她其实更喜欢在户外集会上作演讲。比如说,1909年在旧金山的两个星期里,戈德曼一晚上就会吸引大约2 000名听众。甚至在遥远的温尼伯,在一次演讲中也吸引了多达1 500个人。尽管在戈德曼的演讲中,她支持计划生育和反对战争的观点吸引的观众最多,但是她的演讲继续涉及更广泛的话题,包括"间性""女人对男人的残暴行为"以及"爱国主义"。

在旧金山,戈德曼做了最后一次演讲。在她的听众中,有一名穿着制服的年轻士兵,他的名字叫威廉·布瓦达,从表面上看,他来这里是为了展现自己的速记技巧。不管他是出于什么动机,当军队知道他参加了戈德曼的演讲时,他被送上了军事法庭进行审判并被定罪,最后被判了5年刑。当西奥多·罗斯福总统知道了军队的行为,他下令立即释放布瓦达。罗斯福并不喜欢无政府主义者,他也许并不知道戈德曼认为爱国主义只不过是为训练"全日制谋杀者"进行辩护。无论如何,罗斯福都不能忍受军事法庭对这名士兵的审判,不管他是不是穿着制服,他只是行使了自己的宪法权利。罗斯福总统并不讨厌军队,他或许担心的是军队的行为会让那些曾经并不是无政府主义者的人变成无政府主义者。在威廉·布瓦达的事件中,他并没有转变成无政府主义者。但是,在被不光彩地释放(及随后的完全赦免)之后,威廉·布瓦达拒绝了军队曾经授予他的徽章,那枚徽章是为了表彰他在西班牙和美国之战之后在菲律宾服役期间的表现。

戈德曼的确有能力去改变人们的生活,这种力量来自一种声音。赖特曼把这种声音比喻成"天使加百利"的声音。在这些年间,那个声音达到了其力量的巅峰。据她的朋友和伙伴回忆,当戈德曼站上演讲台时,她呈现出一种"热烈的品质",她"在我们面前提出自由的理念",她"让那些心灰意冷的人走出绝望"。

戈德曼把自己的每一个观众都假设为一个公开的无政府主义者或潜在的无政府主义者。她觉得自己的任务就是帮助他们找到属于自己的道路。为了达到这个目的,她把自己对高品质生活的理解分享给大家,并猛烈抨击她身边的这个世界。在整个演讲过程中,她浑身上下散发着迷人的风度,演讲词中时常会有一些反问句,而且与那些咄咄逼人的质问者展开激烈的辩论。有时,戈德曼的语速很快,让人根本无法听清。她往往也讲得非常快难以用笔记寻下来。事实上,她已经向她的观众中任何一名侦探或记者表达了这样一个事实:如果他们能够记录下她说的每一句话,那么她就会给他们一个吻。

地方当局和联邦政府都不会被迷惑,他们不会相信艾玛·戈德曼仅仅是一个娱乐大众的人。对于他们来说,她仍然是一个危险的无政府主义者,而且她的自由之爱只不过是一个下了赌注的吻。为了把戈德曼赶出美国,塔夫脱政府于1909年取消了她的公民身份。三年前,国会已通过了一项法案,规定可以收回并取消任何非法获取的公民身份。突然之间,雅各布·柯斯纳曾经谎报年龄的谣言再次引起了有关人士的重视。由于这条新法律的生效,政府机构开始追捕柯斯纳的家属,从而确定他在1884年申请美国公民身份时是不是满足了五年居住要求。但是,政府掌握的材料却具有很大的影响力,即如果剥夺了柯斯纳的美国公民身份,那么戈德曼也会面临着同样的处境。因此,政府机构在从来没有联系柯斯纳或这个与他离婚了两次的女人的情况下便宣布雅克布·柯斯纳和艾玛·戈德曼不再是美国公民。这种情况并不意味着戈德曼要立刻离开美国,但是她明白如果她选择到国外巡回演讲,那么想要再次回到美国就会受到阻挠,因此就自己目前所处的状态来看,她把自己形容成"美国囚犯"。

很快,政府采取的行动就生效了。戈德曼和赖特曼取消了去澳大利亚进行巡回演讲的计划。这次旅行最初是定在1909年1月,由于经费问题以及戈德曼父亲的去世,这次旅行已经被暂缓过两次。一直到这一年的春天,这次旅行不得不被再次叫停。戈德曼不愿意继续这次巡回演讲是因为她担心自己再也不会踏上这个国家的领土。

在某些方面,戈德曼很难做出抉择。她和赖特曼都希望能改变日程和目的地。赖特曼很清楚地意识到戈德曼的很多盟友并不信任他。(伯克曼就是其中之一,他指责赖特曼没有"叛逆精神",是一个伪君子。)对于戈德曼来说,她希望这样的旅行能治愈爱人的放荡不经。1908年的初秋,赖特曼向戈德曼承认他不但从《地球母亲》专用基金中偷取钱财,而且还与其他很多女人藕断丝连。戈德曼无比震惊。赖特曼"幼稚而不负责任的恶作剧"结束之后,现在她不得不面对这种带给她"如此致命的伤痛"的背信弃义。

戈德曼越是尝试否认赖特曼混乱的私生活,她就越是感到痛苦。在赖特曼把自己的事情告诉戈德曼之前,戈德曼觉得自己早已嫁给他,甚至称自己是"不快乐的妻子"。无政府主义者是一夫一妻论者吗?这两者或许并不能结合在一起,但是这却是戈德曼那时候的真实写照。戈德曼感觉一夫一妻制是多么美好,自己是多么适合做一名妻子,于是她开始质疑自己对无政府主义的承诺,而且还对自己作为一个独立的女人的声誉产生了质疑。但赖特曼却作了令人伤心的坦白。

理智地讲,戈德曼相信多种性行为;从政治角度来讲,她支持自由恋爱。但是,从感情上来看,她如此深爱着赖特曼,除了他之外她不想和任何人在一起。她承认"我希望自己仍然是一个与众不同的无政府主义者",但是那些日子已成"过去"。当谈到"自由恋爱"这个话题时,她不得不承认自己对这个概念的理解与赖特曼的理解并不相同。对于她来说,自由恋爱就是不受合法婚姻约束的爱情。对于赖特曼来讲,"自由恋爱"意味着随心所欲地做爱。戈德曼内心的渴望至少在理论上克服了她用一张结婚证来证明她是本·赖特曼夫人的需要。而赖特曼内心的渴望,特别是在实践中,仅仅是为了满足自己的性欲。与此同时,戈德曼始终如一并坦率地承认她不能从政治或道德角度去攻击赖特曼。她也意识到自己并不能改变他:"只要还活着,你就会有困扰。"

然而,这些困扰让戈德曼感到越来越"累",赖特曼"对女人不负责任和寡廉鲜耻的态度"让她感到很受伤。当赖特曼与一个情人在他们的"秘密"公寓里幽会时,她也会感到气愤和震惊,更不用说当自己对真爱的信仰被自己的爱人破坏之时会是多么震惊和受伤。

当沦落到祈求赖特曼"把我的信仰还给我"的地步时,戈德曼认为自己别无选择,只好利用他的罪恶感。但问题是当涉及爱情生活时,赖特曼没有丝毫的罪恶感。尽管戈德曼并不认为自己没有他"性经验丰富",但是出于对他的爱,她对他是忠诚的。而赖特曼并没有被她的忠诚所感动,他反而变得更加困惑。

为了让赖特曼走出困惑,戈德曼这位受害者变成了他的老师。她认为社会习俗并不是问题的关键。事实上,她已向赖特曼坦白自己并不能忍受正常的婚姻关系。正如她认为每个已婚人士的生活都很无聊一样,在她的生活中,有"苦恼"也是很自然的事情。因此,她声称自己"并不期望他变得循规蹈矩",继续就自己对自由恋爱的理解给赖特曼上课。她说:"你所谓的爱全与性有关,当性欲满足之后,并没有留下什么不同的东西……我所谓的爱情也与性有关,但是这种爱也是一种奉献、关心、焦虑、耐心和友情,它包括很多东西……你的爱总是最原始的,而我的爱却是高度文明化的……这就是我们之间的分歧。"正如戈德曼详述的一样,这些差别并不一定是男人和女人之间的差别,但却是戈德曼和赖特曼之间的不同之处。

戈德曼对这些差别的理解是基于爱情的基础之上的,并不是以婚姻为基础的,因为婚姻会"阻碍爱情"。只有爱情才能在两个人之间产生"真正的平等"。但是,在戈德曼和赖特曼之间,爱情并没有让两个人得到平等和稳定。他们之间的爱情只会让戈德曼在感情上被赖特曼伤得鼻青脸肿,但是随后戈德曼又会极力往好处想:"大多数人都可以与行尸走肉共同生活,为什么我不能呢?"

对于赖特曼来说,戈德曼这名受害者总是准备好接受更多的惩罚。不管是不是和他生活在一起,对她来说都是一个"可怕的噩梦"。或许距离会让这种关系得到缓解。或许戈德曼会开始澳大利亚之旅,或许她会独自一人踏上旅途。到她明白自己"或许再也不会遇到像赖特曼这样一个爱人"之前,她还能简单地认可这个想法。至少,在1909年冬天,这位"孤独而忧伤的妈妈"在写给"心肝宝贝"的信中是这样写的。由于太过寂寞,戈德曼邀请赖特曼到纽约来找她。出于对她的自由之爱,赖特曼照戈德曼的要求做了。

最让本·赖特曼困扰的是,他的确是爱着艾玛·戈德曼的。但他讨厌纽约,讨厌那些把这里叫作家乡的人,特别是那些纽约激进分子。在他们中间,他永远把自己当成一个局外人,特别是在戈德曼的无政府主义移民圈子里。另外,赖特曼喜欢的城市是芝加哥,他在那里有一个家,有一个团队以及一批追随者。那里有他的母亲,能够像戈德曼一样为他担心、流泪、哀叹的母亲。尽管如此,赖特曼还是离开芝加哥,表面上满怀歉疚地踏上了前往纽约的旅途,因为他的这位"孤独而忧伤的妈妈"希望他能陪在她身边。

如果戈德曼决定与赖特曼冰释前嫌,她就会下定决心使自己的公开发言与私生活保持一致。不管是在演讲台上还是在自己的卧室里,她都希望自己能够自由地挑战因循守旧的美国的非难。因此,在演讲和文章中,她更加直接地把两性之间的战争拿到台面上来。在一次题为"白人奴隶交易"的演讲中,戈德曼指责男人把女人"只当作满足性爱"的工具。早在几年之前,她还攻击那些女权主义者,指责她们不愿意因为爱的可能性而开放自己。现在的她已经脆弱不堪,于是就愈发指责男人利用女人的行为,不管是把她们当成妓女、爱人或者妻子。她认为,这三个角色事实上是没有区别的,因为每一种角色都会沦为男人的欲望之下的牺牲品。

与赖特曼在一起的生活让戈德曼公然质疑并私底下怀疑一个女人是否可以与一个男人保持一种积极的关系。但是,她并没有质疑自己的性生活。不管别人怎样评论戈德曼,她自己是一个公开的异性恋,一个积极的异性恋,或许甚至是一个无助的异性恋。在她的生活中,很多时候她本可以唾弃男人,不管是个别的还是集体的,而且她也本可以去拥抱女人,不管是表面上的还是象征性的。事实上,在与赖特曼交往的过程中有那么一段小插曲。戈德曼曾经有机会给别人一个真正的拥抱或发生性关系。在那次题为"白人奴隶交易"的演讲之后,一个名叫阿尔梅达·斯佩里的女人来找她。她是一个从良的妓女,她想告诉戈德曼她非常赞同她对男人的这种新看法。后来,斯佩里写道:"几乎所有的男人都试图用金钱去买爱情。如果他们不能通过婚姻来得到爱,那么他们就会想别的办法。这就是我为什么这么鄙视男人的原因……我见过太多这样的事情,我并不是一个傻瓜。"

不管是不是因为对男人的鄙视,斯佩里已经不做妓女了,而是成了一个女同性恋。在某些时刻,斯佩里至少不止一次地向戈德曼提议,让她做她的爱人。戈德曼是否与她有任何身体上的接触还真让人怀疑。这两个女人确实都不相信男人,但是她们的性取向并不相同。但是,戈德曼却非常自豪地向大众发表关于"让人们得到性自由"的演讲。事实上,这些年来,有许多女同性恋者接近她,向她讲述"被社会排斥的可怜的故事",这些事情让她意识到生活"变得越来越可怕"。最后,戈德曼与这些女同性恋者之间的经历以及对她们的生活的理解使她更坚定了自己的异性恋取向,也更坚定了她对无政府主义的承诺。对于任何苦恼的男人或女人来说,戈德曼的"事业"总是全能的解决办法。关于性,无政府主义"会对我们产生很大的影响并将我们从压抑的环境中解放出来"。但是,戈德曼被斯佩里指责对于性方面的事情"太过无知",不管是作为性伴侣还是为所有提倡"性多样性"的人作一个行为榜样,她都不愿意加入斯佩里的行列。

斯佩里对出现在戈德曼生活中的人的绝对数量也很失望,而且她对无政府主义百分百的专一态度也让斯佩里感到没劲。她承认"有时我对你的恨比我对你的爱更多。我讨厌你对什么都感兴趣……但你总是把你的事业放在第一位"。除了生气之外,斯佩里与戈德曼之间的友谊确实加强了她们对自由恋爱的共同认可。但是,戈德曼永远都无法克服自己的这样一种信念,即两个女人之间的亲密性行为代表着不幸地放弃与男人之间的亲密关系。尽管她对赖特曼很愤怒,但她绝对不会让他永远地离开她。对于斯佩里,戈德曼很谦恭。对于赖特曼,她则激情澎湃。赖特曼在戈德曼心中的位置一直接近她"广泛"兴趣的顶端,挡住了阿尔梅达·斯佩里的道路。

赖特曼,这个"全世界最残忍的家伙",同样也挡住了戈德曼追求幸福的道路。这个对自己的力量和优越感有着如此敏锐的直觉的女人在他面前只不过是一片"颤抖的叶子"。她如此相信自己生来就有更加自由去爱的能力,而且比其他人更容易克服嫉妒之心,但却发现自己竟然也上演了一场"凡夫俗子般粗俗的闹剧"。但是,比起没有赖特曼时的空虚无聊的生活,她更喜欢赖特曼在她身边却令她心痛不已的生活。"如果要我放弃一切,放弃所有人才能和本在一起的话,那么我会这样做……他是我生命中最不可缺少的元素。"

1910至1911年的那个冬天,戈德曼感觉自己可能怀孕了。起初,她感到既可怕又苦恼。但是,有时候,她发现自己仍然渴望与生命中唯一的男人建立一个家庭,而这个男人会是她孩子的父亲。最终,这一切都是空欢喜一场。她并没有怀孕,而且他们也没有属于自己的家。这样对戈德曼是有好处的,因为她知道这种情况对赖特曼是有益的。她对赖特曼说,毕竟你总是在"山洞中才会更快乐"。

戈德曼再一次退回到单身状态,她开始重新从演讲圈中找寻快乐。1911年初春,她走遍了18个州的50个城市,作了至少150次演讲。但是,当她回到纽约时,她感觉更加沮丧,没有一丝兴奋之情,因为赖特曼已经离开了纽约。他已经回芝加哥了,回到其他女人身边去了。戈德曼写道:"女人对于你来说,就好比威士忌对于醉汉一样。"

一切都进行得不顺利。无政府主义衰退到如此地步,戈德曼正考虑"扼杀"《地球母亲》。没有人能达到她的标准,工人不行,中产阶级不行,当然赖特曼也不行。"对我来说,你就像无政府主义一样重要。我越是为之奋斗,它就与我更加疏远。"但是,她的确在努力探索"性爱带给人们快乐并让人着迷的秘密",试图摆脱"可怕的怀疑感",相信"梦想是唯一值得坚持的东西,而且为自由'奋斗'的过程比最终得到自由更加重要"。

1912年,这种斗争转移到新战场。这一年,她开始筹划另外一场巡回演讲,这次演讲的主题很快就集中在发生在马萨诸塞州的劳伦斯的事情上。这里有大约25 000名纺织工人,大多数都是女人和孩子,他们举行了罢工运动,抗议工厂削减工资和加快工作速度的管理要求。一条新法案规定女性工人和童工每周工作时间不得超过 54 小时。以前,像这种工时的减少没有导致相应的工资削减,但是这一次,工厂却要求减工资。结果,罢工活动就这样自然而然地发生了。

多年以来,工会并没有在劳伦斯的工厂里取得一点进步。1912 年,在大约 30 000 至 35 000 名工人之中,只有 10% 的工人参加工会。1905 年,当世界产业工人联盟(IWW)成立之时,本打算到劳伦斯来建立组织。但是,在这次罢工运动发生时,只有 300 名工人持有会员证,是联盟的会员。尽管如此,联盟还是迅速控制了罢工局面。接下来的两个星期内,大比尔·海伍德亲自到劳伦斯工厂作指挥。43 岁的海伍德以前是一个矿工,后来转变为激进劳工煽动者。他也是一个领导人。甚至连他的敌人也不得不承认他对各个行业的工人以及有着不同信念的激进分子都有很强的个人号召力,其中包括艾玛·戈德曼。

戈德曼既赞成罢工运动,也把它看成是工人和激进派知识分子相联合的萌芽阶段。对于那些左派人士来说,这样的联合一直是他们梦寐以求的事情。"要是工人和知识分子能够找到共同点就好了。"这是戈德曼和她的政治后裔常有的悲叹。但是,通常情况下,这种悲叹可以理解为"要是工人们能够按照激进派知识分子的想法和行动去思考和行动就好了"。

1912年,人们似乎可以有理由期望劳伦斯能有所不同,或许这个工业城市会变成工人与知识分子联合的地方。为了尽快促使这个联盟形成,年轻的反叛者们纷纷涌向劳伦斯,支持那些举着"我既要面包,也要玫瑰"标语的罢工工人。对于他们来说,生活支柱不仅仅是自己的饭碗的食物,还意味着要有机会参与文明而美好的生活。这就是行动上的"抒情左派"。他们的呼声与25年前戈德曼在利奥波德·加森面前的请求类似。她当时提出的要求就是现在这些人的要求。如果这些要求得以实现,那么工人与知识分子就会联合起来,共同过上不寻常的文明而美好的生活。

这些罢工工人的立场以及那些支持他们的人的行动鼓舞了戈德曼,她利用自己的演讲台为罢工运动筹钱,与海伍德的"直接行动"策略及向工厂所有者发起的不那么传统的挑战结合起来。年轻的作家、艺术家和知识分子齐聚到这座古老的纺织小镇组织活动,从"孩子们的革命"一直到救济厨房和游行示威。数以百计的劳伦斯孩子被暂时送到纽约寄养。他们的转移不仅缓解了问题,而且难民火车抵达中央火车站的景象也在全国得到了良好的宣传。另外,罢工委员会还引导不安的工人组成了一支有组织的非暴力队伍。宣传标语和游行代替了石头和拳头。由于这种策略以及工人们的团结一致,罢工运动取得了成功。3月12日,美国最大的雇主美国毛纺织公司同意把工人的工资涨幅由5%提高到25%,这对于低收入工人来说是工资涨幅最大的一次。

戈德曼赞同罢工运动及最后的解决方式,但她却从未踏上劳伦斯这片土地。在西部地区,她从各方面为工人们打气加油,她认为自己为罢工运动所做的贡献仍然源自演讲台。另外,看到劳伦斯的工人和知识分子结成了同盟,她感到很高兴。据她所知,不管那些知识分子是否意识到这一点,他们其实都是无产阶级。戈德曼尤其赞赏那些真正放下"架子"前往劳伦斯的知识分子。但是,戈德曼却并没有选择加入他们的行列。或许她不能放弃自己的演讲使命,又或者她并不想与某次罢工活动走得太近。作为一名独立的无政府主义者,她的地位再一次受到了威胁。

与此同时,一些无政府主义者担心他们的运动变得太中产阶级化,与文化事件太相关,而且使劳动者太过于孤立。1912年,伏尔泰琳·克蕾突然去世,她一直都对戈德曼表示不满,批判她培养了这么多"可敬的观众"。克蕾指责戈德曼并没有集中精力关注"穷人和被剥夺继承权的人",在一个个"奢华的"宾馆间流连,而且身边总是不乏崇拜者。

戈德曼承认花时间与这些"所谓的可敬的"人们在一起,因为无政府主义"先锋"更可能在他们之间产生,而不是在公寓房间或"工人大厅"里产生。另外,她的呼声直指个人,并不是某个阶级。戈德曼认为,毕竟无政府主义的目标就是战胜阶级斗争,而不是使这种状态长久存在。

奇怪的是,戈德曼对人们指责她把自我推销放在发展改革运动之前并不理会。她坚持认为无政府主义既模糊又遥远,并且拒绝为此观点向大众道歉。她并没有吸取多年前那个匿名的克利夫兰市工人给她的教训。她可以在世界产业工人联盟或妇女工会联盟会议上演讲,但是她绝不会让自己被任何工人组织的计划或规定束缚。

讽刺的是,由于戈德曼宣扬知识分子也是工人,反而更加大了她的无政府主义观点与工人期望过上好日子的需求之间的差距。事实上,她更喜欢知识分子的陪伴。在知识分子中间,戈德曼确信他们就是她的"先锋",而工人中间的"普通人"太多,所以她才决定远离在劳伦斯这样的地方发生的激烈战争。

尽管比起社会主义者所提倡的投票选举的方法,戈德曼更赞同世界产业工人联盟的"直接行动"策略,但她仍然是一名无政府主义者。她或许因为远离劳伦斯而感到遗憾,但是她的确是远离了那里。罢工的目标并不是不重要,但是这些目标难免太过于狭隘。因此,她从来不会把自己的精力和事业与罢工工人联系在一起。

1912年5月,戈德曼与赖特曼来到圣地亚哥,支持那里的抗议者在当地争取言论和组织自由权。在这里,当地的无政府主义者和世界产业工人联盟联合起来,共同抵制禁止户外演讲和集会的规定。当这两个局外人到达之时,这个城市正"陷入名副其实的内战",大约有84个男人和女人已被捕入狱。治安委员会成员袭击了世界产业工人联盟的总部,痛击了他们的猎物,还强迫他们亲吻国旗。5月7日,世界产业工人联盟会员约瑟夫·米柯尔赛克以身试法,在挑战言论禁令时,立刻被警察击毙。

而在这个城市里,戈德曼没法接近任何演讲台。事实上,在离她住的宾馆不远处她得到一个被治安委员会成员大举包围的讲台。在那个紧张的时刻,市长做了一次礼节性的拜访。他告诉戈德曼:"他们是玩真的。他们希望你离开宾馆……我们不能保证什么。如果你同意离开,我们会保护你,让你安全地离开这里。"

戈德曼并没有被市长的提议打动,她提出了一个建议:"你为什么不把他们解散呢?"但是,市长拒绝了。

戈德曼回应说:"好吧,那么让我来跟他们谈一谈吧。我可以在这个窗户前跟他们讲话。我以前也遇到过愤怒的人,但我总是会想办法让他们平静下来。"然而市长再次拒绝了她的请求。

现在,轮到戈德曼说"不"了。她突然插了一句话,说接受警察的保护向来都不是她的做事风格。说完此话,她迅速走出了房间去找赖特曼,但是却没有找到他。

直到午夜时分,戈德曼才得知了赖特曼的行踪。据宾馆警卫人员所说,这位医生已经踏上了前往旧金山的火车。两个小时之后,戈德曼踏上了下一趟北上的火车。当她到达旧金山火车站时,赖特曼并不在那里。为了确信他是否已被击毙,戈德曼去了他们经常入住的公寓。她在那里等待,陷入了沉思,甚至害怕得到最坏的结果。第二天下午,她接到了一个匿名电话,对方告诉她赖特曼还活着。事实上,他很快就会从圣地亚哥开往这里的火车上下车。另外,对方还补充说:"噢,对了,他的朋友最好带一副担架去火车站接他。"

对方的最后这个建议实在是太有用了。当戈德曼最终见到了赖特曼时,她被吓坏了。他的身上"都是一块块瘀青,到处都是焦油。'IWW'这几个字母已经烧进了他的肉里面"。到底发生了什么事?赖特曼沉默了好几个小时,最后终于开口说话了。按照他自己断断续续的说法,赖特曼被七名拿着手枪的人从宾馆架出去了。然后,他被带到了乡下,一路上感到非常害怕。就在那时,赖特曼被迫下车并脱光身上的衣服。他的屁股上被他们烙上了"IWW"这几个字母。然后他们向他头上泼了一些焦油,并用艾草擦遍了他的身体。接着他们强迫他亲吻国旗、唱国歌并对他一阵拳打脚踢。之后,赖特曼被他们放了,身上只穿了一条内裤和一件背心,里面有他随身带的钱、手表和火车票。

这一段插曲永远地改变了戈德曼和赖特曼之间的关系。尽管他们仍然继续旅行和做爱,但他已不再是那个自信而又自负的本·赖特曼了。在那个痛苦的夜晚之后,他确信"他的一大半已经死了",沉浸在自己的失败之中,自己竟然都无力还手。要是他能够勇敢地面对那些人就好了,要是他当时不那么害怕就好了。不管他认为自己是什么样的人,要是戈德曼还是能接受他就好了。

但是戈德曼不能接受。让她感到羞耻的不是他暂时的懦弱,而是他竟然亲自承认自己懦弱无能。在一次演讲中,他竟然在台上把自己屁股上刻的"IWW"三个字母展示给大家看,真是太丢人了。一方面,他展现了自己的懦弱;另一方面,"你的行为就是在向大家通报你的懦弱"。如果赖特曼正是这样想的,戈德曼宁可他自己保守这个秘密。"任何一个深爱着一个男人的女人,特别是一生都得面对烦恼的女人都不愿意听到自己的男人站在屋顶上大声宣布他是一个懦夫。"

戈德曼怎样对赖特曼都行,就是不能对他漠不关心。在圣地亚哥之旅之前,她从来都没有觉得他是一个软弱的人,而且也从来没有瞧不起他。圣地亚哥之行之后,她无法忘记他的所作所为,也无法摆脱对他的行为的轻视之意。另外,他们的性生活的主动权突然扭转了。现在,戈德曼开始暗示新的花样,而赖特曼却担心自己丧失了性爱能力。作为一个懦夫已经够悲哀了;但在他和她的眼中,变成一个性无能的懦夫就更糟了。

现在,轮到赖特曼向戈德曼证明自己了。这一年夏天,他离开自己的母亲,去纽约找戈德曼。戈德曼希望找到一个忠诚的爱人。他向她承诺为对她忠心不二。但是,他们两人之间以前的摩擦引起了新一轮的怨怒;以前的伤口还未愈合又再一次受到伤害。赖特曼或许在治安委员会成员的焦油和艾草下得到了惩罚,但是在自己的卧室中,他很快恢复了扬扬自得的状态,而且这种状态不只限于纽约的这间卧室里。

一整个秋天的时间里,戈德曼再次试图忘记赖特曼和他空洞的承诺。除了亚历山大·伯克曼之外,没有任何人能帮她忘记赖特曼。伯克曼的《监狱生活回忆录》需要编辑,于是戈德曼自愿帮忙。在她的生命中,这两个男人的对比太鲜明,让她无法忘记。伯克曼的故事让她想起了他的勇敢,他的事迹行为,以及这些年他在监狱里受到的处罚和禁闭。突然之间,伯克曼又一次变成了她心中的革命模范。萨舍一直都在坚持自己的理想,甚至在身体备受折磨时依然在坚持。本也承担着痛苦,但那是为了什么呢?他总是把自己的个人快乐放在她的革命事业之前。

但是,赖特曼并没有准备好将戈德曼抛在脑后。1912 到 1913 年那个冬天,他一心想返回圣地亚哥。尽管戈德曼对他有很多保留意见,但还是答应陪他一起去。他保证这一次旅途一定会大不一样,确实如此。他们俩很快就被逮捕了。治安委员会的人把监狱团团围住,一起高呼:"我们要赖特曼。"赖特曼不停地发抖,而且语无伦次。他表现出来的害怕如此明显,戈德曼觉得他们应该尽快离开这个地方,就算勉为其难地接受警察的护送,他们也要离开这里。从那天以后,戈德曼伤透了心,她意识到赖特曼"并不能做出英雄壮举"。

但是这一年里,他们还是在纽约黑人住宅区一起生活。戈德曼再一次着手创造两个人的公社家庭。他们以前在格林威治村的公寓差不多已经变成了一个

"流浪狗之家"。这一次,戈德曼很谨慎地选择同居室友,其中包括赖特曼和他的母亲(虽然他的房间离他"妈咪"的房间比离自己亲妈房间还近)、伯克曼、埃莉诺·菲茨杰拉德(她是戈德曼的一个朋友,也是赖特曼和伯克曼以前的情人)、戈德曼的一个侄子和一个侄女、一些《地球母亲》的工作人员和戈德曼自己。这是引发心理灾难的安排。几个月之内,这些人之间的紧张气氛达到了顶点。在赖特曼不计其数的滥交和坦白后,戈德曼愤怒地把椅子砸向赖特曼,并对他冷嘲热讽。赖特曼并没有还手,他带着自己的母亲离开这里去了芝加哥。这三个人(或两个人)再也不希望住在同一个屋檐下。

赖特曼走了,他留下一句"没有目标,没有期望,没有梦想,也没有爱人需要我的陪伴"。但是,戈德曼确实需要他一路陪伴旅行。只有在旅途中,他们之间才可以得到"唯一的快乐",所以,"如果你真的爱我,而且愿意再次和我一起工作,你可以前去作好安排……"。当别人强迫她解释为什么决定重新组建戈德曼-赖特曼团队时,戈德曼只能用一句俄国谚语来回答:"如果你喝下去,你就会死,如果你不喝,你还是会死。最好还是喝下去然后死去。"最好还是演讲并生活在一起。

1914年,戈德曼再一次启程。由于欧洲即将爆发战争,戈德曼强烈抨击在民族主义掩饰下的军国主义。美国西部的采矿场已经爆发了战争,于是她大声责骂矿主的暴力行为。两性之间的斗争是永无休止的,于是她决定在"自由母亲"的名义下提倡计划生育。

戈德曼的私人生活陷入一片混乱,于是她怀着全新的目标和梦想再次回到公共战争之中。当她在准备新一轮的演讲时,她"厌倦了养活那些不劳而活的寄生虫",只想找一个"角落"把自己藏起来。与此同时,不幸的是曾经可以琢磨透的赖特曼变得令人难以琢磨。他担心戈德曼花太多时间与阿尔梅达·斯佩里待在一起,于是他决定质问戈德曼的性取向。他的这种怀疑让戈德曼恼羞成怒,但她还是悲哀地回答:"我不会倾向于那种方式。我爱该死的你带给我的性趣……我不知道自己为什么会这么爱你,但是我知道该怎样去爱你……"

她真的这么爱他吗?她愿意成为他的妻子,为他生儿育女吗?赖特曼这样问她。戈德曼听得目瞪口呆。就像她不愿意嫁给他一样,她完全不能相信这是赖特曼说出的话。相反,她准备开始打响一场新的战役。

19世纪90年代末,在游历欧洲的途中,戈德曼了解了一些计划生育的先进方法,但是由于担心因为这件事情而被逮捕,她拒绝公开讨论具体的实施方法。1873年的康斯托克法案禁止邮寄"淫秽物品"。法院随后把计划生育工具以及公开讨论这些工具的使用方法列入非法行为之中,所以戈德曼才不愿意讨论这个话题。尽管害怕坐牢,但她并没有停下脚步。戈德曼以前坐过牢,而且不介意再坐一次。但是,她并不觉得提倡计划生育值得她再回一次布莱克韦尔岛。

相反,戈德曼认为女人应该对困扰自己的问题负责,这个观点挑战了主流女权主义者。比如说,儿子变成了小霸王,这完全是母亲一手造成的。"母亲会想尽一切办法让自己的儿子亲近她。但是她不希望看到自己的儿子太柔弱,她希望他变成一个强壮的男人。她崇拜他身上俘获她的特质,比如他的强壮、自负以及夸张的虚荣心。"正是由于"她的对性别这种反复无常的看法","才让这个可怜的男人在爱人与畜生之间摇摆"。

戈德曼并不认为女性在道德上比男性优越。很多妇女参政论者把这种优越感标榜为参加投票选举的理由。但是，戈德曼既否认选举权的重要性，也反对这种为夺取选举权而提出的论点。私下里看，她可以指责赖特曼对"洞穴"的偏爱，他非常"原始"，而她却是"高度文明化的"。但是，公开地说，戈德曼认为两性之间根本没有道德或其他方面的不同。她认为女性不应因为她们更好、更加有意识而获得选举权。女人应该只是为了争取"像男人一样愚弄自己的机会"而投票。

所有这些都是1914年玛格利特·桑格的《叛逆的女人》杂志问世之前戈德曼对女人的标准的评价。对于桑格来说，"计划生育"（她发明的一个术语）关系到很多贫穷的女人的生死。对于戈德曼来说，这个话题首先关系到人们的言论自由。讨论计划生育问题是一个应该排除的禁忌，而不是一项应该得到支持的事业，当然也不是一项超越一切的事业。

桑格优先考虑的事情之所以不同，毫无疑问跟她的生活背景有关。她出生在一个工人阶级天主教大家庭。在她16岁那年，她的母亲死于肺结核和宫颈癌，一生共生育了11个孩子。正如戈德曼一样，后来，桑格开始学医，成了一名护士，专门为纽约的贫困移民家庭看病。但是，与戈德曼不同的是，桑格的工作不仅与社会主义者和世界产业工人联盟紧密联系在一起，而且还参与工会的工作，包括在1912年帮助劳伦斯地区罢工工人转移他们的孩子。与戈德曼还有一点不同的是，桑格愿意直接挑战康斯托克法案。

1914年8月，由于在一本名叫《计划生育》的册子上发表控制生育的方法，桑格被逮捕入狱，世界产业工人联盟总共分发了10万份册子。桑格没有接受审判，她逃到了欧洲。戈德曼并没有被她的行为打动，但是她仍然在《地球母亲》杂志上发表文章，对桑格的工作表示支持。或许是受到桑格被拘捕的刺激，又或者是害怕别人抢她的风头，戈德曼决定把计划生育的相关信息纳入自己下一轮的演讲之中。这一年，戈德曼也被拘捕了。法院起诉她违背了纽约州刑法，该法律规定"任何对终止妊娠的偏方或药物进行宣传"的行为都是违法的。戈德曼还是要面对自己一直以来都设法躲开的牢狱之灾。

与此同时，这两个女人之间的关系变得非常紧张。到目前为止，她们彼此都把对方当作争夺计划生育运动领导权的主要对手。戈德曼指责桑格忘恩负义,不顾过去她对她的支持。而桑格却错误地指责《地球母亲》在关于她被捕入狱的话题上保持沉默。

她们俩都不想逃避斗争。戈德曼决定利用自己受审的机会来提倡计划生育。她放弃聘请法律顾问。戈德曼认为,大家庭是美国工人的"重担"。任何一个男人和女人都不敢罢工,因为他们要养活很多人。此外,现在的男人都希望女人的角色不仅是喂养孩子。如果上一代女权主义者试图通过远离性来解放女性,那么戈德曼觉得让女人为了性而解放也无可厚非。

这两个女人的争吵转移到了不同的话题上。戈德曼坚称贫穷的女人应该明白有钱的女人不会有这样的困扰。不管是贫穷还是富裕,所有女人都应该按照自己的意愿决定生育几个孩子。计划生育让这种想法成为可能。说了这么多,难道她就变成一个刑事犯了吗?当孩子们正在被资本主义和战争摧残时,她不是一个刑事犯。当她为"健康母亲和幸福童年"奔走劳累时,她不是一个刑事犯。当她告诉女人们"不要紧闭自己的嘴巴,却把自己的子宫向男人开放"时,她也不是一个刑事犯。戈德曼对法官说,如果就是因为她说过的这些话让她变成了一个刑事犯,那么"被别人称为刑事犯"真让她"感到自豪"。

除了不认可她的这种自豪感之外,法官对她的言辞表示赞同。他对戈德曼的审判结果是要么蹲15天监狱要么罚款100美元。她选择了蹲监狱。4月20日,"我们忧愁的女人"(赖特曼对她的称呼)走进了纽约皇后县监狱。在狱中,戈德曼给一位女性盟友写了一封信,她在信中说:"如果每一个叛逆者都能被送到监狱里待一段时间就好了。"这样的经历会"助长人们对那些让监狱成为可能的体制的怨恨之情"。或许,这一切让她回想起22年前在布莱克韦尔监狱的日子,也让她想起了桑格为了躲避起诉和审判而飞到欧洲。

在戈德曼被释放的那一天,人们在卡内基音乐厅迎接她,为她举办了一场庆功会,这场庆功会表明计划生育已不再是"纯理论上的事情",它已经变成了"社会斗争的一个重要阶段"。这场庆功会上唯一的"不安分因素"是一个叫马克斯·伊士曼的社会主义者。他认为,如果赖特曼发表演讲,那么这一切都是在向戈德曼证明某些"自称为激进分子"的人对"自由的真正涵义"理解能力不够。

戈德曼如此享受自身的自由，她可不希望再次回到监狱。她不会再散布一些关于计划生育措施的言论。相反，她把演讲的主题限定在"自愿成为母亲或迫不得已成为母亲"上。监狱生活经历并没有那么宝贵，所以她期待回到以前承诺过但她仍然认为并不那么重要的事情上。戈德曼甘愿放弃这个领域把它让给那些把计划生育当成"治疗一切社会疾病的唯一的灵丹妙药"的人，她准备把注意力转移到更"重要"的话题上。

但是，她却不愿意与桑格和解。在经济和劳动力这些话题上，戈德曼已经受到了克蕾和其他人的指责，他们认为戈德曼忽略了工人的存在，只关心那些"可敬的"中产阶级。在计划生育话题上，戈德曼以类似的方式指责桑格。为了让计划生育的观点得到大家的支持和认可，桑格变得越来越保守，她要么在其他议题上不能坚持自己的立场，要么竭力去接近那些希望控制家庭人口增长的中产阶级父母。当戈德曼的眼界超越了言论自由层面的计划生育之时，她把自己的注意力转移到那些穷困的移民大家庭所面临的问题上。总之，计划生育这个议题成了戈德曼恢复左翼无政府主义者声誉的工具。

该话题也让戈德曼和赖特曼的生活再次联系在一起。1915至1916年,在扩大计划生育活动的影响上,赖特曼起到了关键作用。作为一名医生,他一直都很关心这个医学问题,特别是性病和先天性缺陷之间的关联。他也因为发表了一些非法的宣传册而被拘捕,从而招致玛格莉特·桑格的轻蔑,这种态度对于戈德曼来说是不可原谅的,因为这破坏了他们之间团结。差不多在戈德曼被送进监狱的同时,赖特曼被定罪,并被判在教养院里接受60天的改造。随后,在1917至1918年,他又犯了两次罪,分别被处以1 000美元的罚款和6个月的拘留。

尽管他们两人有共同的兴趣爱好,但是他们并不能完全和解。曾经有一段时间,他们俩走得很近,但是赖特曼现在希望找一个配偶安定下来。而戈德曼并不愿意结婚并安定下来,不管是与赖特曼还是与其他任何人,她都不愿意。

赖特曼被"普通人渴望"有一个家庭的梦想"吸引"了,而戈德曼仍然专注于"为保持自己的个性而奋斗"。现在不是从演讲台上退休的时间。她不能无视维多利亚女王统治之后的美国人陷入两性之间的战争之中,不能无视美国领土上发生的工人斗争,也不能无视世界大战消耗欧洲的元气并对美国人虎视眈眈,而且她不能在自己仍然能够指挥一名观众的时刻退休。不管怎样,艾玛·戈德曼已经下定了决心。她深深地迷恋激进主义名人的角色,丝毫没有逃避之心。

第八章

反对战争的战争

艾玛·戈德曼的美国生活的一切似乎都指向1917年以及美国向欧洲出兵的重大决定。4月2日,美国总统伍德罗·威尔逊要求议会向德国宣战,"维护世界民主安全"。但是,对国外发动战争只是成功了一半。通过长达几周的支持战争的民意投票,威尔逊政府正式向国内反战者宣战,艾玛·戈德曼也在其中。

从1914年夏天世界大战的暴发到威尔逊总统宣布加入协约国战线,戈德曼既公开反对战争,也反对美国参战。在威尔逊总统宣战以前,她就认为威尔逊想加入战争。因此,在停止宣传计划生育美德及自由恋爱的话题之后,戈德曼在国内巡回演讲,反对所有"推动战争狂热的人",特别是威尔逊总统。

很多激进分子在1916年的总统竞选中支持威尔

逊连任,但是戈德曼并不在此行列。他们把民主党的标语"他让我们远离战争"当真。但是她并没当真。1916年,许多激进分子和改革者支持威尔逊及他的和平主张。戈德曼当然也支持和平的观点,但是她绝不会支持威尔逊,更别说为他投票了。

威尔逊不断地告诉美国人民"公海自由"和"美国人的荣誉"在这次战争中受到了威胁。在《地球母亲》杂志上,戈德曼提出了这样一个滑稽的问题:"公海自由"对人民大众有什么好处?直接回答是:只有"开发者"才能从这种虚假的自由中得到利益。然后,她对这种猜想做了一个总结:如果美国的投资者不把数十亿的钱投入战时公债,那么战争"早就应该结束了"。

戈德曼对自己挑战威尔逊的行为感到自豪,她认为反对战争的活动是她"最重要的工作"。至少那是她对1917年7月的战略优势的判断,那时她因"密谋"反对征兵制的罪名被定罪。她从来没有认为这是一场民主战争。如果跟民主有什么联系的话,那就是这场战争完全让民主成了一个笑柄,它只保障了资本主义世界的安全。在她长期的公共生活中,她"从未对"什么事情"这么确定过"。所以,戈德曼感觉迫切需要向战争宣战。如果那样不行的话，她便开始与美国在参战中所做的努力打游击。美国政府迅速发动了反击，对那些总统的敌人所谓的"威尔逊先生的战争"所发起的最明显的反对之声进行打击。

1914年8月，当戈德曼开始大声疾呼反对这所谓的另外一场"资本主义战争"时，对她的猛烈攻击才刚刚开始。她自我描述为"反军国主义者"，而不是和平主义者，她对这场战争的反对，或者对任何民族之间的战争的反对并不是基于非暴力理论。"一般的和平主义者只会说教；而反军国主义者会付出行动；她不会听命于别人去杀害自己的兄弟。"那些反对"资本主义统治"的和她观念一致的兄弟姐妹所采取的革命暴力手段通常是可以理解的，也是情有可原的；但是"资本主义政府"的官方暴力却不是这样。不管国家军队是压制国内罢工者还是国外士兵，这对于戈德曼来说并没有什么区别。这两种行动都是错误的。但是，1914年8月以后，在她的无政府主义伙伴中，并不是所有人都赞同她的观点。比如说彼得·克鲁泡特金，让戈德曼感到伤心的是，他也支持协约国，害怕自己成为"被普鲁士化"的欧洲的一员。

工人们并没有轻视他们的民族色彩,戈德曼对这一点并不感到意外,但这并不是一件令她高兴的事情。她一直都相信人民大众以前是错的,于是她有义务向他们陈述和解释他们"利益"所在,重新定义他们的"荣耀"。政府呼吁工人要为"国家的荣誉"而战,但是每个国家的工人都必须明白那种"荣誉"意味着"为一群合法而胆小的盗贼提出的不正当交易而流血牺牲"。

因此,由于美国差不多有将近三年的时间没有与其他国家交战,艾玛·戈德曼不得不把自己的矛头指向威尔逊当局的"战争狂热者",也指向那些"沉默不语、像牲口一样饱受折磨"却又愿意跟随总统的旨意的人们。美国工人必须明白他们应该在工厂里和矿山上,在美国的大街上和道路上为自己的利益而战。这会是一场暴力战争吗?戈德曼再一次打消了在言辞上冒险的念头。她的确反对资本家的暴力行为,特别是在科罗拉多的勒德洛地区由洛克菲勒自主经营的矿区的"屠宰式"暴力,有22个人无缘无故地死在了民兵组织的手上。但是,她还认为洛克菲勒的敌人所发动的报复性的暴力行动既是被别人误导的行为,也是一种愚蠢的行为。比如说,当三个不知名的纽约无政府主义者在制造炸药来报复那些他们认为应对"勒德洛大屠杀"负责的人时不慎将自己炸上了天,他们的这种"不负责任的行为让戈德曼大吃一惊"。当戈德曼得知了这次事故之时,她为这三个人的死亡而感到伤心的同时,也掺杂着对这种不可避免会"危害无辜生命"的行动的强烈反对。

几个月以后,有一期《地球母亲》整期杂志都在探寻政治暴力的使用和滥用。有一篇文章甚至公开认可"攻击性暴力",特别是支持那些反对资本主义和政府的人使用炸药。作为对约翰·莫斯特的回应,这篇文章的作者(戈德曼并不认识他)认为炸药是正在进行的反对压迫者的战争中可以之匹敌的东西。伯克曼在杂志上刊登了这篇文章,让戈德曼感到非常不安,她反对发行这一期杂志,认为这一期杂志都是"对武力和炸药的空谈……所有的内容都应该被丢到火里烧掉"。只有那些反对某些个别的压迫者的暴力行为才是值得拥护的,比如说反对埃里克和麦金利。

两年之后,一场特殊的爆炸事件引起了戈德曼的注意。1916年7月22日,旧金山举行了备战节游行活动。碰巧的是,那时戈德曼也在那里。她去那里的目的主要是为了发表反战演讲并去拜访伯克曼。伯克曼的新基地在旧金山,他在那里的新办了一本名为《爆炸》的工人阶级杂志。戈德曼原计划在7月20日演讲,但是她得知自己的演讲将与工人会议的时间冲突,于是就延期了。新确定的演讲时间本来是定在7月22日晚上。但是,那一天晚上却没有如期进行。那天早些时候,游行队伍中发生了爆炸,8人死亡,40多人受伤。第二天,4名当地工人领导人被逮捕,伯克曼的办公室也遭到了搜查。

爆炸发生的当天及当周,几乎没有激进分子站出来为这4个人辩护。大多数人还依稀记得麦克纳马拉兄弟的教训。早在六年前,旧金山的时代大厦发生了爆炸。该事件的被告是J.J.麦克纳马拉和J.B.麦克纳马拉。这两兄弟是工人组织者,他们都表示自己是无辜的。不出所料,激进分子和改革者、社会主义者和无政府主义者都团结起来支持他们。尽管克莱伦斯·达罗也为他们作了辩护,但这两兄弟最终还是被定罪。法院宣布判决结果后不久,令这些支持者震惊的是麦克纳马拉兄弟竟然承认了他们的罪行。人们愤怒的表情瞬间变成了羞愧的表情。备战节爆炸事件之后,伯克曼和戈德曼几乎是孤军奋战,为这4名被起诉的激进分子辩护。

其中,托马斯·莫尼和沃伦·比林斯两人在很久以前就是西海岸劳工激进主义的拥护者。认识他们之后,伯克曼确信他们是因工会工作而被陷害。戈德曼几乎不认识这两个人,但是她愿意服从伯克曼的领导。也许不能为爆炸事件辩护,但可以为被告辩护。因此,戈德曼取消了返回东海岸和马萨诸塞州的普罗温斯敦为莫尼和比林斯寻找辩护律师的计划。她选择的律师名叫弗兰克·P. 沃尔什,他是一个有着改革思想的律师,曾参与到1916年威尔逊总统的二次选举活动中。戈德曼最终在堪萨斯城找到了沃尔什,但是他以支持威尔逊的候选资格和保障和平的名义拒绝了她的提议。沃尔什告诉戈德曼,这些左派人士的首要责任是让美国远离战争。他认为达到那个目标的最好方式就是远离是非,让伍德罗·威尔逊总统回到白宫。戈德曼并没有感到惊讶。沃尔什优先考虑的事情只是证明"美国自由主义者头脑不清醒"的"另一个证据"。

与此同时,一名纽约坦慕尼协会的律师证实为这4个人的辩护是徒劳的。1916年9月,沃伦·比林斯被判终身监禁;第二年2月,汤姆·莫尼被判死刑。在莫尼的裁决被宣布之后,旧金山地方检察官决定也要追捕戈德曼和伯克曼,他们声称爆炸事件是在伯克曼的《爆炸》杂志社里策划的。

从1916年深冬到1917年初春,这两位无政府主义者双线作战,反对战争。比起之前在自己的家乡时候,他们现在更大程度上是一个团队,或许是更加热情的革命家,他们两人同时采用防御和进攻策略。旧金山当局对他们下发的爆炸事件起诉书迫使他们他们采取自卫行动,投入双倍精力去阻止美国加入战争。

1917年1月下旬,德国宣布开始发动无限制潜艇战,于是威尔逊政府义无反顾地加入了这场战争。威尔逊总统与德国断绝了外交关系,全力武装美国商船。3月,威尔逊得知沙俄的独裁统治结束,俄国民主政治诞生了。为了尽快结束战争,英国截获了所谓的齐默尔曼电报,电报的内容大意是德国政府想诱导墨西哥加入战争,承诺让他们收回70年前被美国割占的领土。

尽管这个理由足以让美国加入战争,但是有些因素阻碍他们采取这一步。事实上,有很多反对美国加入世界大战的声音，但这些声音并不全是来自激进分子。大批美籍爱尔兰人及美籍德国人站在种族立场上发出反对的呼声。美国中西部及南部地区的平民主义者和他们的支持者们持严肃的保守态度，反对美国加入战争。任何认为华尔街和军火商是美国加入战争的支持者的人也都持反对态度。最后，还有地理上的得天独厚的优势。德国和美国之间隔着大西洋，那么美国还担心什么呢？

由于反对美国加入战争的呼声众多，威尔逊总统担心加入战争后会对国内产生一些影响。他仍然是一个谨慎的政治家，不是一个孤独的预言家，他感觉到了人们对把美国士兵派到欧洲战场的反对态度是多么强烈。在某种程度上，他也意识到一旦宣战，他自己忍受异议的能力将会受到严峻的考验。

从支持美国加入战争的实际投票结果来看，风险迅速增长，威尔逊总统可以确定存在着大量异议。戈德曼也在这些反对者的行列之中，他们很快就会察觉到他们对美国政府的挑战，特别是对威尔逊的忍耐力的挑战会带来什么样的后果。

那种忍耐力与总统信奉的多数人的民主并不是不

相关的。一旦人民通过议会投票的方式决定宣战,就没有任何反对这个决定的空间或理由。因此,官方审查制度既保证了政府工作的合法性,也允许政府占用一定的资源,包括在接下来的战争中要参战的年轻男人。

艾玛·戈德曼不会被总统的辩论说服。在她的成年生活中,她一直是一个改革者,但她仍然对一切政府发起的改革持怀疑态度。这个威胁要自杀和自我折磨的反对者只相信自己之前的怀疑。官方审查制度和强制力"总会让我更确信自己的判断"。

1917年4月,戈德曼脑海中思考的唯一问题是究竟是在美国还是在俄国进行革命。几个星期前,俄国沙皇统治的崩溃让戈德曼燃起了对俄国的希望。在某种程度上,1892至1905年的情形再一次出现,当时她的困扰是:她应该继续留在美国还是返回俄国呢?当她看到那些已经试图返回俄国的人们的命运时,这个问题得到了答案。据报道称,那些前往俄国的美国激进分子被滞留在英国,最后还是返回了美国。协约国怀着对俄国是否会履行盟约继续对抗德国的质疑,而且需要通过双线战争的策略对抗共同的敌人,于是协约国禁止反对战争的美国人的消息传入俄国人的耳朵里。

1917年年中,艾玛·戈德曼在莫斯科的街道上现身的消息绝对会成为关注的焦点。然而,人们怀疑她是否真的难以决定留在自己的家乡。1917年是她的美国生活中最重要的一年。如果她为将来返回俄国而激动不已,那么她一定是第一波迁移浪潮中的一员。暂且把可疑的公民身份放一边,戈德曼有两个让她留下来的原因:她对美国的依恋之情,而且她明白自己仍然还有很多事情要做;"战争热"在蔓延,必须尽快让美国人抑制这种狂热的扩展。

5月中旬,戈德曼把所有精力都放在义务兵役制度上。自从内战以来,美国还从未经历过军事征兵。当时有过两个征兵法案,但无一通用全国:南部邦联法案包括一长串豁免条款案,北部联邦法以合法雇佣替补人员的制度为主。威尔逊当局希望能碰上好运,纠正两种制度中的不公平待遇,避免产生漏洞。对于威尔逊总统来说,兵役法案义务是一件丑事。对于戈德曼来说,这项法案的丑闻的确真实存在。

让人感到震惊的另外一件事是这一立法的颁布速

度如此之快。4月底,总统已提出该法案,议会通过了义务兵役法案,然后总统签署生效。所以,戈德曼和伯克曼也被迫尽快行动。5月初,他们两人组建了"反对征兵制度联盟"。在信笺抬头上,该社团宣布了以下事项:

> 我们反对征兵制度,因为我们是国际主义者和非军国主义者,我们反对一切由资本主义政府发起的战争。

联盟成员在按照宣言行事的名义下承诺"用尽一切力量和手段抵制征兵制度,维护那些不愿意入伍的人们的利益"。

并不是美国所有的和平社团都赞成戈德曼和伯克曼的做法。比如说妇女和平党,她们一直以来都反对战争,并反对美国加入战争,但她们提倡一旦开战,就要停止一切反对战争的工作。对于戈德曼来说,这种立场显然是没有价值的,甚至是有组织的女权主义者胆小懦弱的表现。战争即将到来,这正是挑战政府的绝好时机,而不应在战争面前低头。戈德曼随即发现社会主义者和世界产业工人联盟会员也好不到哪里去。从官方上来讲,美国社会党反对介入战争,但是支持战争的社会主义者显然是支持威尔逊总统和战争的。这一次,戈德曼还是没有感到惊讶。毕竟,这些人已经"把工人训练得服服帖帖,而且个个都充满爱国主义精神,并使他们依赖于议会的权威"。在德国,社会主义者领导人已经"与德国皇帝联手"。为什么美国的社会主义者会有什么不同呢?所有人都是"冒牌激进分子",他们崇拜政府权力,而不是崇尚个人自由。难道他们不明白有组织的爱国主义、征用士兵和使异见者噤声只会引发邪恶吗?

提到世界产业工人联盟,戈德曼的斗争并不反对它的领导阶层,他们拒绝遵守战争期间"不罢工"的承诺,但是大多数成员却前去注册征兵。这些激进者兄弟姐妹们的集体行动让艾玛·戈德曼再次确认了自我独立的重要性。不管怎样,在某种程度上,女权主义者、社会主义者和工会主义者都陷入了政府需求的陷阱中。

知识分子也不落后。由于受到政府权力的诱惑,或者因为他们渴望掌权,很多人把这次战争看作一次不可错失的良机。西奥多·罗斯福和他的新民族主义让知识分子眼花缭乱,他们渴望有一天政府能够坚持反对大生意和大工会。伍德罗·威尔逊总统及他提倡的"新自由"吸引了很多知识分子,从杰斐逊式的设想到汉密尔顿式的总结,他们一直都跟随着领导的步伐。这位前大学教授或许不愿意主持稳定强大的中央政府,但是到1917年,威尔逊似乎达到了罗斯福的目的,吸引了很多知识分子的支持。是很多,而不是全部。一位名叫伦道夫·伯恩的年轻知识分子在《地球母亲》上发表了一篇文章,他总结道,这是一场"由知识分子故意挑起的战争",包括前和平主义者、前社会主义者和前激进分子,他们都以惊人的速度把1917年4月之前的信念抛到九霄云外。他们与威尔逊站在同一战线,因为他们强烈"渴望能有一次伟大的经历"。他们渴望与自己的国家站在一起,他们希望能突显自己的重要性,去做一些与战争相关而且能增强国家实力的工作。在这个过程中,他们试图保持一种独一无二的平静状态,一位英国和平主义者称之为"战争中的平静"状态。在行动上,这些知识分子向伯恩透露,真正的敌人不是德国,而是战争本身。

在这一点上,戈德曼同意这种说法。在新成立的公民自由局工作的克里斯特尔·伊士曼和罗杰·鲍德温也同意这种观点。美国反军事主义联盟（AUAM）的这个分支机构仍然继续反对征兵制，甚至在联盟的领导已向威尔逊总统投降之后，这个机构对征兵制还是持反对态度。自1914年美国反军事主义联盟成立以来，该组织在反对美国加入世界大战的过程中起到了带头作用。1916年，它支持威尔逊连任总统，并且提倡世界和平。美国反军事主义联盟由社会改革家莉莲·瓦尔德和保罗·凯洛格领导，该组织是一个稳固而有威望的中产阶级组织，并且在上层人士中有很多朋友。当美国不顾他们的反对而宣战时，美国反军事主义联盟的领导人面临一个重要的抉择：反对无可避免的征兵制度还是保持他们在华盛顿官员中的影响。当瓦尔德和凯洛格选择了后者时，伊士曼和鲍德温与美国反军事主义联盟断绝关系，并成立了公民自由局，以反对征兵制。

罗杰·鲍德温和公民自由联盟的故事很重要，因为这个组织逐渐转变成美国公民自由联盟（ACLU），而且罗杰·鲍德温和艾玛·戈德曼之间的关系变得越来越密切。在某些方面，戈德曼是鲍德温的导师。因此,她对这个组织的成立起到了间接作用,该组织在当今的美国政治上仍然起着不可忽视的作用。

罗杰·鲍德温从小受到拥护政治统一的教育,这与清教徒的道德观相冲突,他的人生似乎正朝着漫无目的的绅士生活发展,而此时一名具有改革思想的律师同时也是一位波士顿人——路易斯·布兰代斯——鼓励他放弃做生意,从而转向公共服务的生活。鲍德温当时才 22 岁,正是一个容易受到别人影响的年龄,他采取了那个建议,在圣路易斯一个偏僻的地方成了一名社会福利工作者。那一年是 1906 年。两年之后,在一个星期天的下午,他第一次听到了艾玛·戈德曼的演讲。后来,他回忆说她"提倡摆脱贫困和不公平待遇的观点"是他的思想和政治生活发生变化的"转折点"。

鲍德温也相信戈德曼会以维护自由言论的重要性来说服他。如果是这样的话,那么他的转变速度实在是太慢了。1909 年,戈德曼写信给鲍德温,希望借用一下他在圣路易斯的会议厅。他委婉地拒绝了她的要求,理由是"我们受到了公共舆论和捐款人的好意的奴役"。一年之后,戈德曼被拒绝在圣路易斯的华盛顿大学发表演讲。这一次,鲍德温代表她作了私下调停。他向该大学工作人员保证,他听过戈德曼的很多演讲,她的听众都是"明显的上层阶级",从来没有发生过什么"类似于骚乱"的事情。1909年的罗杰·鲍德温胆子还没有那么大。

七年之后,鲍德温决定离开美国反军事主义联盟,这证明了戈德曼对他还有一些影响力。由于一些可能会应征入伍的人混入美国反军事主义联盟内部,鲍德温和伊士曼成立了一个拒服兵役局。但是他们不会劝阻那些达到应征年龄的人逃避登记注册:"服从法律,最大限度地服从道德规范,这是好公民的基本原则。"与此同时,鲍尔温告诉战争部长牛顿·贝克,他会"全力为组织效劳",在决定征用还是不征用那些由于各种原因不愿意服兵役的人的问题上与他们达成某种妥协。

戈德曼的风格稍微更挑衅一些。"反对征兵制联盟"只存活了六周,在这期间,联盟专门研究反征兵宣言、群众性集会和挑衅的言辞。但是,他们不会为任何达到征兵年龄的个人提供特别的建议。至少那是该联盟的公共立场。它的目的仅仅是遵从那些已经决定拒绝服兵役的人的意愿。它的创办者之一也不会建议任何人去反对服从征兵制。毕竟,作为一名无政府主义者,戈德曼不会假装去告诉别人该做些什么;作为一个女人,她不会告诉男人不去战斗,更不用说命令他们。

如果戈德曼希望这条官方战线不会让政府关闭联盟,那么她就错了。暂且把反对征兵制的声明放一边,联盟集会和宣言已足以让威尔逊政府对他们采取行动。6月5日,戈德曼通过发表文章开始反攻,这一天也是国家征兵注册日,一个将美国民主"带进坟墓"的日子。戈德曼为这篇文章取了一个讽刺意味十足的名称"节假日",文章介绍了《地球母亲》特刊,尽管邮政部门尽力阻止它的发行,但还是有 20 000 份杂志被分发出去。为什么政府花这么大力气来阻止呢?戈德曼的开场白给了一些提示:6月5日,摩洛克军国主义之神将高高在上,等待那些将要献身的受害者来填补它贪婪的食欲。这个怪物会把魔爪伸向这片土地上的年轻人,让他们牺牲在血淋淋的祭坛上。这个"节假日"将要开始了。

但是,在这期杂志中,戈德曼并没有公开地指导她的读者反对征兵制。在演讲台上,她也如此。戈德曼比美国反军事主义联盟更加反对威尔逊,但是却没有罗杰·鲍德温那样恭顺,她不会迈出让自己面临牢狱之灾的最后一步。她的任务就是"把这个问题解释清楚";她的听众是完全自由的,他们可以"自主行动"。

政府是有底线的。在戈德曼举行了三次公共集会之后,政府下达了对她的逮捕令。5月18日,8 000人聚集在哈莱姆河俱乐部聆听戈德曼和伯克曼多年来的首次同台演讲,其中包括一些士兵和侦探。他们还听见一名士兵在演讲台上为征兵制辩护,多亏了戈德曼,她不会否定他的言论自由权。6月4日,在华盛顿的宫殿里,这两名无政府主义者在征兵注册日前夕做了一次演讲。在喝彩声、嘘声中,有人把柠檬砸向演讲台,而站在演讲台上的伯克曼把征兵制描述成"自由的坟墓"。对于他来说,6月5日是"黑色星期二",一个为失去自由"默哀"的日子。

戈德曼是最后一个上台演讲的人。她以"朋友们,工人们,士兵们,侦探们和警察们"开场。想到在俄国每年的兵役登记日,她提醒听众美国应该是一个不会强迫任何人参军的国家。然而,美国即将为"500 000名年轻人奏响葬礼进行曲"。她向台下的政府官员观众直言不讳,她力劝他们"体面一点",承认他们在使德国民主化的名义下支持征兵制的行为"会让美国普鲁士化"。在演讲的过程中,有很多观众冲她大喊"滚回俄国去吧",戈德曼不会同意这样做。无政府主义意味着自由选择。她已经选择了美国,任何激烈的质问者都不能把她从演讲台上赶走或者把她赶出美国。

戈德曼在演讲的时候,很多士兵把一些刚弄破的电灯泡砸向演讲台,一些人还威胁要推翻演讲台。此时,戈德曼停止了演讲,她转向这些士兵,讽刺地向他们说了一句"谢谢",感谢他们对此次集会的大力"保护"。事实上,如果那天晚上有人阻止了一场全面的暴乱,那么这个人就是艾玛·戈德曼。在碎片和喧嚣声中,她大声地警告她的队伍,士兵们到这里只有一个目的——煽动群众暴乱。她力劝他们别上这些士兵的当。没有人轻举妄动。

6月12日,联邦司法区执法官托马斯·麦卡锡告诉《纽约时报》记者,"如果这个艾玛·戈德曼再组织更多的集会",他已经做好准备"去逮捕她"。没有因这种威胁而后退,"这个叫戈德曼的女人"打算在6月14日在先锋大厅举行第三次集会。这将是她在反对征兵制联盟上的最后一次露面。讽刺的是，停止演讲不仅是政府的决定，也是她的决定。当她得知有间谍混入她的集会中去陷害那些不登记注册的人时，戈德曼发誓，以后的联盟活动仅限于书面文字。政府却另有想法。6月15日，戈德曼被麦卡锡抓获。他带着7名副手，手拿一份6月5日发行的《地球母亲》杂志，走进了戈德曼的办公室。几分钟之后，亚历山大·伯克曼也被抓进了监狱。

在没有搜查证的情况下，这名执法官和他的副手继续没收办公室的手稿、信件、订购清单、书籍和演讲稿，并且一直在搜寻一份比其他东西更重要的文件——反对征兵制联盟的会员名单。但他们并没有找到这份名单。当戈德曼要求他们出示搜查证明时，没有人理会她。相反，麦卡锡却告诉她，他们根本不需要搜查证。他说，光这份包含众多"麻烦事"的《地球母亲》杂志就足以让她在监狱里蹲上好几年。据戈德曼回忆，这些入侵者丢下这句话之后，拖走了"一大马车"文件（她再也没有见过这些文件）。

第二天早上，戈德曼和伯克曼以密谋"诱导人们不登记征兵名单"的罪名被正式起诉。保释金定为每人

25 000美元。然后,他们被分别单独拘禁,直到一位恩人出现,将他们保释出狱。

快速审判的权力是宪法的保障,但是这两名被告根本没有意识到法院对他们的起诉究竟有多快。戈德曼几乎没有时间去阅读詹姆斯·乔伊斯的著作《青年艺术家的画像》,这本书是她在被逮捕的当天塞进自己的手袋里的。6月22日,他们被告知审判将在5天之内进行。6月27日是戈德曼48岁生日。

5天的时间去找辩护律师显然是不够的,特别是这两名被告打算自己为自己辩护。审讯前夕,至少其中一人并不那么乐观。戈德曼表明他们"几乎已经被定罪"。事实很快证明她的推算准确无误。

尽管他们提出了强烈的质疑,但是陪审团的审判员并不友好。最后,伯克曼对这些寄予希望的陪审员提问,想知道他们是否有言论自由的权力。他还想知道这些坐在他面前的陪审员究竟相不相信大多数人的意愿总是正确的。戈德曼则关注他们对她提倡的计划生育、自由恋爱和婚姻的理解。最后,陪审团成员或许对任何自由恋爱或计划生育的观点看法不一,但是陪审团成员中绝对没有移民或者被广泛定义为工人阶级的人参与的。

对他们的控告已经超越了"共谋"破坏征兵制度、提倡暴力、滥用基金和接受德国人的钱财的范畴。一名参与了戈德曼在哈莱姆河俱乐部演讲的侦探速记员证实这位无政府主义者曾经说过"我们相信暴力,我们会采取暴力行动"。戈德曼否认自己曾经说过这样的话,然而事实怎样却无人知晓。她通常会为自己雇一个速记员,但是这一次却没有一个人出现在证人席上。在交互审讯中,戈德曼证明这名控方速记员一分钟只能记录 100 个字。然后,她向陪审团证明她爆发式的演讲速度比这个速度快多了。在她的坚持下,法庭宣布控方速记员没有能力跟上戈德曼的演讲速度并进行准确的记录。于是这项指控被暂且放在一边,但是陪审团却把矛头指向 1914 年 7 月发行的《地球母亲》杂志,以此来证明戈德曼提倡暴力行为的罪行。

法院还给他们定下了一个以牺牲别人为代价而使自己富裕的罪名,真是可笑。在他们被审判之时,他们两人的银行账户上总共只有 746.96 美元。但是,控方却强迫他们承认有一笔神秘的 3 000 美元的馈赠。戈德曼承认确实有这样一笔遗赠。这笔财产的主人是一位名叫詹姆斯·霍尔贝克的 80 岁瑞典移民,他在加利福尼亚种植葡萄赚了很多钱。自从干草市场暴乱之后,霍尔贝克变成了一名无政府主义者。有一天,他突然来到《地球母亲》办公室,手里拿着一张支票。戈德曼接受了这笔馈赠,但她很快把这笔钱转给了反对征兵制联盟,并没有放进自己的口袋中。

令人感到奇怪的是,在整个审判过程中,法院并没有花太多时间在他们"共谋"的主要罪名上。速记员的证词再一次被拿到证人席上,证明戈德曼"支持那些拒绝登记征兵名单,拒绝打仗的人"。而戈德曼再一次声称她支持的只是那些已经自愿放弃应征入伍的人。她传唤了一名不肯服兵役的证人,此人证实他曾在社团办公室见过戈德曼,她告诉他任何与征兵相关的决定都必须是出自个人的意愿和良心。最后,另一些联盟成员证实他们从来没有听说过任何人建议年轻人不要在征兵名册上登记注册。

在法庭辩论的总结陈词中,伯克曼承认他自己反对征兵制度,但是他拒绝承认与戈德曼"共谋"阻止征兵制或者相互干涉。"我们不是那种爱逃避、爱东躲西藏的人……先生们,至于说阴谋,这个动物园里压根就

被判有罪的共谋者。© Corbis

没有这种动物!"伯克曼坚称自己并不具备"双重人格",他在公众面前是怎么说的,私下里就是怎么做的。他告诉任何人不要去登记注册了吗?从来没有。为什么呢?"因为我绝不入建议任何人去做一些并不会危及我的事情。"(伯克曼现年48岁,他已经超过了30岁应征年龄的上限岁数。)

伯克曼还怀疑速记员是否诚实。"艾玛是全美国语速第三快的演讲者。只有专家才能记录下她的演讲。"这个速记员"漏掉了他并没有记录下来的内容,然后在这些位置上填补上他认为应该在那里的东西"。他并不是一个"坏人,他只是一个弱小的巡警"。伯克曼反问道:"如果他所谓的共谋者确实说过那些现在被起诉的话,那么为什么她没有在现场被抓获呢?"他继续说,因为那天晚上9点45分,在戈德曼结束演讲之时,征兵制还没有诞生。直到那天晚上10点钟,威尔逊总统才签字。除此之外,很多国会议员也像戈德曼一样坦率地提出了对征兵制的反对意见。不,他们两个人在这里接受审讯并不是因为"共谋",而是"因为我们是无政府主义者"。

如果是这样的话,戈德曼确信自从干草市场事件以来,这是无政府主义第一次"在美国法庭上表达出自己的呼声"。从一开始,她就发起攻击,指责执法官把她的办公室变成像"被入侵的比利时一样的""战场",以此来"保证纽约的民主安全"。戈德曼之前也读过《独立宣言》,所以才把自己与那些如此知名的犯法者相提并论,比如说托马斯·杰斐逊、帕特里克·亨利、威廉·劳埃德·加里森、约翰·布朗和亨利·戴维·梭罗。这些人总是会在法律红线之内行事吗? 不。她维护那些逃避兵役制的人就是犯法吗? 在她眼中,这并不犯法。她反对征兵制就代表她不是一个爱国者吗？在她眼中并不是这样。她坚持认为"真正的爱国者"会"睁开双眼"去热爱他们的祖国，她不会对美国犯下的错误视而不见。她也是一个爱国者，一个"比那些发射炮弹的人更伟大的爱国者"，他们只会在国歌声响起的时候一跃而起。（在审判过程中，每当从附近的招兵处传来的国歌演奏声飘进法庭时，目中无人的戈德曼仍然坐在那里。）

检察官决定不直接挑战被告的爱国主义精神。相反，他提醒在座的陪审团成员"真正的艾玛·戈德曼"并不在法庭上。他说，只有在演讲台上才能看到"真正的"戈德曼。"在那里，她才会活力焕发……在那里，她煽动年轻人，威胁我们井然有序的体制。"

在这些制度中，起码有一种体制运行良好，因此审判长在听到这个案子时可以读到《地球母亲》杂志上的内容及伯克曼的《监狱回忆录》。到了该向陪审团宣布罪名的时候了，朱利叶斯·迈耶已经做好了准备。他宣布："言论自由不是此次审判的问题。我们在宪法的保护下可以发表自由言论……但言论自由并不意味着宪法许可或建议人们违反法律。"我们需要明确的唯一一个问题是被告是否"共谋"违反义务兵役法案。构成共谋的因素是什么呢?迈耶法官宣布"如果两个或两个以上成员以任何方式或者通过任何装置,为达到一个共同的非法意愿而达成正式的共识,那么足以证明这些人就是共谋者"。

陪审团很快也被证明是一个高效的正义机器。12个陪审员总共花了39分钟认定戈德曼和伯克曼有罪。迈耶法官定下了最高限度的惩罚结果,即在监狱服刑两年,并每人罚款10 000美金。但是,他觉着这么做还不够。他把判决书分发给陪审团成员,他建议在他们各自刑满释放后,把这两名无政府主义者驱逐出境。迈耶法官总结说,美国不欢迎"那些认为可以根据个人的选择而不服从法律的人"。接着,情绪低沉的伯克曼被押往亚特兰大联邦监狱服刑,而顽固不化的戈德曼被押往杰斐逊市的密苏里州监狱。

他们两个差不多都已经到达了他们的新家,这时一位充满同情心的律师前来担保,让他们获得暂时的自由。这名律师叫哈里·温伯格,他并不是一个无政府主义者,但是他却以为激进分子和激进主义事件作强有力的辩护而出名。他曾经在戈德曼的计划生育案子中担任过她的律师,这次他主动提出为刚刚结束的共谋案件担当他们的法律顾问,但是戈德曼拒绝了他的好意。毕竟,对于被告戈德曼和"律师"戈德曼来说,有比法庭更好的平台和更伟大的舞台吗?

既然审判已经结束了,温伯格决定推翻这次的审判结果。首先,他必须找到一个愿意以对戈德曼和伯克曼的控诉存在争议为理由释放他们俩的法官。7月20日,新任最高法院审判长的路易斯·布兰代斯签署了押送戈德曼和伯克曼回纽约的文件。然后,温伯格着手挑战征兵的合宪性。他争论的焦点是义务兵役法违反了宪法第一条和第十三条修正案,还违反了宪法中反对宗教势力的禁令(因为义务兵役法确实豁免了一些宗教反对者)。

当法院正在考虑戈德曼的命运时,她利用这暂时的自由去纽约州罗切斯特拜访了她的姐姐海伦娜。如果说在她的家庭中有一个值得她特别关心的人,那么这个人就是海伦娜。海伦娜曾不止一次地帮过她。现在,海伦娜需要她。海伦娜的儿子决定应征入伍,这让她感到心烦意乱,她希望戈德曼能劝劝她的侄子不要去当兵。

最后,这两个女人的努力都失败了。一个没有强烈的政治观点的小提琴家戴维·霍克斯坦认为自己有义务效忠自己的祖国。后来,他去欧洲参加战斗,在战争结束的前几天,他在阿戈沏森林战场上牺牲。他的母亲从此一蹶不振,伤心得快要死了。海伦娜的状态让戈德曼感到万分悲痛,同时,她也看不起自己的姐姐没能克服内心的悲痛而最终酿成自己的悲剧。

戈德曼对赖特曼也有类似的感受。在庭审之前,赖特曼动身前往芝加哥,尽管戈德曼央求他留下来陪她,但他还是走了。对于赖特曼式的决定,戈德曼同样没有再次感到惊讶,但是他袖手旁观的态度让戈德曼感到"恼火和痛苦"。更糟的是,他已试图去应征医疗军队。这个国家已经变成了一个巨大的"疯人院",这样已经够糟糕了;更糟糕的是,他的侄子和爱人都被卷入了这场"战争狂潮"中。

伯克曼再一次赶来营救她,陪她等待法庭的判决。伯克曼回到纽约之后,由于受旧金山备战节爆炸事件的最后一次余震影响,他被抓进了图姆斯监狱。加利福尼亚当局要求引渡伯克曼。一回到纽约,戈德曼代表伯克曼着手组织示威游行活动。俄国的朋友们甚至在莫斯科和圣彼得堡为伯克曼游行。旧金山地方检察官最后让步了。不再需要引渡了。但是,这一切都需要时间,直到11月,伯克曼才被释放。

《地球母亲》仍然需要戈德曼操心。8月,邮政部以违反间谍法为由禁止邮寄《地球母亲》刊物。在《地球母亲》的官方"看门人"赖特曼的帮助下,戈德曼出版了另一份更为简洁的替代印刷品,该替代品的名称是《地球母亲公报》。但是,赖特曼对战争的"谨慎"态度使他和戈德曼之间的关系变得更加紧张。"一天,他们大吵了一架,然后本就走了。"这一次,他是"永远地"离开了,《公报》会怎么样呢?12月的公报被邮政部门退回,因为公报的内容中有一则关于在德克萨斯军营绞死了13名"黑人士兵"的报道。4个月之后,该公报也被永久性地"禁止寄送"。

戈德曼认为美国的压迫和俄国的自由之间的对比越来越明显。如果她不能去俄国,那么她希望美国人知道那里发生了什么事情。如果在威尔逊的美国自由受到碾压,那么在后沙皇时代的俄国它正要诞生。如果她将要被迫在监狱服刑,那么她希望好好利用自己所剩下的自由时间去指责美国政府的战争政策,弘扬俄国精神,特别是要求结束这场"帝国主义"战争的列宁和他的布尔什维克党。

尽管戈德曼有这些愿望,但是那个在6月逮捕她的联邦执法官决定在最高法院审理对她的上诉之时禁止她在公众面前演讲。为了表示抗议,戈德曼塞住自己的嘴巴出现在观众面前。这个策略和宣传显然很有效果,因为恰恰是司法部长米切尔·帕尔默允许她回到演讲界。或许,美国的自由并没有完全消亡。

通过这一点,无政府主义者在反对战争的立场上就绝不会孤立无援。事实上,自从1917年夏末,在反间谍法的作用下,那些反对战争的世界产业工人联盟会员和社会主义者也变成了起诉的对象。据戈德曼所说,"美国野蛮人"不会再对不同的激进主义组织区别对待。对于这种形势的变化,她并一点也没有感到惊奇,但也摆脱不了内心的苦涩。其他的激进分子没能站出来支持她,这种失败的感觉"会回来纠缠他们"。当无政府主义者成为被"迫害"的唯一目标时,这些"可怜的傻瓜"沉默不语。从一开始,他们就不愿意去挑战"战争狂潮",现在轮到他们为此"付出代价"了。

戈德曼坚信如果能有更多的美国人（不管是不是激进分子）尽快站出来抵制宣战的决定，那么美国军队就不会向欧洲进军，而且她也不会面临牢狱之灾。但是，直到夏末，已经无法阻止美国的战争机器了，并且她也无法主宰和控制自己的命运了。她所能做的事情就是希望能有一个乐观的裁定。要是天不遂人愿怎么办呢？如果最终她不得不蹲监狱，如果其他人也面临着类似的命运，她仍然还抱着另外一线希望。她希望不断扩张的社会镇压最终会暴露美国民主的虚伪和欺诈，让美国左派最终受益。

当列宁最终执掌了俄国政权，戈德曼的注意力从美国民主的伪善转向了俄国政治变化的可能性。她把自己当成布尔什维克主义的非官方宣传家，她发表演讲，维护他们的利益，还出版宣传册（《布尔什维克的真相》），并用自己的"爱子"《地球母亲公报》来支持列宁改革。尽管有一些令人不安的信号，但是戈德曼在1917到1918年那个冬天还是坚持她的支持布尔什维克战线。克鲁泡特金反对布尔什维克，但是，在戈德曼的眼中，他对协约国的支持已经让他的信誉尽毁。

很多美国无政府主义者都对布尔什维克持怀疑态

度,而且来自俄国的无政府主义者的报道告诉他们布尔什维克党对他们发起攻击。但是,戈德曼不愿放弃列宁的新政体。在她眼中,这场革命堪比美国的1776年改革。列宁和他的追随者都是"自由论者",而俄国人民天生就是"共产主义者"。从她的角度看,最后这两类人是可以互补的,而不是相互对立。布尔什维克是马克思主义者,因而他们也是"政府至上主义者",但是他们的最终目标与戈德曼的目标是一致的,也就是达到一个没有政府的乌托邦理想社会,那里由自由和平等主宰。

当列宁创建他的理想社会的初期阶段时,戈德曼意识到她的自由很快就要结束。1918年1月初,在没有任何异议的情况下,最高法院确定征兵制的合宪性。因此,戈德曼和伯克曼的罪名成立。2月4日,他们俩如期向纽约当局投降。就在第二天,艾玛·戈德曼再一次被关到了冰冷的铁窗后面。

在戈德曼作为一名美国囚犯间断性的监狱生涯中,她第一次感觉很难接受自己的命运,而且无法适应监狱中的日常生活。每一天都比前一天过得更艰难。现在,她已将近50岁,在她身上不断出现的问题以及更年期的到来对她的身体和心理都产生了很大的负面影响。至少她还可以从外面得到一些新闻消息，但是甚至她对这种消遣的兴趣也日渐减少。在她的邮件和报纸中，都是一些关于美国和苏联压迫异见者的报道。对于这样的故事和消息，她无能为力，没法缓解任何人的困境，只会让她精神上的负担越来越重。甚至连她的"伟大的爱人"——她的"理想"也不能让她的精神振作起来。

戈德曼的日常生活安排已让她筋疲力尽。每天早上5点半，她要起床打扫自己的牢房，然后吃早餐（沉默不语）；从上午6点半到11点半开始干活（又是裁缝工作），然后吃午饭（沉默不语）；中午12点半到下午4点半，返回车间继续工作；然后面对"更糟糕的食物"（沉默不语）。她的固定工作任务是在一个"可怜的在贫民区下水道附近长大的21岁男孩"的日常监管下缝制完54件夹克或18打吊裤带，监狱当局给这名男孩付薪水，以保证囚犯的劳动成果。这差不多回到了她在利奥波德·加森的工厂工作的日子。在美国，作为一名知名的无政府主义者，艾玛·戈德曼或许收获了名声和骂名，但是她的第一份和最后一份工作竟然都是一个卑微的裁缝。

至少,这种"环境恶劣"的车间比待在牢房里好得多。1893年,她待过的"虫洞"(牢房)的面积是现在的一半,新的牢房不仅光线昏暗,而且通风条件很差。她对后者作了这样一个解释:南方人"并不关心空气质量"。她想在周日去一趟教堂,但没有资格。在监狱的规定中,那些要做礼拜的人,每周日下午都有外出放风的机会。戈德曼没有参加这样的活动,因为她并不相信宗教。她在很久以前就丢掉了所有的宗教信仰。她对自己缺席宗教仪式的解释是:没有人能调试好钢琴,更别说去弹钢琴!——这说明她的幽默感没有完全丧失。

事后,而且只有在事后,戈德曼才能对自己的最后一次监狱生活一笑置之。那时候,她所能做的一切只有活着度过每一天。当戈德曼开始像母亲一样来照顾狱中的姐妹,包括黑人罪犯时,她就更容易维持精神状态。这一次的监狱生活是她有生以来与美国黑人接触时间最长的一段时间。从某种程度来说,《地球母亲公报》是因为刊登了一篇关于美国黑人的文章而被勒令停止发行的,这真是讽刺。事实上,以前的《地球母亲》

杂志几乎没有涉及种族问题,而且戈德曼的演讲很少会吸引黑人听众。尽管如此,她开始欣赏黑人狱友的"团结一致",她们或许需要她的关心,但她更需要把她们当成自己的榜样。

在狱中,戈德曼最亲密的狱友是另一些政治犯,尽管典狱官否认会把罪犯分为三六九等。在这些"政治犯"中,最突出的就是凯特·里查德·奥黑尔。奥黑尔出生在美国堪萨斯州,是一名社会主义者,她被判违反了反间谍法。刚开始,奥黑尔锋芒毕露的态度和"孩童般的信念"让戈德曼难以接近,这是只有美国本土人才会有的杰出的政治特质。如果在监狱外面,这两个女人无疑会发生争执,因为奥黑尔是一个教条的社会主义者。但是,在监狱里面,她们是同志,她们会采取一切有用的方法去改善身边的一切,比如说让自己的食物变得更热一点,让自己的墙壁变得更白一点。

凯特还是会大方地赞美戈德曼。"艾玛不信基督教,但是她让我领悟了耶稣的精神境界。"为什么呢?因为她总是乐于服务他人。女狱友们"并不知道无政府主义是否是一顿早餐或者是一份爆米花;但是艾玛却为她们做了很多事情"。对于戈德曼来说,不管是在监狱里面还是外面,母性的关爱一直是她的使命。对于奥黑尔来说,狱中的姐妹戈德曼是一个"温柔而宽宏大量的母亲"。

在狱中,戈德曼还一直做快餐厨子。在她纽约的住所里,她一直练习烹饪美食,很多演讲稿都是在火炉边准备出来的。她在监狱里展现的特长并没有完全达到美食家的水平。她经常做的就是咖啡(非常失败)、三明治(太奇怪)和鸡蛋(通常是水煮鸡蛋)。如果艾玛·戈德曼准备的食物没有一点新鲜感,那么她不得不在分发食物的时候使用一套别出心裁的方法。事实上,这个过程教会了她"弯曲的真正涵义"。监狱的铁栅栏都排得很密,但是,渐渐地,这些女人学会了"用各种各样的柔体动作"在铁栅栏之间传递食物。

虽然戈德曼对自己的"厨艺"感到骄傲,但是她的朋友却担心她变得太女人了。她在信中不断地要求能得到长丝袜和睡袍,这些简直不是献身革命之人所需的服饰。他们的担心最终让戈德曼承认了这样一个事实:"我宁愿一直做一个这样的女人,也总比一个浑身沾满鲜血的革命家好。"

当想起俄罗斯时,戈德曼确实把自己当成一个十足的"革命家"。尽管这可能会打破"我们所有人的母亲"这个形象,但是这就是事实。凯瑟琳·布莱科娃一直是戈德曼心中的一个女英雄。布莱科娃领导着1905年俄国革命的一股力量,她一开始是支持布尔什维克的,后来却对他们持完全反对的态度。这种"逆转"让戈德曼感到"十分震惊"。她在监狱中给布莱科娃写信,劝她不要与俄罗斯的"白人将军和犹太人迫害者"结成联盟。她还恳求她心目中的偶像不要批判列宁政权,特别是因为"每一个政府都会扼住布尔什维克的咽喉"。这位被她称作"母亲"的俄罗斯女人不仅反对戈德曼的建议,而且布莱科娃预言她的这位意识形态上的女儿总有一天会站在她这边。在监狱里,戈德曼把这个建议"嘲笑"了一番,然后中断了与布莱科娃的一切通信,在写给她的最后一封信里署名为"你伤心欲绝的孩子,艾玛"。

与此同时,戈德曼开始收集美国镇压政策的证据。直到11月签订了停战协议,反间谍法和妨害治安法把许多人送上了法庭,送进了监狱,其中,世界产业工人联盟成员比尔·海伍德和社会主义者吉恩·德布斯赫赫有名。

在监狱里，对犯人的监督和监视很严格。戈德曼和伯克曼之间的信件会被定期拦截。《地球母亲》停止发行的一年时间里，几乎所有 8 000 名订阅者都会在军事情报文件中被提到。在司法部长 A. 米切尔·帕尔默的司法部门中，一个驱逐外来激进分子出境的计划正在快速成型。到 1919 年秋，被视为"红色激进分子"的嫌疑人的数量已达到 60 000 人。德国战败之后，一种与之相关的新的威胁出现了。"野蛮人"和"红色激进分子"似乎是两类不同的人，但是在 1919 年高度紧张的氛围中，他们的性质是一样的。毕竟，难道不是"红色激进分子"最开始反对对"野蛮人"宣战的吗？

全国爆发了大规模的罢工运动。很多杰出的政治家和商人都收到了邮包炸弹。有些炸弹实际上已爆炸，其中一颗在司法部长帕尔默家门口的台阶上爆炸。大约有 500 万份列宁所写的《致美国工人的一封信》被分发到这个国家的各个角落。至少有 50 种与布尔什维克相关的出版物在流通。必须对这一切有一个说法，而这里确实有一种说法。列宁承诺要领导国际革命，而那些相信这场革命的人都在美国发挥了作用。那说明，不是所有的左派分子都是社会主义者或者都真正相信这场国际革命。有些是"红色激进分子",到处都是"红色激进分子"。其中一些人仅仅是一些替罪羊,为那些希望阻止社会、经济和政治变革的右派人士顶罪。

当然,在移民占主导地位的美国共产党中也有一些"红色激进分子"。在由激进主义记者约翰·里德领导的共产主义工党中有更多的"红色激进分子"。里德曾经在戈德曼1917年的审判中为她做过证人。罢工和爆炸事件之后也有"红色激进分子"捣鬼。一个参议员委员会得知,"红色激进分子"可追溯到德国"革命社会主义"和新的苏联。

同样是参议院委员会成员的华盛顿参议员迈尔斯·波因德克斯特公开质疑为什么没有某个特别的"红色激进分子"被立即驱逐出境呢?事实上,当波因德克斯特把那个问题直接反映到司法部长帕尔默那里时,那个正在讨论中的人由于"表现良好"而被提前四个月释放出狱。

9月28日,波因德克斯特参议员感兴趣的那个目标离开了密苏里州监狱。艾玛·戈德曼现在是一个自由的女人了,她的第一个目的地是芝加哥。她希望在那里与赖特曼来个了结(至少她是这样想的)。那个时候,赖特曼已经娶妻生子。后来,戈德曼写道:"死者埋葬死者,我很平静。"然后,她启程前往罗切斯特去看望海伦娜和母亲,这是她们最后一次见面。戈德曼一直处在她所谓的"司法"部门的监督之下,事实上,她早已把这个机构当成自己的私人秘书。另外,迈耶法官下达的驱逐出境的命令仍然有效,参议员波因德克斯特仍然关心此事,并且司法部长帕尔默也在不停地关注这类人以及那些在 1920 年总统选举中出现的激进分子嫌疑犯。这么多官员的眼睛都盯着戈德曼,她的自由时间实际上将会非常短暂。

10 月 17 日,参议院通过了一项决议,要求司法部长报告司法部是否已经对戈德曼和其他外籍激进分子采取了行动,"如果没有,为什么还没有行动"。显然,参议院已逐渐失去了耐心。毕竟,这个他们正在讨论的女人已经出狱,而且回到演讲台上,抨击国家监狱条件的恶劣,赞美俄罗斯布尔什维克,并猛烈攻击她的敌人以及那些被她视为民主自由的敌人的人。

在她的敌人中,司法部长帕尔默和一个名叫 J. 埃德加·胡佛的司法部官员名列榜首。在参议院的决议通过后不久，帕尔默根据1917年外来移民法案和1918年反对无政府主义者法案下达了对戈德曼的逮捕令。前者规定任何不受欢迎的外来者在进入本国之后的任何时间都可以被驱逐出境，而后者把戈德曼和伯克曼列入要予以反击的无政府主义者行列。

在戈德曼被捕后不久，司法部门发表了一份对激进分子的调查报告。大部分的文件都是关于"6号罪犯"（艾玛·戈德曼）的。该报告涉及1893年对她的审判，一直到1914年7月刺杀麦金利总统以及《地球母亲》的发行。这份报告的负责人是胡佛，他的目标不是驱逐一位无政府主义者，而是把这个国家里的两名"最危险的无政府主义者"艾玛·戈德曼和亚历山大·伯克曼都驱逐出境。

10月27日，戈德曼出现在被告席上，被两条正在讨论的法律定罪。与此同时，已经宣布打算返回俄罗斯的伯克曼放弃了所有上诉。戈德曼准备和他一起走，但是至少她希望能看到这个过程最后的结果。或许她仍然抱着留下来的希望，又或者她代表着其他人坚持着这个希望。事实上，在审讯之前，一位《地球母亲》的同事提出与戈德曼结婚，从而让她拥有美国公民的身份。依照温伯格提出的建议,她拒绝了。显然,这两个人都误以为戈德曼还可以通过与克斯纳的婚姻关系来维护自己的公民身份。

在对她的审讯中,温伯格确实做出了充满激情的辩护。他引用了托马斯·杰斐逊关于自由和宽容的美德的描述,争辩道,美国法律和传统应该站在他的委托人这一边:艾玛·戈德曼在1885年来到美国时并不是一个无政府主义者;因此,不能因为她后来变成了一名无政府主义者而把她驱逐出境。

整个庭审过程中,戈德曼自始至终都保持着不寻常的平静。但是,在审判结束之后,她提交了一份书面声明,极大冲击了她被迫忍受的"星法院审断程序":

> 如果目前的审判是为了证明我所犯下的罪孽……那么对于法庭的密审和严刑逼供,我会提出抗议……但是,如果我不是因为某个具体的犯罪事实而被起诉……那么我会更加猛烈地抗议这些审判诉讼。

戈德曼继续为自己辩护,她认为,战时的镇压政策,特别是对她的驱逐,其背后的"真正目的"是为了维护"资本主义现状"。她的辩词或许起到了宣泄效果，但是这并没有改变政府当局的决定。一个月以后，政府下达命令让她离开美国。1919年11月29日，劳工部副部长路易斯·波斯特在驱逐令上签字。几年之前，波斯特曾和戈德曼并肩作战，确保约翰·特纳安全出狱。在驱逐令上签字的那一天，他责怪戈德曼"一点都不了解移民法"。且不说他说了这些嘲笑的话，他在相应的文件上签了字，他的前盟友永远不会原谅他了。

戈德曼待在美国的日子已进入倒计时，她决定作最后一次巡回演讲，并且这次完全是即兴演讲。为什么不这样呢？毕竟，她明白这可能是她"最后一次用自己的呼声来抗议这片曾接收我的土地带给人的耻辱"。其间可能会有更多的上诉，但是她找不到任何乐观的理由。于是，她开始发表一系列告别演讲。

芝加哥也在她的行程之中，这并不出人意料。她在那里见了些老朋友，并发了一通牢骚。这个城市是她第二喜欢的美国城市，她在这里生活的日子欢乐多于痛苦。更让人高兴的是，在这里，她得知了老对头亨利·克莱·弗里克去世的消息。亚历山大·伯克曼曾经刺杀弗里克失败，时间终于成全了当初这个愿望。

回到她珍爱的纽约城,戈德曼处理了一下自己在美国还未做完的事情,据报道于 1919 年 12 月 5 日去了埃利斯岛。一个星期之后,她在临时牢房中放弃了最高法院给她的最后一次上诉机会。伯克曼被关押在离戈德曼不远的地方。他曾准备离开美国几个周,而不是几年。现在,尽管并不是出于戈德曼个人的完全意愿,她最终还是准备和伯克曼一起尽快离开美国。现在所剩下的就是看牙医、与朋友们告别,以及处理一小部分信件,其中有一封信是本·赖特曼写来的,他在信中提了最后一个要求:"让我在你的记忆中永存。"带着老情人的嘱托,除了坐在那里等待,被关押在"我从来没有待过的最潮湿的牢房里",她已没有任何挂念。

第九章
在海上

来到埃利斯岛上。不同信仰、语言和肤色的移民满怀期望和一些不确定因素来到这个岛上。等待他们的是审问者,他们的问题和答案会即刻决定这些移民的命运。在这个小岛上,这些焦虑的移民要么返回自己的原居国,要么通过筛选踏上美国的领土。但是,1919年12月20日晚,埃利斯岛却上演了一幕不一样的戏。这是一个寒冷的星期六晚上,这个岛变成了249名被拘留者的临时住所,他们的答案总是不合格,并且他们的命运早已被决定。

这249人都是生活在美国的外来激进分子。因为所有人都不是美国的正式公民,所以美国当局有资格决定他们接下来的旅途。在这些人中,有三个女人,其中最出名的就是艾玛·戈德曼。

戈德曼这张公众熟知的脸表明她已经准备好,甚至渴望开始她的流放生活。高傲的美国抛弃了她,那又怎么样呢?祖国俄罗斯在那里等着她。她相信布尔什维克革命,在这种信念的支持下,戈德曼已经准备好向世界宣布能够回到自己的家乡,她感到自豪和高兴。

但是,要离开那个她度过了一生中三分之二的时光的国家,从内心深处来讲,戈德曼还是感到很失落。现在的她已经 50 岁了,她已经习惯了努力奋斗、充满刺激和争议的美国名人生活。所以,在她待在美国土地上的最后一个晚上,她穿着一身黑色衣服,向一位朋友透露她感觉似乎"我的整个心都被掏空了"。

这 249 人中没有一个人接到了离开的确切时间的通知,所以戈德曼和她的同伴们无所事事,除了等待、睡觉,还是等待。在一个星期天的凌晨 2 点钟,他们结束了这场等待。当一艘美国海岸警卫队快艇载着一些国会议员、政府官员和 J. 埃德加·胡佛抵达埃利斯岛时,戈德曼醒了;差不多正在这时,一艘在西班牙和美国战场上服役过的运输船正穿过海面的浮冰,向斯塔顿岛集结地前进。这是布福德战船,不久它将载着戈德曼和其他 248 名被驱逐出境的人穿越大西洋。

凌晨3点钟，249名被放逐者排成一列纵队前行，等待军队船只的到来，由多名扛着刺枪的士兵护卫。这段路程走得很快，但是由于有记者在场，这249人中有一个人情不自禁地要讲最后几句话。戈德曼的脑海中已经想好了第二天的头版标题，在船只消失在黑暗中之前，她大声宣布能被遣送回俄国她感到非常高兴，而且她还预言有一天她会成功地回到美国。

一个小时之内，这艘拥挤的船刚好经过了自由女神像周围。戈德曼被这种讽刺的场景打动了。34年前的12月，当她看到这位高举着火炬的女神时，内心是多么的激动。当时，"自由小姐"才在几周之前刚被安放在这个基座上，当时年仅16岁的艾玛·戈德曼有幸成为第一批在她高举的手臂下经过的人。但是，1919年12月的这一天，在这个黑暗的黎明时分，已步入中老年的艾玛·戈德曼只能讽刺地注视着这个毫无意义的自由的象征，此时的她渴望在美国之外的其他地方"自由呼吸"。

他们向布福德战船的转移毫不留情地高效进行着，但气氛并不是死气沉沉的。当戈德曼登上这艘陈旧的战船时，一个国会议员大声叫道"圣诞快乐，艾玛!"。他的问候换来了这个犹太无神论者的一片嘘声,她的沉默并不代表她不知道说什么好。那时,公众面前的艾玛·戈德曼和私底下的艾玛·戈德曼合二为一了。她站在布福德战船的步桥上,低头怒视着这些把她赶出美国的人。她沉默地看着他们,摆出了最后一副蔑视的姿态。

太阳升起之前,第一批"苏联方舟"已经航行在海面上了。从表面上看,政府计划中的横渡大西洋大批放逐终于开始了。在比喻的意义上,其中最著名的一位乘客的余生都将一直在海上漂泊。她再也不会在美国的领土上拥有一个家庭了。这位美国无政府主义者再也没有一个真正属于自己的国家了。

对于J.埃德加·胡佛来说,戈德曼和伯克曼出现在"方舟"上是很关键的。他的目标不仅仅是把这两名臭名昭著的无政府主义者赶出美国,而且还要获得大众的支持,让整个司法部发起一场反对激进分子、无政府主义者或外来人士的"红色恐慌"运动。布福德战船启程时的神秘氛围、国会议员和记者受邀前来以及全副武装地防卫被驱逐者的士兵其实都是一体的。就像戈德曼一样,当胡佛看到了这个机会时,他就知道这是一个绝好的充满戏剧性的机会。这些非同寻常的防范措施是有用的,以防任何人质问政府行动的合法性。因为戈德曼和伯克曼确实是相当危险的人物。如果大众还有任何质疑,司法部就会选择在布福德战船启程的当天发表关于戈德曼和伯克曼试图刺杀或行刺国会议员的报道。

戈德曼和伯克曼不甘示弱,他们写了一本属于自己的小册子,名叫《放逐:其意义与威胁》。他们希望该册子能继续为反对美国政府以及反对任何支持美国政府的人起到宣传作用,这就是他们的贡献。这本册子是他们在埃利斯岛时抽空写的。1917到1918年间的反战争狂潮不断地出现在他们的脑海中,没有任何敌人能逃得过他们的愤怒,包括胡佛在内,但是他们真正的靶子是那些支持威尔逊战争政策的自由主义者,甚至激进分子或知识分子,以及随之而来的对公民自由的压制。戈德曼和伯克曼再一次试图把自己放在托马斯·杰斐逊的个人主义传统位置上,于是他们在登上布福德战船前找准时机放了最后一枪。这是一种含蓄的警告(美国无法强制执行美国主义)和公开的恳求(美国人应该回到自己神圣的根源中去)。这种讽刺是不可避免的。戈德曼和伯克曼自称是杰斐逊的支持者,他们在 1912 年攻击那个占领了白宫的总统(伍德罗·威尔逊),以杰斐逊的忠实支持者的名义发起反对运动。

但是,在途中,比起把自己打造成托马斯·杰斐逊的合法继承人来说,戈德曼有更多担忧。布福德战船真的适合在海上航行吗?这条船会意外触礁吗?这些士兵会怎样对她呢?事实上,这些问题都不值得她花时间和精力去思考。1 月 16 日,布福德战船安全地停靠在芬兰的汉科港口。三天之后,戈德曼和伯克曼到达了俄国边境,他们在那里受到了苏联政府代表团的迎接。现在,她的脑海中又有了新的担忧。无政府主义者可以在"布尔什维克政府管辖的区域内发挥作用吗"?

在接下来的两年时间里,她最初的这些担忧逐渐发展成对列宁政权的反对,因为"红色艾玛"发现红色俄国并不适合她。对于一个花了大半生去追求自己期望能在列宁统治下的俄国实现的梦想的女人来说,这确实让她感到震惊。戈德曼利用演讲台和手中的笔为自己心目中的革命乌托邦作宣传。她渴望有一天革命能解放所有被压迫的人。她对革命的净化力量存在一种狂想。但是，当面对列宁革命的现实，她却发现没有任何权力是干净的，没有任何事情值得狂想，也没有任何解放和自由。如果这就是乌托邦，或者是正在通往乌托邦的道路上，这根本就不是她理想中的无政府主义乌托邦的样子。

不久之后，这个相信个人选择权的女人做了一些决定。她应该支持列宁政权吗？当戈德曼认为列宁革命已不值得支持或维护时，她是应该公开反对还是保持沉默呢？

一开始，戈德曼和伯克曼愿意接受政权的官方路线，该政权认为对内镇压是为了回应外部的危险。毫无疑问，布尔什维克的确遇到了巨大的危险和真正的敌人。协约国军队最近才从俄国的欧洲战场撤兵，但是仍然还在俄国东部的领土上。协约国海军的封锁仍然有效。而此时，俄国暴发内战，戈德曼知道在取得任何积极的结果之前，那些"反革命"，不管是君主主义者还是自由主义者，都必须被击败。戈德曼承认，当时高度的中央集权暂时是"完全有必要的"。在革命发源地的前几周和前几个月的时间里，她毫无保留地接受这种官方路线。但是,很快,一种"幻灭"感开始涌入她的脑海。随后,她有一种被彻底背叛的感觉,一旦这种感觉在脑海中生根,就很难摆脱。

从一开始就预示着有些事情要发生。从俄国和芬兰的边境处到彼得格勒(以前的圣彼得堡)的途中,戈德曼和她的东道主同坐一节车厢,这位东道主是一个政府官员,名字叫佐林,他曾经在美国住过一段时间。尽管能够用英语相互交谈戈德曼感觉松了一口气,但佐林说了一些话,令她很不高兴。他充满激情地说,这个政党堪比纽约的坦慕尼协会。戈德曼没有对"这种刺耳的声音"作出回应。几天之后,佐林告诉她,"言论自由"只不过是"资本主义迷信"。戈德曼的直觉是要反驳,但是她克制了自己的这种想法,她觉得自己没有权力去评判"这种早期革命"。然而,她在彼得格勒的头几天时间里过得并不安心。她对无政府主义的理解就是要获得一切形式的自由。绝不能在革命中否认自由,就算是要与真正的敌人作斗争也不能这样。

戈德曼记得以前的圣彼得堡是一个"充满活力和神秘"的城市。1920年的彼得格勒却不是这样,这里的人们"像行尸走肉一样",整天为"寻找一块面包和一根木柴"而苟活。所有这一切"完全静止",就是一座"瘫痪"的城市。或许她看到的只是一大幅图中的一小部分画面,或许又不是。或许,彼得格勒的现状只是暂时的,或许又不是。不管怎样,这样的再三思考是一种麻烦,更不用说像他们一样麻痹自己了。

有些天,只有枪声打破这"可怕而又压抑的寂静"。内战结束了吗?死刑执行了吗?没有,戈德曼告诉自己。佐林已明确地告诉她,死刑这种资本主义的刑罚已经被废除。而且,现在并不是怀疑的时候,更不用说把这种怀疑表达出来。她"要明白",这场革命还年轻。

这里的名人和普通人都是戈德曼的老师。她在格林威治村的一位老朋友约翰·里德也在彼得格勒。里德是布尔什维克支持者,也是一个革命瞬息史作家,《震撼世界的十天》是他的代表作。他向戈德曼保证苏联政权的"阴暗面"只是暂时的现象。戈德曼想要相信里德所说的话,但是她还是会继续发掘第二种或第三种想法。

戈德曼在寻找支持里德的乐观想法的证据时,无意中进入了马克西姆·高尔基在彼得格勒的公寓。高尔基是一位著名的作家,在他的笔下,他把"社会上无家可归的人变成我们的亲人",当然,他可能会向这位来访者再次保证革命是正确的。但是并非如此。当戈德曼与这位疲倦而又心烦意乱的高尔基见过第一次面之后,她感到非常空虚和沮丧。她与这位小说家的第二次相见是在一辆开往莫斯科的火车上,这次见面纯属偶然。这一次,愤怒的戈德曼与他当面对质。她听说高尔基作了一些维护苏联政体的惊人的断言。对那些他所谓的"道德缺失"的孩子,他真的提倡监禁吗?是的,这位震惊的作家回答;"道德缺失"已在年轻人中间蔓延,国家有义务把这些违背道德的年轻人抓起来,以抵制这种"疾病"的扩散。

让戈德曼感觉更痛苦的是,她发现政府并没有消除基本的不平等现象,实际上还允许这种不平等永无休止地存在。社会等级制度已经被简单地进行了重新调整,所以现在是共产党员地位最高。在阿斯托里亚酒店的厨房日常事务里,戈德曼知道了这个事实。食物明显供应不足。现在实行的是定量配给制。她认为这一切都是战争、革命和协约国的封锁所带来的负面影响。她所不能接受的是,那些住在阿斯托里亚酒店的共产党员却享受着特惠待遇。

一天，当戈德曼排在队伍中等候自己的那份食物时，一名年轻的女孩闯到前面索要一点醋。很快，若干女人齐声质问："她到底是谁？竟然有这般奢侈的待遇？"回答是：一位党内高层官员的"仆人"。她有什么权力提出这种要求？因为他是她的"主人"，这位女孩告诉她的质疑者。而且，他是一位"勤勉的"主人，所以他值得拥有这点小小的奖赏。瞬间，"大家心中的怒火像决堤的洪水一样涌起"。戈德曼看着这种自发的真实感情的流露，没有发表任何评论，但是她情不自禁地问了自己一个问题。难道革命的目的不是为了废除奴仆制吗？主人和仆人之间的关系不是早就应该成为过去了吗？

尽管这位仆人的行为和态度让戈德曼感到不安，但和她一起排队的人的行动给她留下的印象更为深刻。这些女人有一种"天生的"正义感。她们"每走一步"，就看到一些不公平的待遇，这让她们"感到非常厌恶"。对于一名迄今为止还未在彼得格勒找到任何值得乐观的因素的无政府主义者来说，这是一种希望和信号。或许莫斯科会更好一点。当她继续调查、询问和观察时，她只希望莫斯科的情况会好一点。

因为莫斯科是苏联政府的首府,所以戈德曼和伯克曼宁愿离这里远一点。在彼得格勒,戈德曼和伯克曼或许"备受煎熬",但是他们却打算定居在这里。毕竟,这里是一个西部大都市,是"革命工人"的中心。但是,至少他们希望见证一下这个革命的中心城市的生活是什么样子。当然,简短的参观并没有让他们受到污染,甚至还振作了他们的精神。

里德曾经提醒过他们,莫斯科是一个"军事营地"。更糟糕的是,这个城市里到处都是密探。据说,秘密警察无时无刻无处不在。当然,戈德曼也有自己的看法。这个城市的喧嚣和繁华很快吸引了她。与彼得格勒那处"荒地"比起来,莫斯科的街道上车水马龙。但是,她的确很快就发现士兵和秘密警察真的是无处不在。另外,莫斯科人之间"似乎没有什么共同利益"。这个苏联城市的生活与纽约城的生活太像了:"每个人都是一个独立的个体,为自己的利益而奔波,与其他人推搡和磕碰"。或许,所有这一切最后都会被亲切的合作关系所取代,她忍不住提出这种期望。又一次,她忍不住要担心。

在这些莫斯科人中,戈德曼找到了一位名叫安杰莉卡·巴拉巴罗娃的共产党员,她是第三共产国际的秘书长。戈德曼听说过一些关于她的事情,在聆听了里德和高尔基维护革命的观点之后,她希望听到一个女人的意见。巴拉巴罗娃没用"常用的借口",给戈德曼带来了一份惊喜。是的,这个国家的食物和燃料确实短缺,但这并不仅仅是协约国的封锁所造成的。俄罗斯的生活就是"拮据和有限度"的生活。俄罗斯的生活会渐渐地被苏联生活所取代吗?巴拉巴罗娃沉思地说,或许会,或许又不会。

在莫斯科,戈德曼听说有一种"黑色禁卫军",他们是全副武装的无政府主义者,专门参与抢劫或其他恐怖活动。在俄罗斯的前几周时间里,戈德曼有意与其他无政府主义者保持距离,不管是俄国无政府主义者、暴力无政府主义者还是知名的无政府主义者。渐渐地,她确实了解到无政府主义者反对列宁政权的逐渐集权化。事实上,她还被告知,无政府主义者已经是布尔什维克机枪所瞄准的对象。至少,他们的报纸已被禁止发行,而且他们的印刷机也被没收了。

作为回应,戈德曼决定与一些无政府主义者碰头,包括返回这里生活的彼得·克鲁泡特金。克鲁泡特金认为布尔什维克主义破坏革命公平化的梦想的"阴谋"。

戈德曼内心感到不安,但她仍然没有发表评论,她决定把自己的矛头直指列宁。她曾经读过列宁写的小册子《国家和革命》,她认为这本书是无政府主义者的宣言。列宁写道:"只要国家存在,就不会有自由。有自由的地方,就不会有国家的存在。"写出这些文字的作者怎么会下令处决无政府主义者或者甚至去压制他们的言论呢?

当戈德曼被引见到列宁面前时,她发现他正拿着一份《亚历山大·伯克曼和艾玛·戈德曼的审判书和演讲稿》。在戈德曼能够理解他的姿态之前,列宁这位宣传家和战略家赞扬了戈德曼这位宣传家和战略家:"如果法庭能够成功地变成一个公开的论坛,那么进监狱是值得的。"

戈德曼本来应该为这种赞赏而感到高兴,但是她很快感觉到列宁"用一种坚定而又冰冷的眼光盯着我,让我感到不寒而栗"。列宁用俄语跟戈德曼交谈,他想知道美国革命预计什么时候开始。曾经有很多人问过戈德曼这个问题,但是当这个问题从列宁的口中提出时,她"大吃一惊"。这个人怎么对美国的生活这么不了解呢？为什么？原因是威尔逊当局囚禁了很多革命者，而且不少人都被驱逐出境。她亲眼见证了这种活生生的高压手段。在美国发生任何革命还相当遥远。世界大战或许加快了列宁革命在俄国的胜利，但却夯实了美国的国家权力。除此之外，她还在想，列宁真的认为她应该回到美国发起革命吗？当然，她不会在列宁的办公室里收到任何把她遣返美国的逐客令。如果她可以在革命中扮演任何角色，她会尽力使俄国革命朝她理想中的方向发展。

然而，当列宁问戈德曼希望为俄国的革命做些什么时，她的回答是希望俄国社会的创新精神能促进美国人得到自由。毕竟，在1917年，美国人为俄国付出了很多，现在该俄国来拯救美国了。列宁"似乎对她的想法很感兴趣"，但是他提醒说任何受戈德曼支持的组织都必须在第三国际的保护下运转。

正是在这一刻，戈德曼看到了提出那个促使她起初去见列宁的问题的机会：只要无政府主义同志"因为无政府主义观点"仍然待在苏联的监狱里，她就不会考虑为苏联政府做任何事情。她提醒列宁，从表面上看，有"很多"无政府主义者被关在他们的监狱里。他们犯了什么罪呢？只是说出了他们自己的想法。

列宁耸耸肩说："在革命时期是没有言论自由的。"

戈德曼承认俄国现在正处在"革命时期"，但是自从《宅地法》之后，她一直相信只要目的正确，可以采取任何必要的手段来达到它。近几个月以来，她是另外一种目的（对一场战争的成功指控）证明了手段（镇压战时异见者）的正确的政府信念的受害者。艾玛·戈德曼不是一个资产阶级的女人，她不会承认言论自由只是"资产阶级的专利"。对于她来说，这是"几个世纪以来精神上的成就"，但是对于这位"清教徒"来说，这显然并不重要。

列宁确信"他的计划将会拯救俄国"。那些反对者们，不管是暴力性的反对还是非暴力性的反对，都是无法容忍的。这位清教徒真是"一个精明的亚洲佬"。戈德曼毫不畏惧地离开了列宁的办公室，她坚信列宁对待人民的方法和他对革命和运用革命权力采取的方法是完全一样的，也就是说，"太功利主义"。

戈德曼及时回到彼得格勒庆祝1920年的"五一"国际劳动节。三十年前，当人们第一次在美国庆祝这个国际劳动节时，她正在纽约的大街上游行。尽管在这些年间,"五一"仍然是一个"鼓舞人心的节日",但戈德曼只能梦想在一个"自由的国度"为自由的工人们庆祝这个节日。现在,她就要有这种机会了,大概就在她所期待的1920年5月1日这一天吧。

这个城市被淹没在红色的旗帜海洋中。人们早早地聚在一起,迎接这场壮观的检阅仪式。尽管戈德曼在检阅台上有一个位置,但她宁愿与人民融合一起,来庆祝她在苏联的第一个国际劳动节。但是,她没有听到大家的歌声及自发的笑声,大家一片沉默,检阅行程机械地进行。戈德曼感到很失望,她把大家消极的情绪归因于革命的失败以及苏联政府对她的革命理想的讽刺性保护,而不是归因于内战或任何协约国的封锁。

对于艾玛来说,1920年的"五一",彼得格勒的群众没有在大街上手舞足蹈,真是一件令人伤心的事。让她更加郁闷的是,她希望在当天跳舞,而且真的希望能在她幼时生活过的城市的街道上起舞。毕竟,以前那个更加年轻而有活力的艾玛·戈德曼曾经向她的朋友和敌人表示如果不能跳舞,那么她宁愿不参加这场革命。

尽管这些现象让戈德曼并不开心,但她还没有作好放弃列宁和他的政权的准备。苏联人民还没有得到解放,但是他们仍然能够得到自由。他们的身份并不平等,但仍然有可能达到平等的目标。她仍然是这场正在进行的革命中的一分子。但是,她扮演了一个什么样的角色呢? 戈德曼希望能做些事来促进革命的发展,但是她日渐希望不管她做出什么样的事情,都与苏联政府无关。

尽管戈德曼感到失望,而且对革命充满怀疑,但是她并不想离开俄国。决心帮助俄国人民,而不是他们的领导,她决定找一份有意义的工作,一份"无党派特色"的工作,一份能让她与普通人有"直接接触"的工作。坐落在彼得格勒沙皇冬宫的革命博物馆符合她的需求。该博物馆的馆长以前是一个支持布尔什维克的人,但并不是共产党员,他要求戈德曼在 1920 年的夏天去乌克兰和高加索收集与革命相关的档案材料。戈德曼曾经希望在俄国社会上扮演一个更"重要"的角色,但是她还是在这份雇佣合同上签了字。事实上,她同意给这支探险队兼任会计、管家和厨师。

正式地说伯克曼是这支队伍的领导。该队伍总共有6个人，包括一名来自彼得格勒的学生共产党员，他们获得了一辆有轨电车，并给它喷漆和武装，这辆车被他们戏称为"马克西姆·高尔基"。作为主厨和管家，为了武装车辆，戈德曼花了一个下午的时间去擦洗冬宫的瓷器。最终，在1920年6月30日，一切就位，包括一些"借来的"瓷器。戈德曼和她的五位同胞准备启程，前去搜寻那些逝去的革命的历史资料。他们希望这是一次前途光明的探险，但是并没有一个好的开始。"马克西姆·高尔基"列车在莫斯科停了两周，但是政府机构却无法同意这次旅行。

行程的延误让戈德曼有机会与彼得·克鲁泡特金再一次见面。这两位无政府主义者这些年来一直有分歧，但是戈德曼深深地敬仰克鲁泡特金并欣赏他一直过着毫不铺张的生活。在克鲁泡特金窄小的书桌旁，戈德曼向他透露了她对革命过程的第二种和第三种想法。当时，她差不多已经受够了这种"可怕的现实"。这么明显地由国家发起的"恐怖主义"真的有必要吗？随之而来的"苦恼"真的值得吗？

克鲁泡特金认真地听完她的抱怨，然后才回答她的问题。当他最终作出回答时，他试图让戈德曼萎靡的精神振作起来,或许也让他自己消沉的精神振作起来。她在俄国的前六个月时间里所看到的一切只不过是一点皮毛而已。的确,苏联政府犯过"错误"。而且这种错误从某种程度上看更加恶劣,但是它们并不代表着政府的邪恶意图。据这位曾经的导师所述,他们现在还没有理由失去信心。在这些"错误"之下,一场渗透"俄国灵魂"的革命爆发了。而且,人民要比共产党更强大。如果没有他们的直接参与,共产党注定要失败。克鲁泡特金说:"我们无政府主义者必须准备好收拾残局,建立本地合作社,努力工作,以夺取革命。"

受到这番话的鼓舞,戈德曼离开了克鲁泡特金的住所,加入到前往乌克兰的博物馆旅行队。但是,不管是这次旅行还是博物馆下达的任务都不足以维持她的信念,更不用说消除她的疑虑。在乌克兰,戈德曼遇到了当地农民反对犹太主义及乌克兰犹太人反对布尔什维克主义的活动。戈德曼有生以来第一次不得不承认除了阶级问题之外,还有"犹太的问题"。她自己也是犹太人,这种身份是世俗的,而不是宗教的,但是在乌克兰,反犹太主义很猖狂,对犹太人的屠杀仍然在进行。她再也不相信伴随社会革命的发生,犹太人会自动得到解放。另外,她无法避开另外一个现实,即布尔什维克政权事实上只在俄国那个地区打击反犹太主义。多么讽刺啊!艾玛·戈德曼,这位无政府主义者和无神论者不得不去赞美一个高度集权的国家,赞美这个国家为"抑制"当地自发势力对她的家庭同族人的镇压所作出的努力。这个自称相信群众而不相信政府的女人在这个生动的例子当中站到了政府这一边。要么解除政府的高压手段,要么让反犹太势力继续逍遥法外。这是一个什么样的选择啊!

最终,戈德曼做出了这样一个重大的选择:她应该把自己的命运与政府联系在一起还是与伯克曼一起在彼得格勒过安静的生活呢?难以定夺的不是这种政策或那种政策,也不是这个国家的行动或那个国家的行动。最终,她必须决定是否要以自己的名义来支持列宁的行动。如果她的答案是"不",那么下一步该怎么做呢?是公然地反对还是撤回到自己的私人领地呢?这种撤退的想法总是在诱惑她,虽然她从来没有这样做过。虽然这种诱惑力很强大,但在美国生活的诱惑力也如此强大。

甚至在返回博物馆的路上,戈德曼的大部分时间都花在给她留在远方的家人和朋友写信上。在这些信中,她明确地表达了自己的第一个愿意就是回到美国,她摆脱不了自己似乎是"这片陌生的土地上的一个陌生人"的感觉,她的革命工作都被证明是彻底的"无用功"。不管是在阿斯托里亚酒店里排着长队等候分配食物还是踏上火车穿越整个俄国,她一直认为自己是一个局外人。然而,这个局外人会真的准备离开俄国吗?如果是真的话,她将会去哪里呢?

戈德曼在博物馆一直干到1920年的秋天。一直到12月下旬,她才回到彼得格勒,回到这个她认为可以预见未来的俄国故乡。毕竟,她还有什么选择呢?公然的反对和支持都是不可能的。戈德曼感到进退两难,伯克曼似乎也有这种感觉,于是他们决定一起留在阿斯托里亚酒店建立家庭。这次旅行已让他们累得够呛,于是他们决定平静地生活,以等待革命风暴恢复平静或耗尽精力。随着事态的发展,他们根本不用等那么长时间。

1921年2月,戈德曼和伯克曼亲眼见证人民大众要求结束列宁所谓的战时共产主义。自发的罢工运动已让整个城市瘫痪,民众都已经饿得没有力气了。罢工群众要求增加食物的配给量,进行公开的食物交易,并消除城市与乡村之间的道路障碍和食物交易障碍。这种基本的需求很快上升到对列宁政府的合法性的全面挑战。在彼得格勒的大街上,群众对公民自由和政治自由,包括言论自由和出版自由的呼声日渐高涨。

彼得格勒苏维埃政府对这种挑战的回应是采取最低限度的让步,并实施军事武力镇压。这种策略很快制止了邻近地区各处的罢工运动,但喀琅施塔得海军基地的水手并未受到压制。这个海军基地坐落在该城市西部20英里以外的芬兰湾的一个岛上,对于很多支持十月革命的人来说,这里就是他们的家。现在,他们也希望生活在一个更加民主和富饶的俄国,因此他们一开始就决定支持彼得格勒罢工者的需求。当城市中的罢工运动结束时,这些海军不但拒绝让步,而且还挟持了海军基地的布尔什维克当局人员。

戈德曼和伯克曼都感到很矛盾。尽管他们同情这些海军的做法,但是,戈德曼,特别是伯克曼对这些叛逆者所强调的"资本主义自由"仍然持保留的意见。这两位无政府主义者为这些海员与彼得格勒的工人之间的"团结一致"而感到欣慰,但是他们仍然担心苏联政府会立刻行动以粉碎叛乱。

他们的这些担心让他们开始与一些无政府主义朋友每天见面,朋友们都提议让戈德曼和伯克曼来调停海员和政府之间的冲突。(与戈德曼不同,伯克曼与当地政党的一些官员之间的关系非常密切。)因此,在3月5日晚上,一个包括戈德曼和伯克曼在内由4名无政府主义者组成的委员会,起草了一份调停提议。尽管在细节上有欠缺,但丰富的情感弥补了这个问题:"各位布尔什维克同志,请在为时已晚之前好好考虑。不要玩火……"反过来听听这些海员们的呼声。让他们"把心中的抱怨大声的发泄出来"。

两天之后,这个请求得到了一个不尽人意的回复。3月7日,喀琅施塔得基地展开了军事反攻。11天了,轰炸仍然在继续。11天的时间里,戈德曼和伯克曼听着战争的声音。这11天里,戈德曼除了为这些海员感到悲哀之外,也对苏联政府充满了愤怒,并且对所有那些无力抗议这种官方暴力的共产党员和非共产党员充满了鄙视之情。

这11天很快决定了这些海员的命运,也让戈德曼坚定了对这个她曾经支持的政府的判断。喀琅施塔得事件暴露了革命中的一切问题。她的所有保留观点都得到了至少 11 倍的肯定和确认。喀琅施塔得事件让她寄托在布尔什维克主义上的希望"幻灭",也说明苏联政府背叛了她的理想。几年之后,曾经的共产党员和曾经维护布尔什维克革命的人一定会在一起交流当年在"喀琅施塔得的那一刻"发生的故事。他们是在什么时候开始意识到革命已走向歧途的呢?对于艾玛·戈德曼来说,就是在喀琅施塔得的"那一刻"。然而,这一历史性的时刻对她来说还意味着更多,意味着她不得不离开俄国。

尽管戈德曼确信要离开俄国,但是她并没有立刻如愿。首先,她要说服伯克曼离开这里。然后,她要得到官方批准。与此同时,他们俩搬到了莫斯科。喀琅施塔得的回忆令他们感到太痛苦,他们已无法继续待在彼得格勒。几周的时间过去了,渐渐地,几个月也过去了,他们俩靠着手上仅剩下的一些美元在莫斯科过着低调的生活。在这里,他们乐于去拜访一些无政府主义者,并与他们之中仍然支持苏联政府的人展开辩论。同时,他们还在等待他们现在想从苏联政府获得的唯一一条积极的法令:允许他们离开俄国。

多亏安杰莉卡·巴拉巴罗娃的介入,戈德曼和伯克曼在 1921 年 11 月下旬的某个时候拿到了苏联的护照。一周之后,他们穿过俄国的边境,进入拉脱维亚境内,开始了第二次流放生活,而且他们确信这次"不会轻易离开这里。"

从正式被美国政府驱逐出境到非正式地被苏联政府驱逐,1922 年 1 月,艾玛·戈德曼真的无家可归了。她的第一个临时避难点是斯德哥尔摩,她在那里待了很长一段时间,直到她消除了长期困扰她的是否要把布尔什维克主义的"恐怖行动"公诸于世的疑虑。戈德曼一直在寻找一名听众,她也完全相信她的新事业的正义性。其实,说服她自己并不困难,她相信每个人都应该听一听从她口中传递的关于布尔什维克的背叛的消息。她尤其确信她的政治左派同盟者们应该听听她的呼声。

但是,戈德曼的很多左派朋友并没有如此信服。他们担心右派敌人会利用她说的话来诋毁一切革命和一切乌托邦的可能性,即反对一切进步的社会变革。尽管有这么多反对的声音,尽管她对这些批评家仍然持尊重的态度,但她还是义无反顾地走自己的路。必须向世人揭露如此骇人听闻的罪恶,并将它斩除,那么除了亲身体验过布尔什维克主义的人之外,还有谁更适合向大家揭露这个事实呢?

在斯德哥尔摩一找到住处,戈德曼就抓紧时间开始了反布尔什维克作的宣传。她的第一个目标就是在美国自由派媒体上发表文章。但是,一开始,她的要求就处处碰壁。她剩下的选择就是委身在一家小型的无政府主义者出版社工作,或者接受"资本主义"出版物的工作邀请。戈德曼不顾伯克曼的强烈反对,同意贩卖自己的故事。很快,反对布尔什维克的文章开始以戈德曼的署名出现,其后不久,戈德曼收到了当局的强烈暗示,她不得不另找新家。通过中间人传话,瑞典社会主义者首相通知戈德曼,瑞典已不再欢迎她,因为他的政府正在与列宁政府建立外交关系。

在一些无政府主义朋友的帮助下,戈德曼获得了前往德国的签证,并移居柏林。在这里,她试图开拓属于自己的私人生活,但是却是一种公共化的私人生活。在她狭小的公寓里,她开始与比自己小20岁的瑞典人亚瑟·斯温森继续斯德哥尔摩的事业,她也开始着手写一本关于她在俄国的两年生活经历的书。斯温森给心事重重而又心烦意乱的戈德曼带去了一段短暂的快乐。他对戈德曼以及她的政治观点充满热情十足,他还请求戈德曼让他加入她在柏林的阵营。尽管她可能不再会上当,但她还是同意了这个安排。她再一次感到失望,但是却并不惊讶。大约几个月的时间,斯温森对她的热情迅速冷却,然后他回到了瑞典。

戈德曼写的书暂时以"我在俄国的那两年"为书名,记录了她与布尔什维克主义之间的稍纵即逝的关系。尽管戈德曼不同意,出版商还是把书名改成了"我对俄国梦想的幻灭",并且砍掉了最后 12 个章节的内容。戈德曼很生气,因为新的书名表明她既反对布尔什维克暴政,也反对俄国 1917 年革命,而事实上,她仍然认为这两者是有区别的。(最后的 12 个章节最后还是以《我对俄国梦想的再次幻灭》为题单独发表,从而更加剧了她的不满。)

戈德曼的分析已足以激起当地德国共产党员的愤怒,上百人前去搅乱了她在柏林组织的支持被布尔什维克监禁的政治犯的会议。尽管戈德曼期望能从她的铁杆支持者身上有所收获,但是当德国政府以那次集会为由勒令她立即离开德国时,她还是大吃一惊。

1923年，布尔什维克主义和普鲁士主义正在努力寻求达成一致的机会。柏林与莫斯科之间的关系越来越密切，他们并不欢迎那个精力旺盛而又在德国直言反对布尔什维克的艾玛·戈德曼。当局政府这个比戈德曼要强大得多的势力手握她无国籍的证据，让她难以维护自己的利益，被迫另觅新的安身之所。这个没有信仰的人在各个国家的恩泽下生活，很快她又得到了一个国家的同情，该国政府友好而又自信地收留了她。

实话实说，其实戈德曼并不喜欢"德国气氛"。从自己的真实感受来看，戈德曼觉得在莫斯科和华盛顿的生活并没有1923年在德国的生活那么压抑。在那里，她被自由主义者忽视，被共产主义者攻击，还遭到当地政府的指责，她明白她必须离开这里，但是这一次她会去哪里呢？或许她会去伦敦。戈德曼感觉自己就像一个"被释放出狱的犯人"，因此，她决定前往英国首都，去那里为自己找寻一个新家并试图改变英国非共产主义左派的信仰。这个无国籍的女人的刺激的旅程又要开始了。

戈德曼的思想冒险到了这个阶段，她打算承认列宁主义的邪恶实际上暗含在布尔什维克本身的意识形态之中。一切压迫和恐惧，痛苦和饥饿，以及共产党员的高高在上和人民群众的卑微都不是协约国的封锁和内战带来的结果，甚至不是列宁主义者过分荒淫的行为的结果。其实，一切都可以追溯到革命本身的意识形态之上。已经迈出了最后一步。最后一座桥也被烧毁，没有退路了。1924年，尽管艾玛·戈德曼仍然是一个左派女人，但她仍然毫无歉意也毫不逃避地表达对布尔什维克的抗议。

戈德曼在伦敦已生活了8个多月，她在这里招募同盟者，直面批评，纠缠中立者，将自己的反布尔什维克精神展现在大家面前。这八个月的时间让她认识了很多著名的西方知识分子，但当时他们正处于被他们自己描述为"惨遭失败"的时期。

在戈德曼抵达伦敦后不久，英国小说家瑞贝卡·韦斯特为她举办了一场晚宴。250多位著名的知识分子在这里与这位英国左派女人相见，包括H. G. 威尔斯、哈夫洛克·埃利斯和伯特兰·罗素，他们向戈德曼致意，然后才坐到各自己的位置上聆听戈德曼的发言。她的发言吓得一些人缩回自己的座位，使另外一些人从椅子上跳起来表示抗议：为什么要反对布尔什维克？为什么要藐视你的过去？为什么要把你自己的命运与那些憎恨一切布尔什维克色彩的保守派联系在一起？

比如说，伯特兰·罗素告诉戈德曼，尽管他很欣赏她，但是他不会加入她的阵营。虽然他承认列宁政府彻底偏离了方向，但是他"不会提倡任何政府去取代俄国列宁政府"。另外，他并不相信无政府主义能在各个地方实现"在20世纪废除所有政府（是不会实现的）"。

戈德曼的回应方式是斩断了与这位哲学家的一切联系。但是她并没有与她的老朋友罗杰·鲍德温失去联系。20世纪20年代，鲍尔温也像罗素一样变成了戈德曼宣传反布尔什维克思想的对象。与罗素不同的是，尽管以前鲍尔温在苏联问题上与戈德曼有很严重的分歧，而且这种分歧越来越明显，但是他仍然是戈德曼圈子中的一员。他们都不愿意放弃两人之间二十多年的政治和私人关系。有时候，戈德曼会利用这种友谊向国内自由主义者寻求帮助，想办法去营救那些被关押在苏联的政治犯。平时，戈德曼希望鲍德温纳入她的反美国"自由主义者"（包括鲍尔温自己在内）的斗争中，这些"自由主义者"对列宁政府妨碍公民自由保持沉默。"这些人声嘶力竭地呼吁大赦政治犯,那么现在面对自己的政府做出这种穷凶极恶的罪行时,他们怎敢保持沉默?"鲍德温宁愿强调俄国的经济民主(而不是政治民主),所以他不会吝啬对布尔什维克的同情,不会与戈德曼站在同一立场,也不会与她最终永远断绝关系。

如果与老朋友之间的分歧会让原本的生活过得更艰难,那么英国的日常生活也完全无助于改善戈德曼的心情。英国人"虚伪、冷酷、以自我为中心而且死气沉沉"。除了知识分子之外,戈德曼对英国的工人阶级已完全失去了信心,也无法与英国中产阶级建立起任何联系,他们摆出一副"店小二姿态",对"生活中最不幸的悲剧"也漠不关心。向英国当局和工厂工人讲述无政府主义的理想社会完全是对牛弹琴:"我宁愿对着木乃伊说话。"

1925年夏天,戈德曼带着唯一看得见的成就——一本英国护照——离开了英国。詹姆斯·科尔顿是威尔士的一个煤炭工人,也是一名无政府主义者,他愿意与戈德曼结婚,这样她至少可以享受公民身份带给她的好处了。很久以前,戈德曼与雅各布·柯斯纳之间的两次失败的婚姻使戈德曼坚信婚姻制度并不适合她。与詹姆斯·科尔顿的"婚姻"并不代表她改变了这种想法,但是却证明了别的事情,尤其表明一位年迈的无政府主义者愿意向政府要求和特权做出让步。

戈德曼也愿意向美好的爱情妥协吗?在她的一生中,她已经不止一次体验到了没有婚姻制度束缚的爱情。她仍然希望自己有一天能再次收获爱情。然而她也明白,而且担心自己终将要面对现实。戈德曼已年近60,她是这个世界上的一名"自由的女人"。詹姆斯·科尔顿只不过是一个有名无实的丈夫。本·赖特曼现在已经是别人的丈夫了。亚瑟·斯温森在很久以前就已经回到瑞典,再也没有他的消息。亚历山大·柏克曼仍然是她生活中的一部分,但是此时他已经在柏林过上了新的生活,并找了一个更加年轻的女人一起生活。尽管这个女人的名字与戈德曼的名字有点相像,但也无济于事:她的名字叫艾米(埃克斯坦)。

戈德曼无法逃避这种种的不公平。为什么年纪大的女人和年轻的男人在一起就会被世人指指点点,而年纪大的男人却仍然对年轻女人有很大的吸引力,并且这种关系也得了世人的赞许呢?当面对这些问题时,戈德曼不会流露出多少苦涩的表情,也不会把自己的感觉直接透露给伯克曼。尽管他们不在一起,但他们仍然信任对方,而且仍然在这个无法接受他们对爱情和幸福所下的定义的传统世界里寻找爱情和幸福。只是他的寻找过程比她的更容易,而且结果也更令人满意。

在这一点上,艾玛无能为力,只能认清两人处境的差别。她的"萨舍"现在有艾米陪在身边照顾他、宠爱他,但她的身边却没有一个可以与她分享快乐和泪水的人。由于已经快60岁了,这位年迈、未婚而又是异性恋的"现代"女人正在努力尝试着向自己所面对的问题妥协让步。她向伯克曼感慨,不管这个老女人是多么"现代化",还是无法逃避没有家人陪伴的痛苦。戈德曼以前一直为自己是那种现代女性而感到自豪。在她从前发现机遇的地方如今她看到的只是"悲剧"。她不禁得出这样一个结论:即使是无政府主义者,他们也需要有一个"真正关心和在乎他们的"人陪在身边。在生活的不同时期,戈德曼知道在她的生活中仍然有一些关心她的人,为此她感到很欣慰。但是现在没有了,或许再也不会有了。

对于艾玛·戈德曼来说,20世纪20年代的后五年时间里,她过得并不开心。1927年,她去了加拿大,在那里她找不到任何激情,因为这个城市像英国一样压抑,也像美国一样充满诱惑。美国让她感到极其痛苦,因为在加拿大旅行期间,马萨诸塞州最终对无政府主义者尼古拉·萨科和马托洛梅奥·范泽蒂执行了死刑。萨科和范泽蒂在1920年由于抢劫和谋杀一名警卫而被逮捕定罪,他们是美国"红色恐怖"的泛滥国际象征,是成为牺牲品的无政府主义者。当他们的刑期即将临近之时,戈德曼渴望加入示威队伍中,为他们辩护。在他们即将被送上刑场处决时,她为自己付出得太少而觉得自己"像个傻瓜"。当戈德曼得知他们俩被处决的消息时,干草市场的场景再次浮现在眼前:"我正在经历40年前的那种痛苦。"但是,这是不同的。"那时候,我把维护那些死去的人的利益当作自己的事业。"现在,我什么都没得到。

戈德曼的确是一个有故事的人。这些年来,她的朋友都力劝她为自己写一本自传。事实上,自从1918年身处监狱之时,她已经考虑过这个计划。现在,她有时间,也有需要和兴趣来写这样一本自传。无政府主义运动现在一片混乱,而戈德曼身上的钱财已所剩无几,她希望自己的回忆录能理清自己的思想观念,同时也可以获得一笔收入。一生中最美好的时光已悄然流逝,她开始关注这40年的生活,决定从干草市场开始写起,那时候她的成年生活刚刚开始。

由诗人埃德娜·圣文森特·米莱牵头,一群朋友筹集了2 500多美元,这些钱至少够戈德曼花一年时间重游故地,甚至改善她颠沛流离的生活。他们另外筹集了3 000美元,为戈德曼在法国圣特罗佩的一个渔村里买了一栋小屋,她可以在那里思考和写作,不受外界打扰。坐在窗边,她可以看到茫茫的地中海,让思绪回到她叱咤风云的年代。但是,她能把自己的想法写成一本书吗?戈德曼无法获联她自己的作品。早在1917年,这些资料都被美国司法部没收了。她对自己的写作能力一点信心也没有。她知道自己可以用激昂的语言去打动一群听众,但是她以后的读者也同样会被打动吗?关于这一点,他们会对她表示出任何关注吗?

两年多时间过去了,戈德曼一直在打字机旁努力写作,不愿意遗漏过去的任何一次经历,也不愿意相信她的读者仅仅会被简洁而充满反思的文章所打动。尽管身体状况并不理想,戈德曼身患扁平足、静脉曲张、视力退化以及心智衰弱,但她仍然坚持这项写作任务。在这项任务结束之时,很显然,她觉得自己年轻的时候至少犯过一个错误。20岁那年,戈德曼认为自己终于摆脱了"毫无意义的过去",就像扔掉了一件"破旧的衣服"一样。事实上,不管是对20岁的艾玛·戈德曼来说,还是对60岁的她来说,过去绝不是毫无意义的。如果她在20岁的时候把这件"衣服"丢弃了,那么她也不能一劳永逸。她的过去一直伴随着她,不管她是选择把袖子套在自己的胳膊上,还是把整件"衣服"藏在脑海的衣橱中,过去的事情总是令人难以忘怀。

在《过自己的生活》这本书中,全新的艾玛·戈德曼是一个与压迫她的人作斗争的女人,不管这种压迫者是出现在她生活中的权威人物还是自己内心的沮丧和嫉妒之情。但是,这个全新的艾玛·戈德曼并不是一个完全自由的女人。与以前的艾玛·戈德曼一样,她只不过是一个受害者,不管她的对手是令她厌恶的父亲、复仇心切的威尔逊总统、希望权倾朝野的列宁、盲目的伯特兰·罗素,还是野心勃勃的伯克曼,她都是一个受害者。

在戈德曼的记忆中,她最快乐的日子是她的中年,也就是从麦金利总统被刺到威尔逊总统宣布参战之间的那几年时间。那几年间,她"空虚"的生活得到了满足,那时她有专注的听众,而且与本·赖特曼度过了一段幸福的时光。这当然是相对来讲的她大多数的幸福时光都集中在这 16 年的时间里。但是她仍然感到"空虚",因为她遭遇了一连串失败的爱情和徒劳的斗争,这种感觉很痛苦。

现在,还需进行一场斗争,她仍然要为自己的新书而奋斗。戈德曼与出版商阿尔佛雷德·A.克诺夫之间的协议是她还要写一本关于自己被美国政府驱逐出境的自传。最后,克诺夫又要求戈德曼增加一个章节,讲述她在苏维埃俄国的两年的生活经历。这个要求让戈德曼心烦意乱,最后,她费了很大工夫才写出了 200 页的她在俄国的故事。克诺夫坚持把该书分两卷出版,售价不少于 7.5 美元。戈德曼愤怒了,她大声向克诺夫怒吼,她的读者无法承受这么高的售价。在她的一生中,戈德曼都在"为人民群众的利益而工作"。现在,她希望这些"人民群众"能读一读她这一生的故事。克诺夫最多应该给此书定价 5 美元;但实际上他定的售价为 7.5 美元。

来自图书馆尤其是大城市图书馆的订单很多。但销售额并不理想听到这个消息,戈德曼或许会感到高兴,但是其实不然。毕竟,她写这本自传是为了挣一点钱,也是为了能驱一驱身上的晦气。就是因为这个贪婪无比的资本家克诺夫在经济不景气的美国还要以 7.5 美元的高价出售这本书,所以使戈德曼无法靠该书赚钱。

戈德曼还有另外两个理由让自己的生活在笔下重现。这无疑是她重温美国经历的唯一方式,或许也是她最后一次向美国人民提醒她的存在以及她渴望回到美国的愿望的机会。她在美国度过的 34 年时间或许是奋斗和失败交织的生活,但也让她获得了名望,使她的生活充满传奇色彩。在流放过程中,能够发现奋斗或失败的影子,她至少还可以重温那些同时拥有这两种经历的日子。

无政府主义者应该不会专门为自己所拥有的东西作宣传。但是,艾玛·戈德曼已远远不是一个普通的无政府主义者,她所拥有的东西不只是一笔寻常的财富。对于她来说,人民和她的"理想"比金钱和一切都重要，但是她能够拥有其中一项吗？在美国的全盛时期里，她努力让本·赖特曼留在她身边，但是却失败了，而且她永远也不能实现自己的"梦想"了。现在，她所能做的就是希望得到那些她曾经失去的东西，以美国无政府主义者的身份来陈述自己的故事。戈德曼漂泊不定地度过了十多年时间，她希望给美国读者一次以她希望的方式记住她的机会。艾玛·戈德曼或许曾经是一个俄国犹太移民，一个无神论无政府主义者，一个暗杀者的朋友和伙伴，也是一个身材矮小的人，但是她绝不是一个思想狭窄、"老祖母似的"激进分子。但是，她认为自己的身份不仅仅只有这些。她认为自己是当代美国版的托马斯·杰斐逊、托马斯·潘恩和亨利·戴维·梭罗，也是美国历史上任何一个曾经敢于挑战现状的人的现代形象。

当她步入人生的第七个十年时，艾玛·戈德曼几乎没有任何幻想，甚至梦想。她的确希望能再一次得到真爱，而且她仍然热爱自己的"理想"。尽管她已不指望任何一个梦想能很快实现，但她的确还有另外一个梦想。或许，只是一种猜想，这个梦想实际上是可以实现的。与美国争执了这么多年，而且也四处漂泊了这么多年,她希望在这片她曾经度过了大半生的地方度过自己有生之年的最后几年时光。《过自己的生活》既是一份遗嘱,也是一种恳求:请记住艾玛·戈德曼这位美国激进分子,请允许她再一次回到家乡,永远地回到这片土地上。

第十章
回到家乡,却永远不能平静

《过自己的生活》出版两年多后的 1934 年,艾玛·戈德曼才回到美国。那时候,华盛顿的政治气氛已发生巨大改变。政客也发生了很大变化。由于没有成功处理经济大萧条带来的社会影响,民主党在 1932 年取得胜利,赫伯特·胡佛总统的任期结束。1934 年,美国正处于富兰克林·罗斯福总统的新政统治之中,但是经济大萧条的情况仍然很严峻。从罗斯福总统到广大的失业大军,每个人都得面对不景气的日子和艰难的选择,"红色艾玛"几乎不再是人们交谈和关注的话题。如果有什么区别的话,"老祖母似的"艾玛·戈德曼只不过会引发人们奇怪的历史兴趣,只是这个时代中的一个典型人物,并不能对这个时代构成威胁。

1934 年,自由主义者已不会为无政府主义者的乌托邦理想社会蓝图付出什么精力了。有些人或许会记得这位令他们爱戴的戈德曼,其他人或许对她满心好奇,但是没有人会认为她能够解决经济大萧条问题。保守党或许并不那么喜欢她,但是他们也没有那么惧怕她。其中的一些人或许也只是像肯定她与解决大萧条无关一样对她充满好奇之心。另外一些人或许真的对她转向反对苏联的立场而感到高兴。不管怎么样,这个"满头灰白短发的矮胖老女人"(据《波士顿先锋报》记者描述)不愿意与刺杀事件联系在一起,也不会领导另一场夺取食物的暴乱活动。但是,她渴望回到这片她热爱的领土上,她曾经在这里取得成功和经历失败。

多亏了罗斯福政府,戈德曼在 1934 年中旬从纽约到圣路易斯作了为期三个月的巡回演讲。也是因为罗斯福政府的原因,她受到了 15 前年曾经驱逐她出境的前埃德加·胡佛总统的密探的跟踪。现在,国家第一调查局(一年之后变成联邦调查局)的头号领导胡佛希望确保他的这位老敌人得到安全护送。当她访问到第 16 个城市时,她遇到了一群好奇的记者。尽管有这些记者在场,而且政府当局也禁止政治演讲,戈德曼还是大胆地攻击了德国法西斯主义和苏联的共产主义。事实上，在1934年，对于那些左派人士来说，像戈德曼这样的人世间罕有。对于她来说，法西斯主义和共产主义之间的共同点已远胜这两者之间的差异。二者实际上都采取的是"中央集权"方式。它们其实都是专制独裁的伪民主政府，它们由魅力型领导者统治，这些领导希望把自己的国家建设成一个强大的军事机器。

对于很多左派人士来说，希特勒是反动势力，而斯大林是社会进步的代言人。对于很多右派人士来说，斯大林是一个无神论共产主义者，是私有财产的敌人，而希特勒则成了阻碍苏联的发展和苏联针对资本主义的战争的屏障。对艾玛·戈德曼来说，希特勒和斯大林只不过是同一个豆荚里的两颗豌豆。

胡佛的密探努力在戈德曼的演讲中捕捉她对共产主义的恻隐之心，但却没有任何收获。她的观众中有共产主义者，也有一些同路人，但是他们并不是来歌颂和赞美艾玛·戈德曼的。相反，他们激烈地质问戈德曼的残酷无情。她已经把自己"出卖"给美国政府，以确保她能再次回来这个国家。她回到资本主义美国的原因只是为了"挣钱"。她不过是另外一个希望把落败的资本主义体系从它自身的罪恶中拯救出来的"反动分子"。

戈德曼这位无政府主义者不仅受到了左派的攻击,还会受到来自右派的批判。例如,赫斯特报社重新翻出"红色艾玛"的标签,回忆她曾经是美国领土上"著名的共产主义者"的那些往事。在华盛顿,美国革命女儿会不同意让她租用制宪大厅。在俄亥俄州的哥伦布城,由于第一次世界大战退伍老兵威胁要袭击演讲大厅,戈德曼没能在那里作演讲。

除了存在所有这些争议,艾玛·戈德曼的巡回演讲还让她陷入了财政危机。为了吸引大量观众,她还请詹姆斯·庞德广告公司为自己的巡回演讲旅途作宣传。这并不是一个明智的选择。庞德的客户几乎只买戏剧名人的账,所以他决定租用大演讲厅,每场演讲的门票是2美元。这对于戈德曼这样的人来说,已经是一笔巨大的费用。最后,戈德曼出现在寥寥无几的观众面前,在庞德租用的大号的演讲厅里,这些观众更显得稀少。

就像阿尔佛雷德·克诺夫一样,詹姆斯·庞德现在感觉到了戈德曼强烈的怒气。戈德曼受像"那些马戏团的表演者"一般的对待,因此她感到很愤怒,于是她决定自己亲自安排行程。芝加哥之行是她最后一次吸引大量观众的机会。在戈德曼的坚持下,门票费不高于 45 美分。结果,演讲当天观众爆满,大约有 2 000 多人前来听她演讲。庞德一直认为戈德曼的名声都是靠吸引穷人而得来的。巡回演讲结束之时,庞德的想法被证明是错误的,那时,若干芝加哥人一直都对艾玛·戈德曼的演讲深感兴趣。

尽管戈德曼身上的钱所剩无几,但这 90 天的经历让她回味无穷,她发现离开是一件"极其痛苦"的事情。这段时间里,她与家庭成员恢复了联系,与老朋友畅所欲言,而且重新打动了美国观众(至少是芝加哥的观众)。除此之外,她感慨地说:"在欧洲是不可能开展这样的真正的工作;只有在这里,我才能找到自我。"

在多伦多的旅舍房间里,戈德曼记录了她的"美国印象"。她写道,1934 年的美国人"拥有了他们自己的灵魂",这是 1919 年的美国人身上没有的特质。在她"过去的战场上",观众们的脸上荡漾着一种"奇特的"自信,这种信心还包括富兰克林·罗斯福的到场,以及他给予所有想法和观点的"自由统治"。尽管戈德曼认为罗斯福比他"差劲的前任"要优秀得多,但她坚持认为自己仍然是一个"顽固的无政府主义者"。这位总统或许已经"明白了政府工作是为了工人阶级的利益这个事实",但是新政仍然不足以消除"工业系统中的不平等待遇"。"顽固的个人主义"仍然是美国人的座右铭。在一个又一个城市中仍然存在血汗工厂,白人贫民区仍然在美国的乡下纵横交错。

把罗斯福的日常工作放在一边不谈,美国工人和年轻人的"叛逆精神"以及"新政解除对文化自由的约束"让戈德曼坚信美国正处于"真正的剧变"时期。当然,对于这位坚定的无政府主义者来说,美国工人必须等到"来自华盛顿的暗示"才能"团结一致"发起行动,这一点让她感到"遗憾"。但是,工人们至少得到了并接受了那个暗号。现在,让罗斯福或者下一任总统"自食其果"只是时间的问题。

就在戈德曼似乎开始接受和拥护新政之时,她努力重新找到她的无政府主义根源。她推断,未来不只依靠老一辈政治家,还要靠年轻的激进分子。在世界大战之前,美国唯一一群年轻的自命不凡的人是"俄国犹太反叛者"。要找到一个"35岁以下的有思想的美国人"就好比"大海捞针"。现在,在她访问过的每一个大学校园里,年轻而充满怀疑精神的美国人到处可见。尽管他们"在五六年的时间里学到的东西"并不如她在布莱克韦尔岛监狱中的 10 个月时间学到的东西多,但是,他们"按照自己喜欢的方式生活的决心"令戈德曼印象深刻,而且他们"不惜一切代价"拒绝"参与战争",这也让她感到高兴和满足。或许她为反对战争而付出的努力"并没有完全白费"。

她提倡的计划生育观点同样也得到传承。1934 年,光芝加哥就有 8 个派发避孕药品的诊所。"传教士、拉比以及尤其值得尊敬的妇女们"都开始认为计划生育是"理所当然的事情"。甚至连罗斯福政府也很快加入到计划生育事业的行列,他们在农业安全局的营地的居民中宣传缩减家庭规模。

在这指定的 90 天时间结束后,戈德曼离开了这个国家。她仍然是一个无政府主义者和激进分子,但是她对美国未来的无政府主义活动没有抱多大希望。她的美国同仁还是"一样小气和难以相处"。他们"待在自己的小圈子内,各自为营……如果我相信这些人会建立起一个新的社会,那么我对无政府主义的信念就真的破碎了……即使他们能够成功,我一定会是最不愿意生活在这样一个社会中的人,因为那样的社会将会比现在的社会更让人难以忍受"。

但是,戈德曼的无政府主义理想却从来不曾消失,仍然"像一团炽热的火焰在我灵魂深处燃烧"。事实上,当她第二次不甘心地离开美国时,她确信这个国家终于"成熟"了,美国人民终于对"真正的自由和社会平等"有了进一步的理解和认识。她也准备好在"困窘的流放生活中"安然离世,不会让"任何微小的东西破坏她的'理想'中的美丽与逻辑"。理想是很难放弃的,至少戈德曼没有把自己的乌托邦理想强加给任何人,或者为了避开曾经给自己的理想所下的精确定义,或者是因为她最终已不相信任何玩弄权力的人,包括她自己。

作为一名被驱逐出境的人,而不是一名无政府主义者,戈德曼受到了美国的欢迎,戈德曼返回圣特罗佩时发现她又成了受到驱逐的无政府主义者。然而,她并不甘心接受自己流放的身份。她希望有一天美国政府能让她永远地回家。到那时,她就可以像以前一样过着属于自己的生活,不向自己的"理想"妥协让步,也不用巴结权势,不管是美国还是其他国家的权势。

在她的美国之旅之后的两年时间里,戈德曼对人民群众支持她的国际"理想"的意愿的看法越来越悲观。相反,他们正听令于蛊惑人心的国家领导人的命令和号召。希特勒是罪魁祸首,但是他是众多"不择手段的吸引听众的演说家"之中的唯一一个能吸引人民大众的注意力,甚至让他们效忠于他的人。

事实上,戈德曼对这些"盲目的"人民群众从来没有很大的信心。他们"像一群白痴一样盲从",他们闹革命又能做什么?更糟糕的是,随着20世纪30年代的到来,优秀的无政府主义者不得不面临一个全新的具有挑战性的问题:无政府主义者该怎样回应德国和意大利的法西斯政府?更具体地说,无政府主义者应该与共产党或其他反对希特勒和墨索里尼的政治左翼合作吗?1935年,斯大林开始拥护人民阵线,要求所有左派人士、自由主义者、进步人士、社会主义者、无政府主义者和共产主义者搁置他们之间的分歧,共同抵御法西斯主义。戈德曼不同意。斯大林以及一切斯大林主义者都被划分在她的政治围墙的另一边。当反法西斯主义人民阵线呼吁"放弃对左派的仇恨"之时,戈德曼拒绝做任何回答。戈德曼并不是纳粹德国的崇拜者,她只是认为苏维埃俄国与德国没有什么不同。对于她来说,斯大林主义只不过是另一种形式的法西斯主义,因为它仅仅是另外一种"中央集权"独裁专政。

1936年6月之后,戈德曼不得不在没有亚历山大·伯克曼的情况下考虑她所有的政治和个人利益。这些年来,伯克曼的身体健康状态一直不太好,他不得不依赖戈德曼,让她当他的眼睛和耳朵,来了解更宽广的世界,因为戈德曼会继续旅行和演讲。1936年的早春时节,艾玛和艾米提供的所有东西都不能满足"萨舍"的需要了。随着国际无政府主义的崩塌,他的身体状况和财务状况也一并恶化。对于戈德曼和伯克曼来说,金钱一直是个问题。除了宣扬共产主义之外,他们俩的流放生活过得并不富裕。但是,伯克曼的处境更糟糕,因为他已经不能工作了。戈德曼至少可以靠定期的演讲费用来维持生活。伯克曼被迫依赖包括戈德曼在内的朋友的帮助而生活,他已经沦落到指望买彩票中奖来逃避债务的地步,但总是无济于事。

"没有足以维持生存的资源,而且有很多理由让自己献身。"(这是戈德曼对他们共同的处境的描述。)伯克曼最后决定他再也无法忍受这种压力,也无法继续相信他有"太多值得为之献身的东西"。从个人角度来看,他与戈德曼和埃克斯坦的三角关系已发展到无可容忍的地步。尽管她们的年龄、气质和政治哲学都有很大的差异,但是这两个女人的唯一共同点是向伯克曼表达她们的关心和爱,同时彼此嫉妒。1936年6月下旬,在做了两次前列腺癌症手术之后,病情再次复发。伯克曼本来打算到圣佩恩给艾玛过67岁生日,给她一个惊喜,但是现在他只能写信表示遗憾。

就在戈德曼收到信件的那天早上,她被来自尼斯的电话吵醒了:亚历山大自杀失败,现在已经快死了。早些年前他没能成功杀死亨利·克莱·弗里克,现在他又一次没能完全杀死自己。伯克曼痛苦挣扎了16个小时后离开了人世,只留下了一份祈求她生命中的这两个女人原谅的遗言和80美元财产。

在艾玛·戈德曼危机四起的生活中,从来没有什么事情能比亚历山大·伯克曼去世带给她的打击更大。没有什么能消除这种"沉重的痛苦"。她认真思考自己所失去的一切,感觉"完全没有了依靠"。事实上,她越是想到他的死,她对自己的生活目标就越产生质疑。

尽管戈德曼几乎不会认同这一点,但是只有不可抗力因素才能改变她备受折磨的心境。然而,在几周时间内发生了一些对戈德曼来说似乎很幸运的事情,她简直不敢相信。1936年7月19日,西班牙工人拿起武器反抗西班牙军队,西班牙内战全面爆发。大约一周左右,艾玛·戈德曼也展开了行动。

她讨厌西班牙人和他们那种夸张的优越感。一开始,她并没有致力于西班牙共和国在反法西斯的斗争。但是,9月,她收到了来自西班牙无政府主义者的邀请函,希望她能到巴赛罗那支持他们。她在9月初写给她的一位朋友的信中说道,他们的"召唤""拯救了我的生活……它把我从笼罩在我身边的可怕的阴影中拉出来"。

这是一个真正的无政府主义扎根的好机会。在这里,农业和工人合作社自发形成。在这里,自由和平等能够一起生长繁荣。这位知名的无政府主义者怎么会对这种邀请说不呢?她已经有67岁了,但这更加说明她应该接受这种邀请。毕竟,她不总是一直认为她的"一生应该像最开始一样在斗争中结束"吗?那么即使与那些声名狼藉的西班牙人一起工作,也没什么关系。无政府主义的未来正处于险境,这或许也是她活下去的理由。

10月初,当戈德曼来到巴赛罗那,她发现有生以来自己第一次进入了一个由无政府主义者掌控的城市。在群众集会上,成百上千的观众都愿意听从她的呼声,希望巴赛罗那变成世界的"光辉榜样"。这个国际无政府主义的象征"喜气洋洋",但却几乎无法表达戈德曼的欢快之情。1936年,西班牙所拥有的一切是1920年的俄国无法拥有的。让她感到更乐观的是,这里没有西班牙式的列宁高高在上,控制革命的发展。相反,聪明而又有责任心的西班牙工人和农民似乎掌握了自己的未来。或许,这里的群众根本就没有这么"盲目"。

但是,这一年结束之后,戈德曼离开了西班牙,苏联人抵达了这里。她的离开很简单,但苏联政府的到来却大张旗鼓。在那里,关于她"扼杀西班牙革命的"流言广为流传,或许她对自己的公众生活感到极度失望的故事也在流传。11月中旬,被重重包围的西班牙无政府主义者要求戈德曼去英国寻求财务和政治上的帮助。她并不想去那里。她仍然讨厌伦敦,也讨厌了现在她所在的地方之外已无其他去处的这种感觉。毕竟,战斗已经在西班牙拉开了序幕,而不是在英国,毫无疑问,戈德曼感觉到这是她最后一次成为这种斗争中的焦点的机会。然而,她还是不情愿地同意了他们要求她做的事情。

12月下旬,戈德曼抵达伦敦,她担心西班牙的斗争浪潮已经转向反对无政府主义。她也担心不管是在西班牙还是在英国,她不能作出任何贡献,从而让西班牙盟友重获主动权。当西班牙无政府主义者接受苏联的军事援助时,他们很可能已经了解了自己的状况。

在伦敦,除了抨击共产党对无政府主义革命的"破坏"之外,戈德曼无能为力。她于1937年9月和10月返回巴塞罗那,于1938年8月再次返回这里,戈德曼并没有改善西班牙的现状或她自己的心情。事实上,西班牙的形势已经到了任何个人都无法扭转的地步。对于戈德曼来说,她所能做的只剩下谴责共产党、法西斯主义者和所谓的西方民主主义者,这些势力"联合起来镇压西班牙人民",他们根本就不允许"这种伟大的自由主义试验继续进行下去"。

1938年12月,戈德曼最后一次离开西班牙,虽然很沮丧,但是她并没有被打败。西班牙至少让这个世界瞥见了本来应该发生的社会变革,要不是由于共产主义和法西斯主义的干预,这种理想社会可能实现了。巴塞罗那人民尝试着建立一个良好的社会,消除资本主义的贪婪和共产主义的恐慌。这是她对无政府主义者中庸之道的一点设想。艾玛·戈德曼的那个"理想"在西班牙破碎了,她再也不会相信在另外一个地方这个理想会有再次复活的一天。

在戈德曼的一生中,她可以有很多角色,但她绝不是一个宿命论者,至少在1939年另外一场欧洲战争爆发之时,她不是这样一个人。她也绝不会是一个和平主义者。但是,她也不愿意支持反对希特勒的战争,尽管他在西班牙发起了一场代理人战争,而且还厚颜无耻地接管了奥地利和捷克斯洛伐克。"所谓的"民主主义者支持西班牙工人和农民反对法西斯主义却以失败告终,这让戈德曼感到非常愤怒,所以她拒绝在希特勒和他的目标国之间作出选择。但是,相对于1914到1917年来说,她发现在1939年时坚持反对战争的立场变得更加艰难。毕竟,她是一个坚定的反法西斯主义者。很多德国犹太无政府主义者亦如此,不管是不是从纳粹德国逃出来的人,他们一定会支持反对希特勒的战争。她怎么能退缩呢?但是她的确已经退缩了。

当希特勒和斯大林在1939年8月签署了臭名昭著的《苏德互不侵犯条约》时,戈德曼并没有感到惊讶。至少在六年前她就已经预测到了这种结果。在协议签署的那一周,从戈德曼那台工作过度的打字机里打出了一排又一排文字,都是自鸣得意的"我早就跟你这样说过了"的字样。另外,她正确地预测到斯大林会吞并波罗的海地区:"记下我说的话吧……这种厚颜无耻的欺骗行为和公开窃取领土的行为前所未有。"但是,尽管两国政府联盟已让她厌恶至极,但是还不足以让她支持反对两国的战争。她认为希特勒一定会在1930到1940年那个秋冬被"德国人民自己"打败。

早在一年前离开西班牙之时,当希特勒的军事机器席卷波兰、斯大林的红军试图吞并芬兰时,戈德曼仍然几乎保持沉默。她会偶尔抨击一下《苏德互不侵犯条约》以及那些试图为斯大林的行为寻找正当理由的"同路人"。"就像蠕虫一样,他们正在从自己从前丑陋的茧中挣脱出来……他们实际上正以令人厌恶的方式试图……把斯大林的背叛解释成政治敏锐性的最新形式。"

美国会不介入这场战争吗?戈德曼不相信罗斯福总统有"精力去抵制华尔街以及那些渴望为了战争而战的军阀"。这样的评论让人以为戈德曼认为1939年又是1917年的重演,另外一场战争可能又是资本主义、帝国主义和军国主义联合的阴谋。但是,她对法西斯主义和共产主义的理解证明她的确意识到1939年的战争并不是1917年战争的再次上演。

1917年,艾玛·戈德曼在体力和思想力量上确实到达了人生的最高峰。1939年,她已经70岁了,筋疲力尽。但是,年龄和生活态度不再是重点。1939年,这位年迈的无政府主义者仍然明白希特勒和斯大林是她所珍爱的一切事物的敌人。所以,她不会去强烈反对那些希望美国参战的人。

1917年11月,戈德曼可以找到很多反对世界大战的理由,其中一个强有力的理由就是对未来仍抱有希望。20多年之后,那个有说服力的理由(列宁和斯大林的俄国)变成了问题的关键。1939年让人很难相信无政府主义乌托邦的存在,但是却让戈德曼更容易藏身于无政府主义者的信念之后。戈德曼仍然是一个有着良好声誉的无政府主义者,1939年的戈德曼只能退到幕后,向一个个家庭散布瘟疫般的消息:"斯大林贪求帝国主义力量,与希特勒没有什么区别……在世界面前,西方力量有太多东西要解释……懦弱的民主政治造就了希特勒。"

有传言说盘踞在华盛顿的西方民主力量愿意与戈德曼达成协议。只要戈德曼愿意攻击共产主义者并与国会委员会一起调查他们,那么罗斯福当局就允许戈德曼返回美国领土。当戈德曼向大家宣布她宁愿继续流放在外做一个"反动分子的工具"时,与之相关的任何谣言才得以平息。对这个已经沦为官方调查对象的女人来说,能不能回到故乡已经不那么重要了。她宁愿坐在法国的某个角落独自烦恼,也不愿意听令于华盛顿。她曾经是美国的囚犯,后来又被剥夺了公民身份,她不会再次变成美国政府的"工具",即使为自己所珍爱的独立理想所付出的代价是仍然流放在外。相对于个人满足来说,自己所坚持的原则对她来说更重要。在那一点上,艾玛·戈德曼会对她的朋友和敌人发怒,就像她偶尔也会对自己冷酷无情一样。

艾玛·戈德曼一辈子独立,70岁的她比以往任何时候都要独立。那种独立感让她为自己而战斗,不管是政治上的、个人的或者心理上的战斗。有时候,她可能会为自己的"理想"有实现的可能性而感到异常兴奋。更多时候,她会被自己内心的"两团火焰"接连烧伤。很多次,她都背负着失望,并且被重重疑虑困扰。但是,她总是会以自力更生的态度去面对生活,与传说中美国杰斐逊主义者的坚忍不拔媲美。

1939至1940年的那冬天,艾玛·戈德曼对自己以及对自己的"理想"的信心经受了历来最严重的考验。无政府主义在西班牙崩溃了。希特勒和斯大林准备征服和瓜分欧洲,各地群众似乎都安静地投降了。当面对这一切的时候,她能够做什么呢?她最终都不会投降,不管是向罗斯福当局,向自己的沮丧心情,向法西斯主义和共产主义占领的欧洲,还是向一个没有她的"理想"的未来。她决不屈服。在此期间,她只能抱着希望等待。或许有一天,这个世界会变成她"理想"中的世界。或许有一天,欧洲会觉醒。或许有一天,她会以自己的正当身份回到美国故乡。或许有一天,另外一个讲台或另外一群观众在那里等待她。艾玛·戈德曼或许已经 70 岁了,欧洲也将会在另一场战争中被吞并,但是她绝不会放弃。

尾 声

1939年深秋,戈德曼得知4名年轻的意大利无政府主义者将要被加拿大政府驱逐出境。她仍然记得萨科·范泽蒂事件,也记得自己被迫驱逐出境的岁月。为了纪念亚历山大·伯克曼,她决定为这4名无政府主义者之一阿图罗·巴托罗蒂筹集资金,这名无政府主义者由于在被捕时手持一把左轮手枪而被判入狱。就好像这个世界上没有任何东西比"阿图罗·巴托罗"(另一个伯克曼?)的命运更重要一样,戈德曼登上了前往加拿大的轮船,打算去那里组织"拯救阿图罗·巴托罗蒂委员会"。这场运动持续了整个冬天,最后取得了胜利,阿图罗·巴托罗蒂被释放出狱。

即使戈德曼同时打败了希特勒和斯大林,她也不会像那时那么高兴了,但是她的快乐却很短暂。就在取得胜利的这几天里,她仍然在多伦多时就遭受了一次严重的中风。讽刺的是,就在巴托罗蒂召集他的朋友与戈德曼一起庆祝这次的胜利时,他才得知了戈德曼目前的身体状况。

她的身体状况恢复得很慢,而且也很难恢复。戈德曼的整个右半边身体已经完全失去了知觉,她只能勉强说出几个字,且这几个字也是费了很大力气才从她的口中出来。考虑到她的身体状况,轮到为她成立一个委员会的时候了,这一次是为了帮她自己治病而筹钱。这个团队由罗杰·鲍德温牵头,艾玛·戈德曼的一些朋友也加入到这场行动中来。这一次,她的需求与返回美国和撰写个人回忆录毫无关系,更不用说为接下来另一个入狱的人筹集保释金。此时此刻,旅行、文学和政治已不再重要。

尽管这个委员会和她的医生付出了最大的努力,还是没能保住戈德曼的命,她于1940年5月14日逝世。在她临死之前,那个她21年没有实现的愿望得到了美国当局的许可:永远地允许她进入美国的境内。不管是对自己还是对别人,在她的一生中,艾玛·戈德曼都是一个要求苛刻的人。不管是由于个人的失败,或是因为别人没有达到她的期望和要求,很多时候,戈德曼都是一个失望沮丧的女人。

戈德曼的一切要求和失望在她逝世之后都灰飞烟灭,但是至少她有一个愿望最终实现了。根据艾玛·戈德曼的指示和希望,她被葬在森林草原的瓦尔德海姆公墓,离她心目中的干草市场烈士不远,刚好在芝加哥边缘地带。这种要求完全恰当。毕竟,这些被执行死刑的无政府主义者在很多年以前激励了年轻的艾玛·戈德曼,让她一生都致力于他们共同的"事业"。现在,她已离开人世,而且没有违背当年对他们的承诺,最后她可以在这些朋友身边得以安息。除了离芝加哥近一点的地方之外,还有更好的地方能让她入土为安吗?芝加哥位于美国的中心地带,这个城市并不像纽约一样让戈德曼那么珍爱,但它是美国无政府主义运动的第二大城市,而且在这里她取得了很多成功并留下了很多故事。她的战争终止了,她最后的愿望也得到了满足,艾玛·戈德曼终于可以回到家乡,在九泉之下得以安息。

后 记

写第二版的后记是为了从一个相对不同的历史观点来对这个主题做出评论。在进行这个沉重的课题前,请允许我先做一些本该在前言中出现的回顾。严格地讲我是一个六十年代的孩子,因此,可以比较负责的说,我与艾玛·戈德曼的第一次接触是与反越南战争的抗议和反文化思潮实验相关的。事实上,这个故事远比这些事情要乏味得多。我第一次认识到这个被我称为美国激进主义第一名人的女性应该是在西奥多·罗斯福和 H. L. 门肯的传记作品中。这两个人看起来不太应该放在一起,但是如果把艾玛·戈德曼也加进去和他们俩人凑在一起的话,这绝对是一个更为怪异的组合。不过,这是有着合乎逻辑的解释的。

阅读关于罗斯福的作品可以带领读者深入了解许多历史事件和各色历史名人。在这一情况下,他与艾玛·戈德曼的连接点是麦金莱遇刺。这一事件将她与里昂·乔尔戈什联系起来。这并不是说戈德曼应该对麦金莱总统的死负责,我希望在这部传记的主体部分能讲明这一点。这就使得戈德曼的坚持,甚至可以说是倔强,以及对乔尔戈什彻底浪漫化的辩护不是那么有说服力的,在我开始写这部传记时也没有什么说服力,至今也依然站不住脚。然而,按照麦金莱的得力助手马克·汉纳所说,它把那个"该死的牛仔"送进了白宫。

也许罗斯福总统的"天字第一号讲坛"关注的问题之一是他想改变他称之为"种族自杀"的现象。仔细的审阅普查报告,罗斯福被不断降低的生育率,尤其是东北方的盎格鲁-撒克逊白人新教徒妇女的低生育率震惊了。站在这场生育控制运动前线的正是艾玛·戈德曼。虽然戈德曼关心的是有孩子的工人阶级家庭和移民妇女的困境,但讽刺的是,里昂·乔尔戈什在20世纪初对大家庭是支持的,对小家庭则是反对的,更不必提离婚和不生孩子了。

这就把门肯和戈德曼这对几乎不可能联系起来的人放到了一起。说实话,我对门肯和西奥多·罗斯福的兴趣早于我对戈德曼的兴趣。正是阅读门肯的传记,让我对戈德曼的人生和他在说服罗斯福政府允许戈德曼在1934年回归美国的活动中扮演的角色产生了兴趣。稍等!H. L. 门肯,新政的主要批评者,居然认为自己会对富兰克林·德拉诺·罗斯福总统的华盛顿产生什么影响力吗?实际上,门肯在1932年的选举中支持罗斯福,并且直到1935年才开始反对新政。但这已经是另外一个故事了。与这个故事相关的是,门肯对这个直言不讳的美国政府批评家产生了同情——尤其同情她因为反对美国参与第一次世界大战而被驱逐出境。因为门肯自己也是第一次世界大战的反对者。当然,这也是另外一个故事了。但是它不仅帮助我们建立起门肯—戈德曼之间的联系,也帮助我们理解第一次世界大战以后艾玛·戈德曼对于美利坚的持续影响。

门肯和戈德曼之间更大的联系在于他们对政府的怀疑。要知道,中产阶级的门肯先生并不是一个无政府主义者。他也许可以被称作"巴尔的摩的坏孩子",但他绝不是一个无政府主义者或者保护无政府主义者的人,他甚至算不上是一个保守的无政府主义者。他是一个自由主义者。如同托马斯·杰斐逊一样,门肯相信最好的政府是管得最少的政府(当然,与无政府不同)。不同于戈德曼的类似于乌托邦的理想主义,门肯认为政府有存在的必要性。然而,这个坏男孩儿的坚硬的心脏上,总有某一块柔软的部分,留给了同时代的艾玛·戈德曼以及其他愿意担负起美国政治和文化建设的人。因此,这个第三代的美国人十分愿意帮助一个第一代的美国人回到她的祖国。

门肯并没有对戈德曼在美国的 90 天巡回演讲上所讲的内容作出评价。就我对门肯的了解,他毫无疑问会感到高兴。就我对自己的了解,我也对此感到十分开心。戈德曼从美国和苏联被驱逐的时候都是她个人的黄金时段。首先,她在喀琅施塔得的时候有她的"喀琅施塔得时刻"。在这方面,她认为列宁,而非斯大林需要为列宁的革命走上歧途而负责。第二,戈德曼愿意作为左翼分子公开反对布尔什维克的革命。这可以称得上是个勇敢的行为,因为她在那么多来自昔日联盟的批判声中,依然能够坚定而坚持的表达出自己的想法。

将他继续为左翼和无政府主义所作的贡献同样贴

上勇敢的标签就显得颇为多余了。但是,她的恒心确实值得赞扬。她十分倔强,有时顽固不化,但我们所看到的应该比这些更多。

在她两次遭到流放的岁月中,一些介于勇敢和值得钦佩之间的事情或许改变了她的思想观念。也许,她认为法西斯主义和共产主义之间的相同点远多于它们之间的不同点。不幸的是,这样的理解并没有让她去质疑她的无政府主义假设和乌托邦的目标。也许,要一个已经把自己的大半生命都投入其中的人去质疑自己原先的理想事业是一件太过残忍的事情,更何况她还是一个以执着倔强而著称的人。至少,她没有像门肯先生期待的那样变成一个前无政府主义者。门肯经常说,他"不喜欢也不相信共产主义者和加尔文派教徒以及其他看似理性的敌人",但是其中他最讨厌也最不相信"前共产主义者和前加尔文教徒"。

艾玛·戈德曼在任何时候任何情况下都不是一个前无政府主义者。如果她活的得更久,到1991年,或者活在当下,她会不会成为一个前无政府主义者呢?当然,没有人会知道答案。我们所知道的就是,她活在一个乌托邦思想盛行,并且看上去很值得实现的时代。

从这个方面来看,她是 19 世纪乌托邦思想的繁荣和 20 世纪为实现这些思想而产生的血淋淋的现实之间的桥梁。在约翰·汉弗莱·诺伊斯、其他 19 世纪的乌托邦人种改良者和希特勒之间有着清晰明显的界限。他们与马克思、巴枯宁、约翰·莫斯特、列宁和斯大林也都有着明确的界限。艾玛·戈德曼在这些边界上游移良久,最终选择退出。她为玛格丽特·桑格以及生育控制运动辩护,但是并没有追随桑格提倡她的优生办法。戈德曼致力于推进与工人相关的事业,罢工、示威、游行、革命,但是她最终与当时工人运动的最大成功——列宁在苏联的胜利决裂。

本书的第一版是在那场革命的成果正经历垂死挣扎时完成的。当然,它引导我思考戈德曼可能对此产生的想法(以及言论,因为想法和言论对她来说总是难以区分的)。当然,我们都不会知道答案。但是她如果忍不住说一句"早就告诉你会这样",在我看来也是相当合理的。

很有可能,戈德曼会因为苏联的解体而感到高兴。但也一定会因为俄罗斯与世界其余部分距离无政府主义道路越来越远而感到难过。毫无疑问,即使戈德曼不对资本主义在全球范围内的崛起和壮大感到惊讶，也一定会因此深感哀痛。让她不解的是，为什么她当时看来原始而正在倒退、现今本该早已消亡的力量会持续甚至不断增强。这些力量包括部落主义、民族联结以及各种类型的宗教。假如说，现在激进的伊斯兰主义的崛起会引起西方国家的震惊，那么艾玛·戈德曼看到现在的场景会怎样想也就不难料想了。

如果她看到宗教正统学说的崛起和她称之为美国宗教权利的政治影响力的扩大，她会不会也同样地疑惑、震惊？从她在美国的经历来看，她可能不会如此困惑和震惊。但是这个无政府主义者、无神论者也依旧会对这些宗教力量，尤其是保守宗教势力的影响而感到失望和困扰。

戈德曼也许会为我的下一个想法感到惊讶、失望和扰乱。其实她对自己理想高度世俗化的坚持也可以称之为一种宗教信仰。这是一种世俗的宗教。也许在今天的时代，在包括美国的西方世界里，对她的理想有着比她那个时代更多的支持者。作为一种政治理想，无政府主义是一个彻底的失败；作为一个政治宗教，也就是艾玛·戈德曼的世俗愿景，却是极为成功的。

也许这不是一个很适合做进一步推论的场合,但是这本传记的第一次出版的一些问题却应该被提到。同性恋婚姻在1991年时几乎还未受到全国范围内的关注。如今它已经是一个重要的政治问题,更不用说在宗教和世俗阵营之中的重大的界限。正如你所读到的,虽然艾玛·戈德曼在爱情方面有许多不如意,她却是一个毫无保留的坚定的异性恋者。她对20世纪早期的同性恋亚文化也颇为熟悉。可以说,如果她对自己的性倾向没有感到任何不适,她也不会认为同性恋有什么问题。她也是自由恋爱的支持者和婚姻制度的反对者。那么,她会对今日的"性多元化"和中产阶级的"性颠倒"有什么样的看法?我觉得她也许会露出一个悔恨的微笑,并宣称"同性婚姻"是一种背叛。但是谁知道呢?

婚姻和家庭的另一个重要性在于秩序。当然,这对于戈德曼来说只是另外一个讽刺。许许多多过去和现在的社会评论家都认为核心家庭是全能国家的最强大的阻碍。对戈德曼引发的《无政府主义者排斥法》充满兴趣的G.K.切斯特也是其中之一。事实上,切斯特顿的高见认为当家庭单元足够强壮并充满活力,国家官僚系统就会变得而且会一直作用微不足道。相反，如果社会中的孤立而自由流动的个体越多，也就是说，如果这个社会在微观层面上更接近无政府主义者的状态，那么也就需要强大的官僚体系来在实行原本通过家庭就可以和谐高效解决的问题。换句话说，戈德曼所谴责的婚姻制度可能是弱化政府最有效的方式。也许家庭生活可以是无政府主义的，但这并不在艾玛·戈德曼的考虑范围之内。弱化的政府不是无政府主义的，但是这比当今的福利社会更接近于她的无政府主义。也许，仅仅是也许，接近戈德曼理想的最好的方法是增强家庭无政府主义，而不是放弃婚姻制度。

增强家庭的作用方面，切斯顿也提倡自己提出的分产主义。分产主义主张把广泛分配私有财产，消除财富的大量集中。他不喜欢也不相信资本主义和社会主义。一个分产主义社会是E.F.舒马赫口中的"小而美"的社会，在这个社会中埃蒙德·伯克所说的由家庭组成的小型团体和小型社会会保护和缓冲孤立的个人免遭孤立带来的损坏，免遭来自于以福利社会和其他各种形式的"老大哥"对个人产生的损害。我并不摘知道斯特顿是否专门提及艾玛·戈德曼。但是，就我看来，他似乎没有对无政府主义者的乌托邦提出明显的批评。

这个乌托邦的世界还假定了国家的界限的消失，因为它认为民族国家本身就应该消亡。但这种乌托邦根本不存在。这又是一个讽刺：福利社会的出现增强了民族国家的权利，而这恰恰是戈德曼等无政府主义者所反对的。

无政府主义者是国际主义者吗？当然，戈德曼是一个国际主义者。那为什么我要把她说成是一个"美国个人主义者"呢？因为她确实在某种程度上算得上一个美国人，而她也是这样看待自己的。我是否介意在中间的15年重申这个观点？当然要重申，但并不是毫无保留的。

毫无疑问，戈德曼认为自己在美国漫长的激进主义历史中会占据一席之地。但是如果把她看成是女性版本的托马斯·杰斐逊或者托马斯·潘恩是不合适的。毕竟，戈德曼是一个无政府主义者，而另外两个人不是（至少潘恩不完全是）。也许还是应该实事求是的把她看成她自己期望的那样，一个美利坚的激进主义者。

关于戈德曼是否算得上一个真正的美国激进主义者,已经偏离讨论的主题了。也许这部分取决于公共关系:如果我是一个激进主义者,那么受人尊敬的杰斐逊、充满活力的潘恩、受人敬仰的梭罗都是激进主义者。剩下的她是什么样的人(与"取决于"相对)和她已经变成了什么人(区别于她认为自己变成了什么)有着很大关系。1892年愿意共谋杀掉亨利·克莱·弗里克的艾玛·戈德曼与1919年离开美国的艾玛·戈德曼是不同的。在这之间的27年里,她不仅在当地获得了名声,也在国家舞台上有一席之地。人们身上会发生一些奇怪的事情,受到冷落的移民无政府主义者也不例外,当他们走上国家舞台的时候,就可以站稳脚跟。

艾玛·戈德曼和麦当娜是一类人吗?当然不。我们了解许多到处展示激进政治观点的名人,但戈德曼不是一个激进主义名人,而是依靠着自己的政治观点和个人品格成为了政治激进主义名人。我想说的是,这个19世纪90年代生的臭名昭著的纽约人渐渐地变成一个美国人熟知的激进者。也许二者的差异微妙,但非常重要。这是艾玛·戈德曼与移民无政府主义者和激进主义名人之间的区别。值得注意的是,她喜欢将自己包括在激进主义名人之间。实际上,她自我推销的实践是非常美国化的,她借此加强自己的名人效应。

当西奥多·罗斯福敦促移民赶紧融入美国文化,拒绝做"带有连字符"的美国人时,戈德曼并不是他所想的那样。戈德曼在血统上不是一个"带有连字符"的美国人,因为她认为自己既不是犹太-美国人,也不是俄罗斯-美国人,也不是犹太-俄罗斯-美国人。但是她是一个非宗教-无政府主义-美国人,从这个意义上说她又是"带有连字符"的美国人,但她同时也热爱着美国。必须要说的是,她从来不像亚伯拉罕·林肯那样看待美国。她从来没有把美国人看成"被选中的民族",或者把美国看成"世界上最充满希望的国家"。她当然也没有把美国看成维护世界和平的警察。从这个意义上说,他不是一个林肯模式的美国人,也没有被同化入罗斯福模式。她也许更倾向于把美国看成一个有着资本的强大的邪恶力量。

戈德曼是否曾宣布美利坚是世界上强大的邪恶力量?据我所知没有。最近,著名的美国历史学家霍华德·辛被问及一个问题:假如没有美国,世界是否会更加美好？他的回答是"是"。我不知道艾玛·戈德曼是否也被问过类似的问题,但是我十分怀疑她会就此问题给出一个相似的判断。尽管如此,她确实对美国政府以及同时代的美国领导们评价负面,这于她是本能反应。

必须提到的是,戈德曼的世俗愿景在今日更加普遍。而她对这个国家政府和官员愤世嫉俗的态度如今被许多人当成是一种传统的智慧。戈德曼深深痛斥的人包括西奥多·罗斯福和伍德罗·威尔逊。也许这两个总统彼此之间差别很大,但是他们对于美国却享有相似的有益的观点,并且对美国力量的理解与戈德曼十分不同。

戈德曼的愤世嫉俗和她的邪恶美国的论断,在美国精英,特别是产业精英中是非常少见的。今天,这两者的结合体在美国精英中依然少见,尤其是在文化精英分子中。

很少人会质疑越南战争中开始了这样的转变。那时,艾玛·戈德曼被新一代的反战和反文化的美国人发掘出来,这并不是一个巧合。自那以后,便不再有这样的重新发现。取而代之的是将艾玛·戈德曼主流化,尤其是美国文化精英和信息时代的精英中,包括教授们和媒体人。这在两种意义上是成立的。首先,戈德曼的世俗愿景也是他们的世俗愿景。其次,他们同她一样,将美国看成一个糟糕的国家,甚至比任何其他国家都要更糟。20世纪初这个激进主义名人站在精英们的对立面所宣称的事情,如今已在精英圈内被看成一种传统智慧。

历史的嘲讽再一次出现。艾玛·戈德曼以及她所坚持的信仰,在20世纪早期的时候,被政治和经济精英们看成必须从这个国家拔除的毒瘤。今天,一批不太相同的精英们活跃在了美国的舞台上,他们实现并拥护当年戈德曼的主张,而他们的前辈却因这些主张将戈德曼驱逐出境。这也是在当下研究艾玛·戈德曼的一个重要理由。尽管20世纪60年代没有出现一个可与戈德曼媲美的对手,但她的人生依然为人们提供刺透历史的洞见,更不用说对美国现状和未来的思考。

资料来源

这既不是艾玛·戈德曼的第一部传记,也不会是她的最后一部传记。与先前的传记相比,这部传记十分出色,而且特别。在这部传记的第一次出版和这次出版之间,曾出版过另一部关于艾玛·戈德曼的优秀传记。我从一些书中了解到艾玛·戈德曼的很多东西,获益良多。它们包括理查德·德林农的《天堂的反抗》(Richard Drinnon, *Rebels in Paradise*, Chicago: University of Chicago Press, 1961);爱丽丝·韦克斯勒的《艾玛·戈德曼:近距离接触》(Alice Wexler, *Emma Goldman: An Intimate Life*, New York: Pantheon Books, 1984)和《被流放的艾玛·戈德曼》(*Emma Goldman in Exile*, Boston: Beacon Press, 1989)和坎迪斯·福克的《爱、无政府和艾玛·戈德曼》(Candace Falk, *Love, Anarchy, and Emma Goldman*, New

York: Holt, Rinehart, 1984)以及黛丽莎·莫里茨的《世界上最危险的女性：新艾玛·戈德曼传》(Theresa Moritz, *The World's Most Dangerous Woman: A New Biography of Emma Goldman*, Vancouver: Subway Books, 2001)。

两篇基于戈德曼生活的小说对我帮助也很大，它们分别是埃塞尔·曼宁的《红色玫瑰》(Ethel Mannin, *Red Rose*, London: Jarrolds)和哈钦斯·哈普古德的《一个无政府主义女性》(Hutchins Hapgood, *An Anarchist Woman*, New York: Random House, 1909)。此外，还有 E. F. 多克特罗的《爵士时代》(E. F. Doctorow, *Ragtime*, New York: Random House, 2007)，包含了关于艾玛·戈德曼的一些非凡的语言描述。尽管跟戈德曼的生活没有直接的关系，但是 N. G. 车尔尼雪夫斯基的《怎么办》(N. G. Chernyshevsky, *What Is To Be Done?*, New York: Random House, 1961)之所以值得阅读，是因为这本小说对戈德曼的生活产生了影响。

关于戈德曼生活的短篇文章有：布兰奇·维森·库克的《女性支持网络和政治行动主义：莉莉安·华尔德、克里斯托弗·伊士曼和艾玛·戈德曼》(Blanche

Wiessen Cook, "Female Support Networks and Political Activism: Lillian Wald, Crystal Eastman, and Emma Goldman," in *A Heritage of Her Own*, edited by Nancy Cott and Elizabeth Peck, New York: Simon and Schuster, 1979); 哈罗德·古德伯格的《戈德曼和伯克曼对布尔什维克政权之见解》(Harold Goldberg, "Goldman and Berkman View the Bolshevik Regime," in *Slavonic and East European Review* 34, April 1975); 哈钦斯·哈普古德《艾玛·戈德曼的无政府主义》(Hutchins Hapgood, "Emma Goldman's Anarchism," in *The Bookman*, February 1911); 希波吕忒·哈维尔在《无政府主义和其他文章》引言中(Hippolyte Havel, introduction to *Anarchism and Other Essays*)也介绍了戈德曼的生平事迹; 弗丽达·科克霍夫的《艾玛·戈德曼》(Freda Kirchwey, "Emma Goldman," in *The Nation*, December 2, 1931); H. L. 门肯的《对于俄罗斯的两种观点》(H. L. Mencken, "Two Views of Russia," in *the American Mercury*, May, 1924); 亨利·帕奇特的《反叛者的私生活》(Henry Pachter, "The Private Lives of Rebels," in *Harper's Magazine*,

August 1975);艾利克斯·舒尔曼的《艾玛·戈德曼的女权主义》(Alix Schulman, "Dancing in the Revolution: Emma Goldman's Feminism," in *the Socialist Review*, March-April, 1982);奥德韦·泰德的《艾玛·戈德曼谈话》(Ordway Tead, "Emma Goldman Speaks," in *the Yale Review*, June 1932);爱丽丝·维克萨尔的《艾玛·戈德曼的早期生活》(Alice Wexler, "The Early Life of Emma Goldman," in *The Psychohistorical Review* 8, Spring 1980)。还有弗洛伊德·戴尔的《影响世界的女性:女权主义研究》(Floyd Dell, *Woman as World Builders: Studies in Modern Feminism*, Chicago: Forbes, 1913)也包含了一篇关于艾玛·戈德曼的文章。

所参考的基础资料包括纽约大学的塔米蒙图书馆(Tamiment Library of New York University)的艾玛·戈德曼资料。丛书里面包含了艾玛·戈德曼在流放期间的信件和一些她1917年审判时期的材料。纽约公共图书馆(New York Public Library)的艾玛·戈德曼资料也涉及了艾玛·戈德曼1919年后的生活。波士顿大学的莫加纪念图书馆(Mugar Memorial Library of

Boston University)也藏有艾玛·戈德曼和阿尔梅达·斯佩里、本·赖特曼之间的信件。耶鲁大学藏有哈利·温伯格丛书,伊利诺伊大学藏有本·赖特曼的文章。另外坎迪斯·福克(Candace Falk)还编写了两卷关于艾玛·戈德曼的文献:《艾玛·戈德曼:美国岁月的文献历史》(*Emma Goldman: A Documentary History of the American Years*)。第一卷是《为美国而生 1890—1901》(*Made for America*, 1890 - 1901, Berkeley: University of California Press, 2003)。第二卷是《自由发表言论,1902—1909》(*Making Speech Free*, 1902 - 1909, Berkeley: University of California Press, 2004)。

艾玛·戈德曼自己写的著作是十分宝贵的。这其中包括她的自传——《我的一生》(*Living My Life*, New York: Random House, 1972)。艾玛·戈德曼并不总是能够准确而详尽地讲述她自己的故事,但是在她的自传中却极大的热情详细的讲述了自己的故事。如果能够仔细利用,这本自传可以帮助人们对她看起来混乱的人生理出一个头绪。她曾编辑杂志《地球母亲》(*Mother Earth*, 1906—1917)。她有时候会充当主编,也会亲自动笔写作。这本杂志包含了很多美国无政府主义和激进主义的通俗思想。艾玛·戈德曼的很多文章最初就是在这本杂志上刊登的。她的演讲经历和历史都可以在《地球母亲》中找到。她在 1917 年受到审判时,《地球母亲》出版联盟刊登了一篇《无政府主义审判:亚历山大·伯克曼和艾玛·戈德曼 1917 年 8 月在纽约法庭上的演讲》("Anarchism on Trial: The Speeches of Alexander Berkman and Emma Goldman Before the U. S. District Court in the City of New York, July, 1917")。她的很多非常具有煽动性的文章都可以在以下地方找到:《无政府论以及其它论文》(*Anarchism and Other Essays*, Port, Washington: Kennikat Press, 1969),阿利克斯·舒尔曼的《红色艾玛的声音:艾玛·戈德曼的代表性文章和演讲》(*Red Emma Speaks: Selected Writings and Speeches by Emma Goldman*, edited by Alix Shulman, New York: Random House, 1972),《红色艾玛的声音:艾玛·戈德曼读本》(*Red Emma Speaks: An Emma Goldman Reader*, Amherst, New York: Prometheus Books, 1996)。她跟亚历山大·伯克曼的坦诚而又热情的通

信也出版在了《四海为家：艾玛·戈德曼流放期间跟亚历山大·伯克曼的信件》(*Nowhere At Home: Letters from Exile of Emma Goldman and Alexander Berkman*, edited by Richard and Anna Maria Drinnon, New York：Schokcen Books，1975)。还有两卷关于艾玛·戈德曼在苏联两年的生活描写：《我的理想在俄国的破灭》(*My Disillusionment in Russia*, Mineola, New York：Dover Press，2003)和《我的理想在俄国的彻底破灭》(*My Further Disillusionment in Russia*, Garden City, New York：Doubleday，1924)。她还写了她的无政府主义姐妹伏尔泰琳·德·克蕾的传记，书名仅仅用了《伏尔泰琳·德·克蕾》(*Voltairine de Cleyre*, Berkeley Heights：Oriole Press，1932)和《现代戏剧的社会影响》(*The Social Significance of the Modern Drama*, Boston：Richard G. Badger，1914)。她写的关于西班牙内战的文章近期已经出版——《隔岸观火：艾玛·戈德曼对于西班牙革命的见解》(*Vision on Fire: Emma Goldman on the Spanish Revolution*, St. Paul, Minnesota：Consortium Books，2006)其他艾玛·戈德曼的文章包括《我的信仰》("What I Believe," *New York*

World, July 19, 1908);《布尔什维克射杀了无政府主义者》("Bolsheviks Shooting Anarchists," *Freedom*, January, 1922);《迫害俄国无政府主义者》("Persecution of Russian Anarchists," *Freedom*, August, 1922);《布尔什维克政府和无政府主义者》(The Bolshevik Government and the Anarchists," *Freedom*, October, 1922)《俄国革命中的女性》("Woman of the Russian Revolution," *Time and Tide*, May 8, 1925);《约翰·莫斯特》("Johann Most," *American Mercury*, June, 1926);《对于大罢工的深思》("Reflections on the General Strike," *Freedom*, August-September, 1926);《布福德的旅行》("The Voyage of the Buford," *American Mercury*, September, 1931);《麦金莱总统刺杀事件》("The Assassination of Mckinley," *American Mercury*, September, 1931);《政治流放悲剧》("The Tragedy of the Political Exiles," *The Nation*, October 10, 1934);《我活得值吗》("Was My Life Worth Living?" *Harper's Monthly Magazine*, December, 1934);《俄国没有共产主义》("There is No Communism in Russia," *American Mercury*, April, 1935);《无政府主义者和选举制》("Anarchists and Elections," *Vanguard*,

August-September, 1936);《伯克曼最后的日子》("Berkman's Last Days," *Vanguard*, August-September, 1936);《苏联的处决》("The Soviet Executions," *Vanguard*, October-November, 1936)。

艾玛·戈德曼的盟友的以及同时代人员的自传包括:珍·亚当姆斯的《在赫尔馆的20年》(Jane Addams, *Twenty Years at Hull House*, New York: Macmillan, 1911);玛格丽特·安德森的《我的30年战争》(Margaret Anderson, *My Thirty Years War*, London: Knopf, 1930);舍伍德·安德森的《舍伍德·安德森回忆录》(*Sherwood Anderson's Memoirs*, New York: Harcourt Brace, 1942);安吉莉卡·布莱班奥夫的《我的一生》(Angelica Balabanoff, *My Life*, New York: Harpers, 1938);亚历山大·伯克曼的《一个无政府主义者的狱中回忆录》(Alexander Berkman, *Prison Memoirs of an Anarchist*, New York: Mother Earth Publishing Association, 1912);和《一个无政府主义者的一生:亚历山大·伯克曼读本》(*Life of An Anarchist: The Alexander Berkman Reader*, New York: Seven Stories Press, 1992);弗洛伊德·戴尔的《回家:自传》(Floyd

Dell, *Homecoming: An Autobiography*, Port Washington: Kennikat Press, 1969);伊莎多拉·邓肯的《我的一生》(Isadora Duncan, *My Life*, New York: Boni and Liveright, 1927);麦克斯·伊斯曼的《享受生活》(Max Eastman, *Enjoyment of Living*, New York: Harpers, 1948)和《爱与革命》(*Love and Revolution*, New York: Random House, 1964);伊丽莎白·格利·弗林的《反抗的女孩》(Elizabeth Gurley Flynn, *The Rebel Girl*, New York: International Publishers, 1976);约瑟夫·弗里曼的《一个美国人的自白》(Joseph Freeman, *An American Testament*, London: Victor Gollancz, 1938);弗雷德里克·豪的《一个改革者的自白》(Frederick Howe, *Confessions of a Reformer*, New York: Scribner's, 1925);哈钦斯·哈普古德的《现代社会的维克多利亚》(Hutchins Hapgood, *A Victorian in the Modern World*, New York: Harcourt Brace, 1939);亚历山大·科隆泰的《两性解放的共产主义女性传记》(Alexandra Kollontai, *The Autobiography of a Sexually Emancipated Communist Woman*, New York: Schocken Books, 1975);彼得·克鲁泡特金的《一个革命家的回忆录》(Peter Kropotkin,

Memoirs of a Revolutionist, Montreal: Black Rose Books, 1989);艾萨克·唐·莱文的《亲身经历的历史》(Isaac Don Levine, *Eyewitness of History*, New York: Hawthorne, 1973);梅布尔·道奇·卢汉的《尘封的记忆》(Mabel Dodge Luhan, *Intimate Memories*, New York: Harcourt Brace, 1936);尤金·里昂的《乌托邦式的分配》(Eugene Lyons, *Assignment in Utopia*, New Brunswick, New Jersey: Transaction, 1991);亨利·米勒的《我的生活和我的时代》(Henry Miller, *My Life and Times*, La Jolla, California: Gemini Smith, 1975);凯特·理查德·欧哈尔的《囚禁》(Kate Richards O'Hare, *In Prison*, Seattle: University of Washington Press, 1976);伯特兰·鲁赛尔的《伯特兰·鲁赛尔自传》(Bertrand Russell, *Autobiography of Bertrand Russell*, Boston: Little, Brown and Company, 1968);玛格丽特·桑格的《自传》(Margaret Sanger, *An Autobiography*, New York: Dover, 2004);厄普顿·辛克莱的《美国前哨基地:一本回忆录》(Upton Sinclair, *American Outpost: A Book of Reminiscences*, New York: Farrar and Rinehart, 1932);林肯·斯蒂芬

斯的《林肯·斯蒂芬斯自传》(Lincoln Steffens, *The Autobiography of Lincoln Steffens*, New York: Harcourt Brace, 1931);伯特伦·沃尔夫的《跨越两个世纪的生活》(Bertram Wolfe, *A Life in Two Centuries*, New York: Stein and Day, 1980)。

关于无政府主义的一般性作品包括保罗·阿维里奇的《无政府主义肖像》(Paul Avrich, *Anarchist Portraits*, Princeton: Princeton University Press, 1988),《俄罗斯革命中的无政府主义者》(*The Anarchists in the Russian Revolution*, Ithaca: Cornell University Press, 1973),《俄罗斯的无政府主义者》(The Russian Anarchists, Princeton: Princeton University Press, 1967);亚历山大·伯克曼的《现在与未来:共产主义无政府主义的基本要素》(Alexander Berkman, Now and After: *The ABC of Communist Anarchism*, St. Louis, Missouri: Left Bank Press, 1987);阿普里尔·卡特的《无政府主义的政治理论》(April Carter, *The Political Theory of Anarchism*, New York: Harper and Row, 1971);大卫·德利昂的《美国的无政府主义者》(David DeLeon, The American as Anarchist, Baltimore:

Johns Hopkins University Press, 1978); 丹尼尔·格林主编的《无政府主义: 从理论到实践》(Daniel Guerin, ed., *Anarchism: From Theory to Practice*, New York: Monthly Review Press, 1970) 和《没有上帝就没有专家: 无政府主义文集》(*No Gods No Masters: An Anthology of Anarchism*, Oakland: AK Press, 2005); 詹姆斯·乔尔的《无政府主义者》(James Joll, *The Anarchists*, London: Eyre and Spottiswoode, 1964); 代尔·卢姆的《无政府经济学》(Dyer Lum, *The Economics of Anarchy*, New York: Twentieth Century Publishing Company, 1890); 詹姆斯·马丁的《对抗国家的人: 1827—1908 美国的个人无政府主义的现身说法》(James Martin, *Men Against the State: The Expositors of Individualist Anarchists in America, 1827-1908*, Colorado Springs: Ralph Myles, 1970); 阿尔伯特·梅尔泽的《对无政府主义的支持和反对》(Albert Meltzer, *Anarchism: Arguments for and Against*, Oakland: AK Press, 1999); 威廉·诺林的《亚历山大·伯克曼的政治思想》(William Nowlin, "The Political Thought of Alexander Berkman," Ph. D.

dissertation, Tufts University, 1980);泰利·柏林的《1890—1914 的美国的无政府共产主义》(Terry Perlin, "Anarchist-Communism in America, 1890 - 1914," Ph. D. dissertation);威廉·赖歇特的《自由党徒：美国无政府主义研究》(Willliam Reichert, *Partisans of Freedom: A Study of American Anarchism*, Bowling Green: Bowling Green University Press, 1976);鲁多尔夫·洛克尔的《无政府主义和工团主义》(Rudolf Rocker, *Anarchism and Anarcho-Syndicalism*, London: Freedom Press, 1973);亨利·西尔弗曼等人的《美国的激进思想：自由意志主义传统》(Henry Silverman, ed., *American Radical Thought: The Libertarian Tradition*, Lexington, Massachusetts: D. C. Heath, 1970);劳伦斯·维赛的《公社经验：美国的无政府主义者和神秘的反文化者》(Laurence Veysey, *The Communal Experience: Anarchist and Mystical Countercultures in America*, New York: Harper and Row, 1973);西德尼·沃伦的《1860—1914 年的美国自由思想》(Sidney Warren, *American Freethought, 1860 - 1914*, New York: Columbia University Press,

1943);乔治·伍德科克的《无政府主义:自由思想和自由运动的历史》(George Woodcock, *Anarchism: A History of Libertarian Ideas and Movements*, New York: World Publishing, 1962)

相关的文章包括:保罗·艾威奇的《克鲁泡特金在美国》(Paul Avrich, "Kropotkin in America," *International Review of Social History*, 1980);亚历山大·伯克曼的《无政府主义运动》(Alexander Berkman, "The Anarchist Movement Today," *Freedom*, February, 1934);海曼·伯曼的《犹太运动和劳工运动概论:一个历史的考察》(Hyman Berman, "A Cursory View of the Jews and Labor Movement: An Historical Survey," *American Jewish Historical Quarterly*, December, 1962);H. M. 道蒂的《言与行:重访无政府主义》(H. M. Douty, "The Word and the Deed: Anarchism Revisited," *Monthly Labor Review*, January, 1966);西德尼·芬的《无政府主义与麦金莱总统遇刺》(Sidney Fine, "Anarchism and the Assassination of McKinley," *American Historical Review*, 1955);沃尔特·拉克的《空想家》(Walter Laquer, "Visionaries," *Atlas*,

January, 1965);伯纳德·刘易斯的《暗杀者：一篇历史论文》(Bernard Lewis, "The Assassins: An Historical Essay," *Encounter*, November, 1967);查尔斯·麦迪逊的《无政府主义在美国》(Charles Madison, "Anarchism in the United States," *Journal of the History of Ideas*, January, 1945);布莱恩·麦金利的《无政府主义者的悲哀：美国的无政府主义者和美国历史》(Blaine McKinley, "Anarchist Jeremiads: American Anarchism and American History," *Journal of American Culture*, Summer, 1983),《"新时代的宗教信仰"：无政府主义者追忆干草市场烈士,1888—1917》("'A Religion of the New Time': Anarchist Memorials to the Haymarket Martyrs, 1888 - 1917," *Labor History*, Summer, 1987),《"必须经历的泥潭"：美国的无政府主义者和职业困境》("'The Quagmire of Necessity': American Anarchists and the Dilemmas of Vocation," *American Quarterly*, Winter, 1982);D. 诺瓦克的《无政府主义在政治思想中的位置》(D. Novak, "The Place of Anarchism in Political Thought," *Review of Politics*, June, 1958);苏珊·波里尔的《艾玛·戈

德曼、本·赖特曼以及本·赖特曼的妻子：一份关于关系的研究》(Susan Poirier, "Emma Goldman, Ben Reitman, and Reitman's Wives: A Study in Relationships," *Women's Studies*, February, 1988)；威廉·赖克特的《关于无政府主义的新观点》(William Reichert, "Toward a New Understanding of Anarchism," *Western Political Quarterly*, December, 1967)；迈克尔·维森的《阿尔伯特·J.诺克和美国无政府主义精英传统》(Michael Weszin, "Albert J. Nock and the Anarchist Elite Tradition in America," *American Quarterly*, Summer, 1961)；维克托·亚若斯的《无政府主义的哲学观：它的崛起、衰落和消亡》(Victor Yarros, "Philosophical Anarchism: Its Rise, Decline, and Eclipse," *American Journal of Sociology*, January, 1936)。

与艾玛·戈德曼相关的妇女史方面的研究和著作包括：玛丽·乔·布尔的《妇女和美国社会主义，1870—1920》(Mary Jo Buhle, *Women and American Socialism, 1870-1920*, Urbana: University of Illinois Press, 1981)；南希·科特的《现代女权运动基础》

(Nancy Cott, *The Grounding of Modern Feminism*, New Haven: Yale University Press, 1987);伏尔泰琳·德·克莱和 A. J. 布瑞盖特的《伏尔泰琳·德·克莱的读者》(Voltairine de Cleyre and A. J. Brigati, *The Voltairine de Cleyre Reader*, Brooklyn, New York: Revisionist Press, 1972);伏尔泰琳·德·克莱、莎伦·普雷斯利和克里斯潘·萨特韦尔的《激烈的反叛:伏尔泰琳·德·克莱的随笔》(Voltairine de Cleyre, Sharon Presley, and Crispin Sartwell, *Exquisite Rebel: The Essays of Voltairine de Cleyre*, Albany, New York: State University of New York Press, 2005);卡尔·戴格尔的《争执》(Carl Degler, *At Odds*, New York: Oxford University Press, 1980);芭芭拉·爱泼斯坦的《家庭政治》(Barbara Epstein, The Politics of Domesticity, Middletown, Connecticut: Wesleyan University Press, 1981);萨拉·埃文斯的《为自由而生》(Sara Evans, *Born for Liberty*, New York: The Free Press, 1989);埃莉诺·弗莱克斯纳的《斗争的世纪》(Eleanor Flexner, *Century of Struggle*, Cambridge: Harvard University Press, 1959);菲利普·方纳的《凯

特·理查德·奥黑尔：写作和演讲精选》(Philip Foner, *Kate Richard O'Hare: Selected Writings and Speeches*, Baton Rouge: Louisiana State University Press, 1982)；安吉拉·法兰克斯的《玛格丽特·桑格的优生政策：女性生育的控制》(Angela Franks, *Margaret Sanger's Eugenic Legacy: The Control of Female Fertility*, Jefferson, North Carolina: McFarland and Company, 2005)；埃斯特尔·弗里德曼的《她们的女狱警：美国的女子监狱改革》(Estelle Freedman, *Their Sister Keepers: Women's Prison Reform in America, 1830 – 1930*, Ann Arbor: University of Michigan Press, 1981)；琳达·戈登的《女性的身体，女性权利：计划生育在美国的社会史》(Linda Gordon, *Women's Bodies, Women's Right: A Social History of Birth Control in America*, New York: Penguin Books, 1977)；玛丽·希尔的《夏洛特·帕金斯·吉尔曼：激进的女权主义者的产生》(Mary Hill, *Charlotte Perkins Gilman: The Making of a Radical Feminist*, Philadelphia: Temple University Press, 1980)；大卫·肯尼迪的《美国计划生育：玛格丽特·桑格的事业》(David Kennedy, *Birth*

Control in America: The Career of Margaret Sanger, New Haven: Yale University Press, 1970);爱丽丝·凯斯勒-哈里斯的《出去工作》(Alice Kessler-Harris, *Out to Work*, New York: Oxford University Press, 1982);艾琳·科瑞德特的《女性普选的理念, 1880—1920》(Aileen Kraditor, *The Ideas of the Women's Suffrage Movement, 1880-1921*, New York: Columbia University Press, 1965);玛格丽特·马什的《反政府主义的妇女, 1870—1920》(Margaret Marsh, *Anarchist Women, 1870-1920*, Philadelphia: Temple University Press, 1981);萨莉·米勒的《从牧场到监狱:社会激进分子凯特·理查德·奥黑尔的生活》(Sally Miller, *From Prairie to Prison: The Life of Social Activist Kate Richards O'Hare*, Columbia, Missouri: University of Missouri Press, 1993);格洛里亚·莫得《玛格丽特·桑格和计划生育运动:参考文献, 1911—1984》(Gloria Moore, *Margaret Sanger and the Birth Control Movement: A Bibliography, 1911-1984*, Lanham, Maryland: Scarecrow Press, 1986);威廉·奥尼尔的《人人都是勇敢的》(William O'Neill, *Everyone Was*

Brave, Chicago: Quadrangle Books, 1969);马瑞·里德的《玛格丽特·桑格：话语中的生活记录》(Miriam Reed, *Margaret Sanger: Her Life in Her Words*, Fort Lee, New Jersey: Barricade Books, 2003);露丝·罗森的《流失的姐妹情谊》(Ruth Rosen, *The Lost Sisterhood*, Baltimore: Johns Hopkins University Press, 1982);琼·瑟森的《奉献每一天：犹太女性的公共生活，1880—1980》(June Sochen, *Consecrate Every Day: The Public Lives of Jewish Women, 1880 - 1980*, Albany: State University of New York Press, 1981)和《鼓吹者和动摇者：美国女性思想者和激进分子，1900—1970》(*Movers and Shakers: American Women Thinkers and Activists, 1900 - 1970*, New York: Quadrangle, 1973);林恩·韦纳的《从职业女孩到职业妈妈：美国的女性劳动力》(Lynn Weiner, *From Working Girl to Working Mother: The Female Labor Force in the United States, 1820 - 1980*, Chapel Hill: University of North Carolina Press, 1985)。

与戈德曼同时代的重要人物的传记包括：萨拉·阿尔佩恩的《弗雷达·科奇韦：一个民族的女人》(Sara

Alpern, Freda Kirchwey: *A Woman of The Nation*, Cambridge: Harvard University Press, 1987);安东尼·亚瑟的《激进民主主义者：厄普顿·辛克莱》(Anthony Arthur, *Radical Democrat: Upton Sinclair*, New York: Random House, 2006);保罗·埃佛里奇的《一位美国无政府主义者：伏尔泰琳·德·克莱的一生》(Paul Avrich, *An American Anarchist: The Life of Volairine de Cleyre*, Princeton: Princeton University Press, 1978);罗杰·布伦斯的《该死的激进派：本·赖特曼的生活和工作》(Roger Bruns, *The Damndest Radical: The Life and Work of Ben Reitman*, Urbana: University of Illinois Press, 1987);海伦·坎普的《她钢铁般坚毅的灵魂：伊丽莎白·格利·弗林和美国左派》(Helen Camp, *Iron in Her Soul: Elizabeth Gurley Flynn and the American Left*, Pullman, Washington: Washington State University Press, 1995);布鲁斯·克莱顿的《被遗忘的先知：伦道夫·伯恩的生活》(Bruce Clayton, *Forgotten Prophet: The Life of Randolph Bourne*, Baton Rough: Louisiana State University Press, 1984);道格拉斯·克莱顿的《弗洛伊德·戴尔》

(Douglas Clayton, *Floyd Dell*, Chicago: Ivan R. Dee, 2004);约瑟夫·康林的《大比尔·海伍德和激进联盟运动》(Joseph Conlin, *Big Bill Haywood and the Radical Union Movement*, Syracuse: Syracuse University Press, 1969);罗伯特·科特雷尔的《罗杰·纳什·鲍德温和美国公民自由联盟》(Robert Cottrell, *Roger Nash Baldwin and the ACLU*, New York: Columbia University Press, 2001);布兰奇·维森·库克的《克瑞斯特·伊斯曼:关于妇女和革命》(Blanche Wiesen Cook, *Crystal Eastman: On Women and Revolution*, New York: Oxford University Press, 1978);伯纳德·克里克的《乔治·奥威尔》(Bernard Crick, *George Orwell*, London: Secker and Warburg, 1980);丹尼斯·弗里丹的《简·亚当斯:民主的捍卫者》(Dennis Fraden, *Jane Addams: Champion of Democracy*, Boston: Houghton Mifflin, 2006);芭芭拉·格尔伯的《好短的一个时代:约翰·里德和路易斯·布莱恩特的传记》(Barbara Gelb, *So Short A Time: A Biography of John Reed and Louise Bryant*, New York: Norton, 1973);雷·金杰的《十字路口》

(Ray Ginger, *The Bending Cross*, New York: Collier Books, 1966);里昂·哈里斯的《厄普顿·辛克莱:美国的反叛者》(Leon Harris, *Upton Sinclair: American Rebel*, New York: Thomas Y. Crowell, 1975);贾斯汀·卡普兰的《林肯·斯蒂芬斯:一本传记》(Justin Kaplan, *Lincoln Steffens: A Biography*, New York: Simon and Schuster, 1974);路易斯·耐特的《公民:简·亚当斯和民主斗争》(Louise Knight, *Citizen: Jane Addams and the Struggle for Democracy*, Chicago: University of Chicago Press, 2006);佩吉·劳森的《罗杰·鲍德温》(Peggy Lawson, *Roger Baldwin*, Boston: Houghton Mifflin, 1976);威廉·欧内尔的《最后的浪漫:麦克斯·伊斯曼的一生》(William O'Neill, *The Last Romantic: A Life of Max Eastman*, Somerset, New Jersey: Transaction, 1991);罗伯特·罗森斯通的《浪漫的革命:约翰·里德的一生》(Robert Rosenstone, *Romantic Revolutionary: A Life of John Reed*, New York: Knopf, 1975);吉尔·鲁德的《夏洛特·珀金斯·吉尔曼:乐观的改革者》(Jill Rudd, *Charlotte Perkins Gilman: Optimistic Reformer*, Iowa City: University of

Iowa，1999）；洛伊斯·鲁德尼克的《梅布尔·道奇·卢汉：新女性，新世界》（Lois Rudnick, *Mabel Dodge Luhan: New Woman, New Worlds*, Albuquerque：University of New Mexico Press，1987）；尼克·萨尔瓦托的《尤金·德布斯：公民与社会主义者》（Nick Salvatore, *Eugene Debs: Citizen and Socialist*, Urbana：University of Illinois Press，2007）；乔治·伍德科克和伊万·阿瓦库莫维奇的《无政府主义王子：彼得·克鲁泡特金的传记研究》（George Woodcock and Ivan Avakumovic, *The Anarchist Prince: A Biographical Study of Peter Kropotkin*, London：T. V. Boardman and Co.，1950）。

与艾玛·戈德曼的事业和生活相关的一般性专著包括：丹尼尔·亚伦的《左派作家》（Daniel Aaron, *Writers on the Left*, New York：Harcourt Brace，1961）；保罗·埃佛里奇的《干草市场的悲剧》（Paul Avrich, *The Haymarket Tragedy*, Princeton：Princeton University Press，1986），《喀琅施塔得叛乱》（*The Kronstadt Rebellion*, Princeton：Princeton University Press，1970），《萨克和范塞蒂：无政府主义背景》

(*Sacco and Vanzetti: The Anarchist Background*, Princeton: Princeton University Press, 1996);詹姆斯·巴伯的《萨克和瓦仁特的审判》(James Barber, *The Trial of Sacco and Vanzetti*, Farmington Hills, Michigan: Thomson Gale, 2005);默里·布克钦的《西班牙无政府主义者：英雄岁月, 1868—1936》(Murray Bookchin, *The Spanish Anarchists: The Heroic Years, 1868-1936*, New York: Harper and Row, 1977);弗朗茨·博克瑙的《西班牙的斗技场》(Franz Borkenau, *The Spanish Cockpit*, Ann Arbor: University of Michigan Press, 1971);杰拉德·布雷南的《西班牙的迷宫》(Gerald Brenan, *The Spanish Labyrinth*, Cambridge: Cambridge University Press, 1969);贝尔纳黛特·布勒克塞尔的《劳工骑士和干草市场骚乱：争取八小时制的斗争》(Bernadette Brexel, *The Knights of Labor and the Haymarket Riot: The Fight for an Eight Hour Workday*, New York: Rosen Publishing, 2003);范·维克·布鲁克斯的《自信的年代 1885—1915》(Van Wyck Brooks, *The Confident Years: 1885-1915*, New York: E. P. Dutton, 1952);L. 苏珊·布

朗的《个人主义政治：自由主义、自由女性主义和反政府主义》(L. Susan Brown, *The Politics of Individualism: Liberalism, Liberal Feminism, and Anarchism*, Montreal, Canada: Black Rose Books, 2002)；格里高利·卡尔顿的《布尔什维克俄国的性解放》(Gregory Carleton, *Sexual Revolution in Bolshevik Russia*, Pittsburgh: University of Pittsburgh Press, 2004)；E. H. 卡尔的《布尔什维克革命，1917—1923》(E. H. Carr, *The Bolshevik Revolution, 1917-1923*, New York: W. W. Norton, 1985)；E. 马尔科林·卡罗尔的《苏联共产主义和西方的观点，1919—1921》(E. Malcolm Carroll, *Soviet Communism and Western Opinion, 1919-1921*, Chapel Hill: University of North Carolina Press, 1965)；彼得·卡罗尔的《美国林肯旅的长途冒险》(Peter Carroll, *The Odyssey of the American Lincoln Brigade*, Palo Alto: Stanford University Press, 1994)；大卫·考特的《同路人》(David Caute, *The Fellow Travelers*, London: Weidenfeld and Nicolson, 1973)；威廉·亨利·钱伯林的《俄国革命，1917—1921》(William Henry Chamberlin, *The Russian*

Revolution, 1917 – 1921, New York: Macmillan, 1935);彼得·科恩的《分裂的思想:美国的意识形态和想象》(Peter Cohn, *The Divided Mind: Ideology and Imagination in America*, Cambridge: Cambridge University Press, 1983);约瑟夫·康林的《面包和玫瑰兼得:关于世界产业工会会员的研究》(Joseph Conlin, *Bread and Roses Too: Studies of the Wobblies*, Westport, Connecticut: Greenwood Press, 1969);南希·科特的《巨大的勇气:美国女人的一段历史》(Nancy Cott, *No Small Courage: A History of Women in the United States*, New York: Oxford University Press, 2004);南希·科特(主编)的《心酸的根源:关于美国妇女社会史的文献》(Nancy Cott, ed., *Roots of Bitterness: Documents on the Social History of American Women*, Boston: Northeastern University Press, 1996);罗伯特·丹尼尔的《一场革命的良知》(Robert Daniel, *The Conscience of a Revolution*, Cambridge, Massachusetts: Harvard University Press, 1960);艾萨克·戴特斯彻的《武装的先知》(Isaac Deutscher, *The Prophet Armed*, New York: Vintage,

1965);理查德·德林诺的《爆炸:简介和评价》(Richard Drinnon, *The Blast: An Introduction and an Appraisal*, Lewisburg, Pennsylvania: Bucknell University Press, 1970);马丁·杜伯曼的《干草市场》(Martin Duberman, *Haymarket*, New York: Seven Stories Press, 2005);梅尔文·杜博夫斯基的《工业化与美国工人》(Melvyn Duborfsky, *Industrialism and the American Worker, 1865 - 1920*, Arlington Heights, Illinois: Harlan Davidson, 1985)和《我们就是全部:世界产业工人的历史》(*We Shall Be All: A History of the Industrial Workers of the World*, Chicago: Quadrangle Books, 1969);刘易斯·埃伦伯格的《公开露面:纽约夜生活和美国文化的转型,1890—1930》(Lewis Ehrenberg, *Steppin' Out: New York Night Life and the Transformation of American Culture, 1890 - 1930*, Chicago: University of Chicago Press, 1981);彼得·弗雷内的《美国和苏联的实验,1917—1933》(Peter Filene, *Americans and the Soviet Experiment, 1917 - 1933*, Cambridge, Massachusetts: Harvard University Press, 1967);莱斯利·菲什拜因的

《波西米亚的反抗:"群众"中的激进分子,1911—1917》(Leslie Fishbein, *Rebels in Bohemia: The Radicals of the 'Masses', 1911-1917*, Chapel Hill: University of North Carolina Press, 1981);威廉·费舍曼的《犹太激进主义者:从沙皇王朝到伦敦隔都》(William Fishman, *Jewish Radicals: From Czarist State to London Ghetto*, New York: Pantheon, 1974);理查德·弗罗斯特的《穆尼案》(Richard Frost, *The Mooney Case*, Palo Alto, California: Stanford University Press, 1968);琳达·哥顿的《女性的道德财产:美国计划生育的历史》(Linda Gordon, *The Moral Property of Women: The History of Birth Control in America*, Urbana: University of Illinois Press, 2007);詹姆斯·格林的《市场上的伤亡:一个芝加哥故事、第一次工人运动和结束美国镀金时代的爆炸声》(James Green, *Death in the Market: A Story of Chicago, the First Labor Movement, and the Bombing That Divided Gilded Age America*, New York: Knopf, 2006);赫伯特·古特曼的《美国工业化进程中的工作、文化和社会》(Herbert Gutman, *Work, Culture, and Society in Industrializing America*, New

York: Knopf, 1976);奥斯卡·汉德林的《连根拔起》(Oscar Handlin, *The Uprooted*, Boston: Little, Brown, 1951);萨缪尔·海斯的《对工业化的回应,1885—1914》(Samuel Hays, *The Response to Industrialism, 1885 - 1914*, Chicago: University of Chicago Press, 1959);约翰·黑格汉姆的《这片土地上的陌生人》(John Higham, *Strangers in the Land*, New York: Atheneum, 1965);埃尔文·豪的《我们父辈的世界》(Irving Howe, *World of Our Fathers*, New York: Harcourt, Brace, Jovanovich, 1976);加布里埃尔·杰克逊的《西班牙共和主义者与西班牙内战》(Gabriel Jackson, *The Spanish Republicans and the Civil War*, Princeton: Princeton University Press, 1965);伊斯黛拉·杰利内克(主编)的《女性自传:批评主义文集》(Estelle Jelinek, ed., *Women's Autobiography: Essays in Criticism*, Bloomington: University of Indiana Press, 1980);唐纳德·约翰逊的《对美国自由的挑战:第一次世界大战和美国公民自由协会的崛起》(Donald Johnson, *The Challenge to American Freedoms: World War I and the Rise of the ACLU*, Lexington, Kentucky:

University of Kentucky Press, 1963);哈维·克莱尔的《美国共产主义的全盛期》(Harvey Klehr, *The Heyday of American Communism*, New York: Basic Books, 1984);加布里埃尔·科尔库的《保守主义的胜利》(Gabriel Kolko, *The Triumph of Conservatism*, New York: Macmillan, 1963);保尔·克劳斯的《为家园而奋斗,1880—1892》(Paul Krause, *The Battle for Homestead, 1880 - 1892*, Pittsburgh: University of Pittsburgh Press, 1992);艾伦·克劳特的《挤作一团的群众:美国社会中的移民,1880—1921》(Alan Kraut, *The Huddled Masses: The Immigrant in American Society, 1880 - 1921*, Arlington Height, Illinois: Harlan Davidson, 1982);道格拉斯·里特尔的《恶意的中立:美利坚、大不列颠和西班牙内战的源头》(Douglas Little, *Malevolent Neutrality: The United States, Great Britain, and the Origins of the Spanish Civil War*, Ithaca, New York: Cornell University Press, 1985);克里斯托弗·拉希的《美国新激进主义,1889—1963》(Christopher Lasch, *The New Radicalism in America, 1889 - 1963*, New York: Random House, 1965);亨

利·梅的《美国摆脱了无知》(Henry May, *The End of American Innocence*, New York: Knopf, 1959);米尔顿·梅尔泽的《面包和玫瑰:美国劳工的斗争,1865—1915》(Milton Meltzer, *Bread — and Roses: The Struggle of American Labor, 1865 -1915*, New York: Knopf, 1967);萨利·米勒的《激进的移民》(Sally Miller, *The Radical Immigrant*, New York: Twayne, 1972);保罗·墨菲的《第一次世界大战和美国民权自由主义的发源》(Paul Murphy, *World War I and the Origin of Civil Liberties in the United States*, New York: Norton, 1979);彼得·那特尔的《罗莎·卢森堡》(Peter Nettl, *Rosa Luxemburg*, New York: Oxford University Press, 1969);理查德·纽比的《杀死现在,讨论永恒:萨科和范塞蒂案件的辩论》(Richard Newby, *Kill Now, Talk Forever: Debating Sacco and Vanzetti*, Textbook Publications, 2001);乔治·奥威尔的《向加泰罗尼亚致敬》(George Orwell, *Homage to Catalonia*, New York: Harcourt, Brace, Jovanovich, 1952);斯坦利·佩恩的《西班牙共和国的崩溃,1933—1936》(Stanley Payne, *The Collapse of the Spanish*

Republic, *1933–1936*, New Haven: Yale University Press, 2006);H. C. 彼得森和吉尔伯特·菲特的《战争的反对者,1917—1918》(H. C. Peterson and Gilbert Fite, *Opponents of War*, *1917–1918*, Madison: University of Wisconsin Press, 1957);理查德·波伦堡的《为信仰而战:艾布拉姆斯案件、最高法院和言论自由》(Richard Polenberg, *Fighting Faiths: The Abrams Case*, *the Supreme Court*, *and Free Speech*, New York: Viking, 1987);伊曼纽尔·波拉克的《喀琅施塔得反叛》(Emanual Pollack, *Kronstadt Rebellion*, Escondido, California: Philosophical Library, 1960);路易斯·波斯特的《19世纪到20世纪的驱逐狂潮》(Louis Post, *The Deportations Delirium of Nineteen-Twenty*, Chicago: Charles Kerr, 1923);理查德·基德·鲍尔斯的《依然荣耀:美国反共产主义的历史》(Richard Gid Powers, *Not Without Honor: The History of American Anti-Communism*, New York: The Free Press, 1987)和《秘密和力量:J.埃德加·胡佛的一生》(*Secrecy and Power: The Life of J. Edgar Hoover*, New York: The Free Press, 1987);保罗·普里斯顿的《西班牙内

战,1936—1939》(Paul Preston, *The Spanish Civil War, 1936-1939*, London: Weidenfeld and Nicolson, 1986)和《西班牙内战:行动、革命和复仇》(*The Spanish Civil War: Reaction, Revolution and Revenge*, New York: W. W. Norton, 2007);威廉·普里斯顿的《外国人和持异议者:联邦对激进主义者的镇压,1903—1933》(William Preston, *Aliens and Dissenters: Federal Suppression of Radicals, 1903-1933*, New York: Harper and Row, 1963);威廉·罗森博格的《布尔什维克的愿景:苏俄文化革命的第一阶段》(William Rosenberg, *Bolshevik Vision: First Phase of the Cultural Revolution in Soviet Russia*, Ann Arbor: University of Michigan Press, 1990);弗朗西斯·拉塞尔的《萨科和范塞蒂:已解决的案件》(Francis Russell, *Sacco and Vanzetti: The Case Resolved*, New York: Harper and Row, 1986);哈尔·西尔斯的《性激进主义分子:维多利亚时代美国的自由恋爱》(Hal Sears, *The Sex Radicals: Free Love in High Victorian America*, Lawrence: The Regents Press of Kansas, 1977); S. A. 史密斯的《红色的彼得格勒》(S. A. Smith, *Red*

Petrograd, Cambridge: Cambridge University Press, 1983);休·托马斯的《西班牙内战》(Hugh Thomas, *The Spanish Civil War*, New York: Harpers, 1961);迈克尔·托普(主编)的《萨科和范塞蒂案件:文献中的简史》(Michael Topp, ed., *The Sacco and Vanzetti Case: A Brief History with Documents*, New York: Palgrave Macmillan, 2005);弗兰科·文图里的《革命的根源》(Franco Venturi, *Roots of Revolution*, New York: Grosset and Dunlap, 1966);莱克斯·韦德的《布尔什维克革命和俄罗斯内战》(Rex Wade, *The Bolshevik Revolution and Russian Civil War*, Westport, Connecticut: Greenwood Press, 2000);南希·怀特劳的《1892年霍姆斯特德钢铁工人罢工》(Nancy Whitelaw, *The Homestead Steel Strike of 1892*, Greensboro, North Carolina: Morgan Reynolds, 2006);罗伯特·韦伯的《寻找秩序》(Robert Wiebe, *The Search for Order*, New York: Hill and Wang, 1967);史蒂芬·怀特的《不列颠和布尔什维克革命》(Stephen White, *Britain and the Bolshevik Revolution*, London: Macmillan, 1979)。

Authorized translation from the English language edition, entitled Emma Goldman: American Individualist (LONGMAN AMERICAN BIOGRAPHY SERIES), 2E, 9780321370730 by Chalberg, John C. published by Pearson Education, Inc., Copyright © 2008.

All rights reserved. No part of this book may be reproduced or transmitted in any form or by any means, electronic or mechanical, including photocopying, recording or by any information storage retrieval system, without permission from Pearson Education, Inc.

CHINESE SIMPLIFIED language edition published by PEARSON EDUCATION ASIA LTD., and SHANGHAI ACADEMY OF SOCIAL SCIENCES PRESS Copyright © 2013.

上海市版权局著作权合同登记号　图字：09-2012-159

本书封面贴有 Pearson Education(培生教育出版集团)防伪标签，无标签者不得销售。

版权所有，侵权必究。

图书在版编目(CIP)数据

艾玛·戈德曼：美国式个人主义者/(美)查尔伯格著；翟青青,张懿译.—上海：上海社会科学院出版社,2016
(美国传记)
书名原文：Emma Goldman：American Individualist
ISBN 978-7-5520-0155-6

Ⅰ.①艾… Ⅱ.①查… ②翟… ③张… Ⅲ.①戈德曼,E.(1869～1940)—传记 Ⅳ.①K837.127=5

中国版本图书馆CIP数据核字(2012)第210577号

艾玛·戈德曼：美国式个人主义者

著　者：[美]约翰·C.查尔伯格
译　者：翟青青　张　懿
责任编辑：黄诗韵
特约编辑：孙　洁
封面设计：周清华
总 策 划：唐云松
出版发行：上海社会科学院出版社
　　　　　上海顺昌路622号　邮编200025
　　　　　电话总机 021-63315900　销售热线 021-53063735
　　　　　http://www.sassp.org.cn　E-mail:sassp@sass.org.cn
排　版：南京展望文化发展有限公司
印　刷：上海文艺大一印刷有限公司
开　本：787×1092毫米　1/32开
印　张：12.625
插　页：5
字　数：184千字
版　次：2016年8月第1版　2016年8月第1次印刷

ISBN 978-7-5520-0155-6/K·177　　　　　定价：48.00元

版权所有　翻印必究